180
160
140 East from 120 Greenwich 100
80
60
40
20
0
SOUTHERN OC
NEW ZEALAND
AUSTRALIA
SOUTH AFRICA
INDIAN OCEAN
ANGOLA
TANZANIA
CONGO
INDONESIA
East Indies
MALAYSIA
S. China Sea
PHILIPPINES
THAI
VIET-NAM
PACIFIC OCEAN
ETHIOPIA
AFRICA
SUDAN
CHAD
INDIA
PAKISTAN
SAUDI ARABIA
EGYPT
LIBYA
ALGERIA
CHINA
IRAN
GREECE
JAPAN
KOREA
TURKEY
ITALY
MONGOLIA
EUROPE
FRANCE
POLAND
GERMANY
DEN.
ASIA
UNION OF SOVIET SOCIALIST REPUBLICS
FINLAND
SWEDEN
NORWAY

大前研一
Ohmae Kenichi

平成維新

ZERO-BASED ORGANIZATION AND CONSTITUTION

World View through GNP

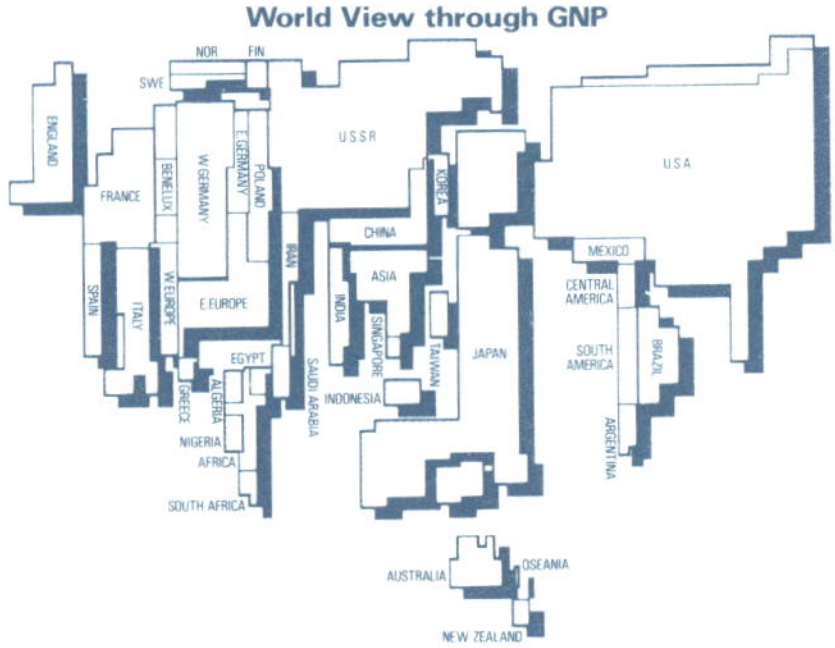

講談社

平成維新

平成維新——目次

第三部　新国家理念の起草——ゼロベース・コンスティテューション

装幀――川上成夫
カバーCG図版――得能 泉

まえがき

あのいまわしいリクルート事件は、われわれにとって何を意味しているのであろうか。朝日新聞が検察を動かし、巨悪を罰した、というのが今日までの展開である。私はこの解釈は危険だと思う。検察が立法府や行政府の長をどんどんブタ箱にほうり込む、というのはファシズムの世界に通じるからだ。また新聞が法によらず、紙面を通じて善人と悪人の裁きをしてしまうのも問題である。朝日はよくやった、東京地検が今回はよく動いた、という限りにおいては短期的にみればそのとおりなのであろう。しかし、より深いところで、なぜ事件が起きたのか、誰の責任なのか、ということを考えておかなくてはならない。今回の事件の加害者は国民、被害者も国民、というのが私の結論である。つまり、このような国をつくってきた、カネのかかる選挙を許してきたということは、主権在民である以上、民衆がその主権を正しく行使してこなかったからだと思う。選挙にカネがかかるということは、誰かがそのカネを受けとっているのである。それによって票が動くということは、投票者がカネで影響されている、ということである。国会も政府も、国民がその気になれば変えることができる。四年に一度の衆議院選挙ですべてを変えることができるのだ。しかしこれをあきらめておいて、表面に出てきた姿だけをみて全国民が他人事のように捕物帳をながめていたのがリクルート事件ではなかったろうか？　つかまえられているのは自分たち自身なのだ、という認識がわれわれにあるのだろうか？　リクルートは氷山の一角ではない。氷山の中心である。ひょんなことからこの中心部がえぐり出されてしまったのだ。しかし、同じような氷山はたくさんある。あまりにもたくさんあるので、これを模式化してみると、今の日本の政治の陰の機構があまりにもワンパターンとなっていることに驚くのである（**図1**）。

ここ二〇年くらいの間に、日本の省庁は予算ばらまきの見返りとしてさまざまな便宜を要求するようになった。その上に「族」と呼ばれる議員たちがピンハネする機構ができ上がっている。

リクルートのNTTルートでは、民営化後の課題として、NTTがあまりにも巨大だというので JRのような地域「分割」が一つの圧力として存在していた。このため新聞にも出ていたように、NTTの管理職は給料の一部を政治対策金として徴収されていたほどである。報道によれば、真藤前会長の個人口座でさえもこの対策のために使われていたと言われている。**図1**の業界をNTT、財源をリクルートとすれば、この点はより一層明らかになる。郵政省にとってNTTの分割は、天下り先が増え、好都合な〝受け皿〟ができるということなのである。したがって、監督官庁とはいいながら、このNTTを分割しようとする圧力は株のインサイダー取引きにも劣らぬ官庁のお手盛り料理なのである。大蔵省や日銀が地・相銀をつぶさない、強い金融機関よりも弱い銀行を大切にするのと同じ理由なのだ。ところで、この集金機構にかかると「外圧」というのも便利な味方になる。アメリカが市場開放しろと言えば、スーパーコンピュータのように不要なものが買えるし、ロッキードでみられたような飛行機なら、なお高価で具合がよい。内需拡大、と言われれば、他人のせいにしながら建設がらみの利権を潤すことができる。円高対策とし

日本国運営の基本構図

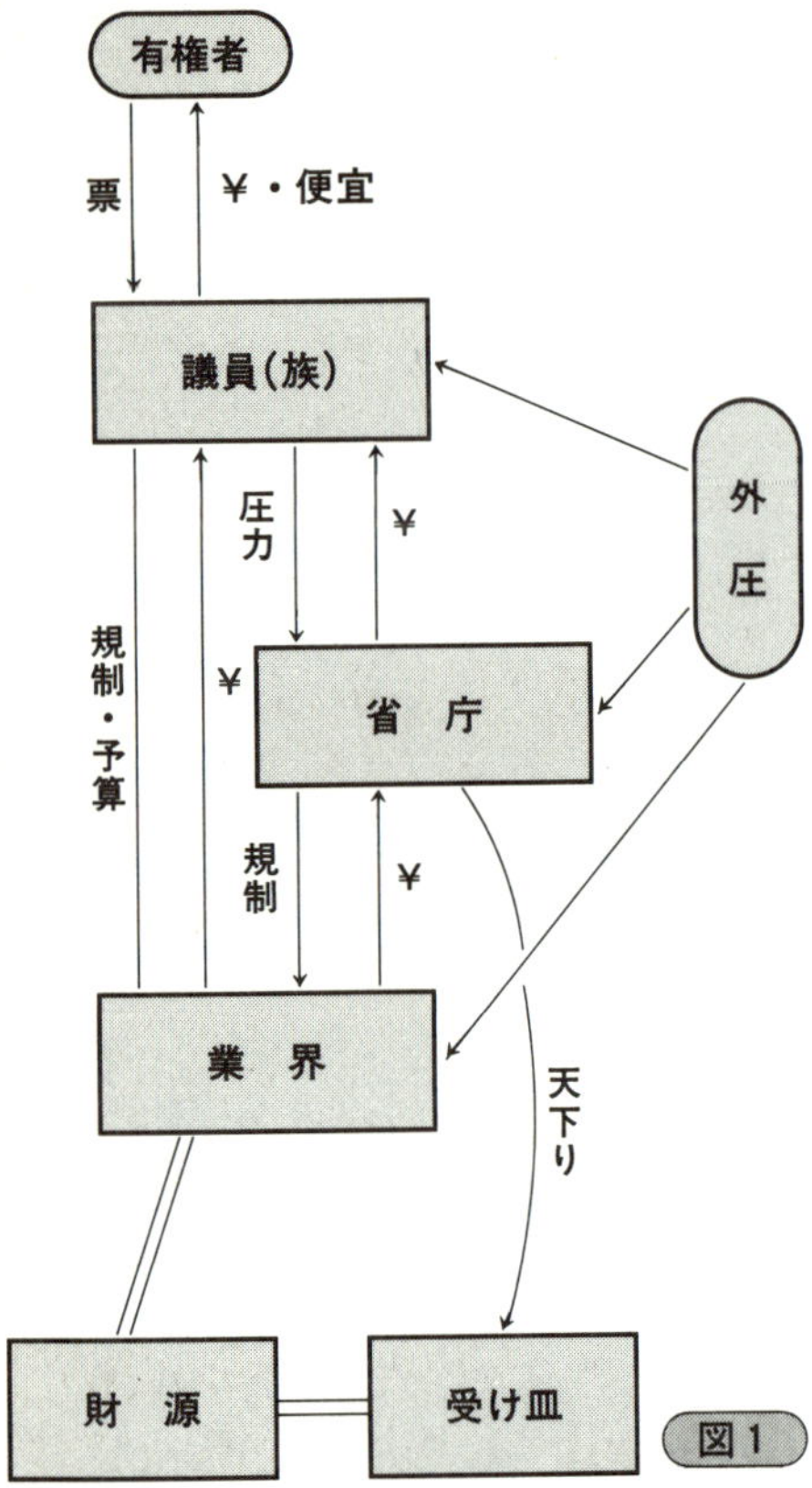

図1

て緊急予算六兆円を放出しても、それに対して文句を言う者は誰もいない。この構図の中には国民がいないし、また有権者は集票機構と金でつながった機関であるにすぎない。しかし国民はリクルートに怒り、福岡では自民党に制裁を加えたと新聞は書く。投票率四〇％では社会党が有利、七〇％を超えると圧倒的に自民有利、というのは拙著『新・国富論』の中でも明らかにしたとおりである。国民は自民党に制裁を加えるほど、本当に正しい判断と投票行動をしているのか、大いに疑問なのだ。なぜなら、我が国における選挙は政策問題で票が大きく変わることは稀で、むしろ人々は固定した投票パターン（支持政党、支持者）を持っており、そのうちどのような人々が実際に投票所に来るかのほうが、政策論争よりも実は重要なのである。だからこそ、国民は今まで真に自民党を反省させるだけの力を持ってこなかったのだ。

前の図式に戻って、今度は労働省ルートをみてみると、就職情報誌の業界と労働省、労働族が規制をちらつかせて、財源であるリクルートから集金していたことが明らかになっている。ここでは外圧は国民からの苦情などというものでもよい。たとえばある情報誌にもとづいて就職したら条件が違っていてひどい目にあった、という苦情がいくつか寄せられていれば、それで十分な規制への圧力となる。もともと規制するつもりはなくても、「規制」という言葉をささやけば、この機構は金をしぼり出せるようになっている。また規制ではなく、規制緩和でもよい、何でもよいのだ。

中央省庁にあまりにも強い権限を与えすぎているために、このようなことが起きるのだ。たとえば運輸省が、自動車免許を高校で正規の教科で与えてしまおう、という本来あるべき議論を始めたとしよう。当然既存の自動車学校はつぶれてしまうから、それは陽の目を見ないだろう。またそうすれば免許が文部省の管轄になってしまい、運輸省は、教習所業界からの支援が得られなくなる。だからその種の議論を好きこのんで運輸省がするはずがない。すなわち日本の省庁は、「運営の基本構図」からいって、国民の立場に立って当該事項を検討するということがもともとできないようになっているのである。

新しい利権としてODA（政府開発援助）をみてみよう。外務省は長い間この利権構図を持たず、国内に対する権力と天下り先がなくて苦労してきた、最も弱腰の省庁の一つである。しかしこれは、日本がODA大国になることによって急速に変わってきている。日本の援助にヒモつきが多いのはこのためである。すなわち外務省は、せっかく苦労して手に入れたODAに対する利権をヒモなしで外国に渡してしまえば、国内業界とのパイプがなくなる。ヒモつきであれば国内業界を支配できるのだ。ODAを通じて、外務省は「海外建設省」になったのである。

ODAは「平成新山」と呼んでもいいくらい利権のマグマの噴き出し口としては新しい。だからまだ断定的なことは言えないが、すでにODA族ができはじめ、日本の企業の中にODAの仕事をとってくることを任務とした特別対策室（班、係など）が続々誕生していることからみて、これがかつての建設マグマに匹敵する大きな山に成長する可能性を十分に秘めている。外務省にとっては悲願達成、日本もODA大国となり外国に大きな顔をすることができるという歴史的偉業にケチをつけるつもりはない。しかし前述の「基本構図」は日本の体質なので、外務省としても十分すぎるくらいこれを警戒しなくてはならない。本書ではこのような観点から、第二部において各省庁の基本的な問題点を個別に吟味した。各省庁の状況は驚くほど似ている。日本の国にとってあれほどすばらしかったその官僚システムが、なぜ今日急速に膠着化し、国民の利益から急速に離れていっているのかが浮き彫りにされるだろう。第三部では昭和憲法の問題点を分析し、新しい国家運営の理念を起草してみた。誰もがトーマス・ジェファーソンになったつもりで、平成の今の世にふさわしい国家運営の理念を書いてみることが重要だと思う。今の世の中は、政治や経済の仕組み、私たちの生活、世界との関係において抜き差しならない硬直状態に陥っている。その仕組みや法体系を微修正しただけでは、まったく問題の解決にならない。「平成維新」を敢行する覚悟で新しい理念と仕組みをつくり出していかなくてはならない。第四部ではこうした各論の分析にもとづいて、全体の行政府運営の仕組みを考えた。つまりどのような政府が今必要なのかについて、私なりの提案をしてみた。

本書の各省庁の分析は、マッキンゼー社の若手の諸君（安達保、片桐一郎、加登吉邦、紺屋勝成、斎藤嘉則、坂手康志、谷村格、田淵秀乙、永田朋之、平野正雄、深川哲也、藤本錦司）が担当した。彼らの努力に深く感謝している。本書は、作業期間中「日本政府解体論」という仮題であったので、取材先の各省庁では警戒が強すぎ、十分な協力が得られなかった。また担当者の中にはそのはねかえりを恐れて名前を出すことを喜ばない者もいる。そのため、ここではあえて彼らが本書のどの分析をしたのかについて、個別の紹介をしない。今に始まったことではないが、お役所の保身意識と閉鎖性に改めて敬意を表する次第である。講談社の富田充氏にはいつものことながら大いなる支援を受けた。草稿に対して批判、意見をしてくれた政・財界の方々にも感謝する。これらの討議を通じて本書で述べたような改革のニーズを感じているのはこの私一人ではないことがわかり、大いに勇気づけられた。読者諸賢も是非この議論に加わっていただきたい。

〝二一世紀は日本の世紀〟などと世界中がもち上げてくれても、われわれにはそのような期待に応えるだけの準備と仕掛けがない。今の勢いを失うことなく、足もとをかため直してゆく方法はあると思う。本書は「維新」の同志に対する呼びかけである。これをつぶすのではなく、むしろこれを契機に、建設的でよりよい代替案を出すことによって今の膠(にかわ)を破っていこうではないか。

平成元年五月

東京にて　　著者しるす

第一部　なぜゼロベースの改革か？

第一章　行きつくところまできた日本の政治制度

日本では戦後、右翼がマーケティング戦略を誤ったために愛国心が芽ばえなかった。いや右翼が誤ったというよりは、知識人なるものが、戦前の体制や戦後の右翼に対立する概念として左傾化軸に追い込まれたために、むしろ日本では体制に関する議論が今日に至るまでおよそ不毛のままである、と言い換えよう。議論のための素地がまったく整備されていない、と言ってもよい。

たとえば、われわれは無意識のうちに次の等式を認めてきた。

(1) 右翼的思想＝愛国者＝天皇制＝君が代＝日の丸＝靖国参拝＝改憲
(2) 左翼的思想＝組合＝社会主義＝反核＝護憲

ところで私は、右側(1)のほうで言えば、右翼ではないが熱烈な愛国者で改憲の必要を感じている者である。また左側(2)のほうで言えば、左翼ではないが反核（反原子炉ではない。兵器のみ）に与する。つまり、どちらのカテゴリーにも厳密には入らないのである。そしてなぜ入らないのかの議論をしたいと思っている。しかし我が国では、たとえば改憲論議をすること自体が(1)のカテゴリーに分類されてしまうため、憲法に限って議論をすることが難しい。月刊誌も〝右的〟と〝左的〟にすでに分類されてしまっているので、どの雑誌に投稿するかで、すでに人間のパターン化が進められてしまうのである。だが、常識で考えてみてもわかるように、自分の国を愛さないというのは不幸なことである。自国の国旗掲揚について子供たちを巻きぞえにした是非論があるのも不幸なことだし、国歌を歌うのを躊躇するというのも異常なことである。日本はいつまでこのような異常な事態を続けてゆくのだろうか？

私は元号改正を機会に、一気に戦後の体制や思想の異常を正常化するほかはないと思っている。「平成維新」とでも言うべきパラダイム変換を行なわなければ世界との融和が図れず、日本がきわめて困難な道に向かうことは目に見えている。われわれは国内で最も重要な事柄についてさえ自由に議論が戦わせられないことを知っている。言論弾圧よりも、もっと野蛮な言霊信仰の世界に住んでいるかのようだ。また少数のヒットマンが大新聞やテレビ局を一瞬にして強張ったモノトーンに変えてしまうことも、昭和天皇報道で見たとおりである。

元号変更の夜陰に乗じて、文部省は今年の二月には早くも国旗と国歌を義務づけた、と報道された。正直言って私には〽君が代は千代に八千代に……、と歌う気にはなれない。主権在民を謳いながら、なぜ朕（ちん）の世が未来永劫と歌わなくてはならないのだろう。我が地球は、とか、我が人類は、ということならもっと好感が持てる。音感を合わせるのなら〽われらが世は……、でもよい。日本人の利益だけを考えてもどうにもならない、国際的相互依存の今の世の中にあって何たる時代錯誤か、と文部省の感覚を疑わざるを得ない。「世界の中の日本」を考え、その大国としての責任を果たすことのできる人々を育てなくてはならない、という命題をまったく忘れてしまっているとしか思えない。明治時代の富国強兵、戦後の民主化にも匹敵する平成のスローガンは、内においては豊かで充実した生活、外にあっては大国の責任、世界の発展への貢献である。私には、このことと、死蔵された国歌の強制とがどうつながるのか、まったく理解できない。文部省が若人の教育を担当する資格のないことを自ら暴露しているのではなかろうか。

カントリー・アイデンティティ改定の必要性

企業の世界ではＣＩ（コーポレイト・アイデンティティ）の改定が流行している。日本から世界へ、古い産業からの脱皮等の、企業の生存条件を反映させ、社訓を変え、社歌を変え、社名やロゴを変えるということが行なわれている。日本楽器製造はヤマハに、東洋工業はマツダに、小西六写真工業はコニカに、立石電機はオムロンに変わったのである。社名を変えても内容が変わらなければ何にもならないという意見がある一方で、ＣＩによって業績が大きく伸びたところも出ている。今の日本に必要なのはこのコーポレイトならぬＣＩ（カントリー・アイデンティティ）の改定だと思う。過去にとらわれず、将来の役割をにらんだものに変えるのだ。国家理念、新国歌、新国旗、新しい政府の組織などを、ご破算でねがいましては……すなわちゼロベースで構築するのがよいのではないか、と私は思う。今までの政府、今までの憲法、国歌などをそのまま延長するのは効率が悪いし、後ろ向きの議論が多くなりすぎる。むしろ〝どうあるべきか〟の姿に忠実に、ここですべてワンセットで新しくしたらどうだろう。中に住む人々は変わらないので、それほどの混乱や影響は出まい。

むしろ、将来のイメージが明確に出ることによって、やらなくてはならないことに対する前向きのエネルギーが出てきたり、憲法や国歌などに関する不毛な議論がなくなるので、国としての建設的な力は今までよりもよほど発揮されるにちがいない。

成熟した社会では変化は難しい。戦争によって既成の秩序が破壊されることでもない限り、大きな改革はなかなか進まない。富の配分に著しいかたよりがあれば、社会的不満がクーデターや革命となることもあり得よう。権力構造の対立が明らかであればマルクス的革命が起こるかも知れない。しかし現代の西欧や日本では主権在民である。つまり階級の対立というよりも、自分たちの選んだ議員、自分たちのつくった政府、制度が官僚化し、風化して自らの首を絞めているのである。すなわち階級的対立というよりも、加害者と被害者が一致していたり、ずれていたりする微妙な状況から社会的沈滞が起こっているのだ。日本では、国民の自ら選んだ政党による政治が腐敗の極みに立ち至っている。人々の生活は、豊かなのか、収入の割には貧しいのか、見当がつかない。世界でも第一級の物価の高さが、流通業者や供給者をも潤す共存共栄の福祉制度になっていると聞けば、つまり外国並に物価を下げれば大量失業と恐慌が到来することがわかる。つまり国民にとってはこれもまた、物価という負担をするか、失業保険や税金という負担をするかの選択肢の一つにすぎないのである。経済力の強さが円高に本当につながっているのだとしたら、この拘束の多い日本で遊ばずに外国で余暇を、という考え方も成り立つ。そこで国内の面倒くさい問題はそのままにして、年間一千万人近い人が海外に出かけてゆくことになる。新婚旅行の実に九〇％が海外と聞けば、人気落ち目の国土に対して為政者は青くなるはずだが、若人に魅力のない国をつくってしまったことに対して、日本の為政者がそんなに青くなっているという話は聞いたこともない。それどころか議員センセイも先を争って外遊というご時勢である。

成熟社会で変化が起きにくいのは日本だけでない。外からはダイナミックに見えるアメリカでもちょっとした変化がなかなか起こせない。レーガンのように向こう見ずな大統領は、その中でもかなりの変化をもたらしたほうだろう。彼がいなかったら、アメリカの独禁法はもっと膠着化していたろうし、税制改革もできなかったろう。しかしそのレーガンでさえ、複雑に利権のからむ国防予算という暗黒大陸には一歩も踏み込めなかったし、麻薬や銃砲の取り締まりはかけ声運動に終わっている。サービス産業の就業人口が七〇％を超えるアメリカからサービスという概念が消えて久しい。飛行機の規制緩和で料金は下がったが、予告なしにフライトを中止したり、預けた荷物がなくなったり、というのが今では珍しくなくなった。〝アイ・ドント・ケア〟のメンタリティは全米に蔓延（まんえん）している。教育の荒廃は目をおおわんばかりだし、カリフォルニアなどでは予算不足を理由に、戦後の日本でやった例の二部授業に突入しようとしている。金持ちは、治安の悪いときには自分でガードマンを雇い、教育については私学に、という自衛に出る。つまり、カネのある人は政府をあきらめてしまっているので、社会全体として何とか歯止めをかけようという抑止力にならない。すべてが〝アイ・ドント・ケア〟なのである。

この間、マイアミからロスに向う飛行機（イースタンの五〇五便）が突然キャンセルされた。出発三〇分までは正常に受付けをしていたのに、突如として、飛行機が見つからないので出発を延期するというアナウンスが流れた。旅馴れたアメリカのビジネスマンはこういうときのために荷物は絶対に預けないので、さっさとルートを変えてアトランタ経由のアメリカン航空便に乗りかえてしまった。しかしそれでは直行便よりも三時間余計にかかる。私は、一時間程度の遅れならまだよいと思って、待つことにした。ところが二時間たっても三時間たっても何の連絡もなく、どこに機体があるのかもわからないと言う。こうなるとルート変更者が殺到し、同じ目的地に遅れて着くコンチネンタル航空便なども満席となってしまい、もう身動きがとれない。ようやく三時間たってから、飛行機はハンガーの中で見つかったが、いつ出発準備が整うかわからないと言う。「そんなこと言わずにお前の力でここに持ってこさせたらどうだ」と係員につめ寄ると、「おれにそんな力があったら、こんなところで切符なんか切ってねえよ」と取りつく島もない。それでもどうにか四時間後に乗ることができた飛行機は、読書灯が壊れていた。機内はまっ暗で、何も仕事ができない。スチュワーデスをいくら呼んでも来ない。ようやく食事を持ってきた女性に電灯のことを言うと、「私は今食事を配っているのよ。見えないの？」とまったく意に介さない。やっとパーサー（男性）をつかまえて、「電灯が壊れているよ」と言ったら、「こんな空の上で、おれに何ができると言うんだ！」。これで仕事もおしまいか、とあきらめて寝ようとしてまくらを頼んだら、「出払ってしまった」でチョンであった。このくらい徹底して乗客を無視してくれるのなら荷物料金にしてもらわないと割が合わない、と思ったものである。

部分的手直し不能の膠着状態

自分さえよければどうでもよい、というのはアメリカ的民主主義の最終到着地点であると見えて、これを不用意に輸入した戦後の我が日本においても、人々の社会性のなさが結局世の中をアメリカとは違った意味で住みにくくしている。日照権が都市の高層化をはばみ、住民エゴが道路や鉄道建設を法外に高価なものにしている。海岸はゴミの山、高山植物や野鳥は絶滅に瀕している。

こうしたことを取り締まるのは可能だが、ことはそう簡単ではない。もともと規制は少なければ少ないほどよいのだが、その前提には教育がある。正しい教育がしてあれば、規則などほとんどいらなくなる。常識が通用するからである。しかし、交通渋滞をも顧みず二重駐車をするという人があとを絶たない国では、やはり規則が必要となる。ところがこうした社会では、規則によって問題解決をすることは実は危険である。規則違反でなければ何をやってもかまわない、という風潮が拡がるからである。また、もっと根本的なところで、規則や罰則というのは国の怠慢隠しという面があることも否定できない。殺人などの極端な例を除いては〝罰〟に蓋然性がないの

ば、駐車場がたくさんあって駐車違反をしないでもすむ。アウトバーンの整備された西独ではスピード制限がないのでスピード違反もない。無謀運転には死が待っているという自己抑制が、〝自然法〟として効いているのである。自己責任でたばこを吸うのはかまわないが、その火を消さずにポイ捨てして火事となれば罪は重い。

さて、この規則であるが、これをわれわれは山のようにつくってしまった。民主主義が衆愚政治になる過程ではこれが共通の疾病であると見える。

先日、日本に来た我が社のドイツ事務所長ヘンツラーから、前ババリア州首相フランツ・ヨーゼフ・ストラウスの興味深い言葉を聞いた。

「十戒は人間の行動規定を二七九語で行なっている。アメリカの独立宣言は三〇〇語で綴られている。ところが、フランスからEC内の他国にキャラメルを輸出するための規則を記述するのに、二万五九一一語も必要だ」

そう言えば有斐閣の『六法全書』でも、明治二二年に公布された大日本帝国憲法は一・五ページ、日本国憲法はわずか八ページ。これを執行するための諸規則の記述に、三九九〇ページが費やされている。六法全書はなぜ厚いのか。人々の行動を事細かに規定しようとするからである。憲法という原理原則をすべての人が良識にもとづいて判断していればよいのであるが、十人十色で解釈しているうちに、最後は誰が砂利を運搬していいのか、車の幅はいくらでなくてはならないのかなどというところまで規定しなくてはならなくなってくる。しかし、ひとたびタコ足的に加えていった諸規則をはずそうとなると、これは簡単ではない。積み木細工のようにできているので、一つだけはずすわけにはいかないのである。

日照権のような条例一つをとっても、今日ではニッチもサッチも行かない状態になっている。今、日照権を棚上げすると、それを前提に芸術品のように屋根を斜めに切ってつくったマンションなどの価値は大きく下がり、人々の資産形成に著しい不公平が生じることになる。また「日照権がある限りここの日当たりは大丈夫ですよ」と言われて土地を買った人は、急にその前提が崩れることになる。かといって都心の日照権のように、もともと無理なことをいつまでも押し通せば、東京の再開発は困難で、都民全体が高い地価にいつまでも苦しまなくてはならない。私は諸外国の例から日照権は都心部では適用すべきではないと考えているし、準都心部においても再開発が終わるまで一定期間は棚上げ（モラトリアム）するのが賢明と考えている。しかし、かりにそのような案に総論で賛成しても、自宅が影響を受けることがわかれば、その人はわかった時点で反対するだろうし、また「都心」の定義や、いつからこれを実施するか、どのくらいの期間凍結するかなどの各論になればほとんど乱戦模様となるだろう。就職雑誌の規制や回線リセールなどの小さなことで、何億円ものカネと多くの政治家が暗躍したのだから、アメリカ全土が買えるほどの価値がある東京都心の土地をめぐる規制解除には、ありとあらゆる権力者が介在してくるのではないかと思われる。つまり規制やその解除が政治の資金源となり、贈収賄の温床となっている現状では、六法全書四〇〇〇ページの一行ごとに、それを温存しようとする勢力と、変えようとする勢力の綱引きがあることを予想しなくてはならない。今日でき上がった法体系や行政の職務分掌を変えることは、ことほどさように容易なことではない。

つまり膠着状態からの脱出は、徐々にはできないのである。「大きなことは棚に上げて、まずできることからやっていこう」とか、「改革は二一世紀の課題」などと今の指導者たちはよく言うが、このまま二一世紀に至れば、改革など望むべくもなく、ますます膠が固くなってしまうだけである。しかしできないことがますますできなくなっている、という状況は似ている。ところが諸外国を調べてみると、できていることとできないことが日本と違っている。

たとえば韓国では土地問題を日本よりうまく処理していると思うが、財閥解体はほとんどできていない。むしろ不用意にこれを解体しようとすれば経済危機に陥ることがわかっており、政府は民衆には強がりを言いながら、実際には財閥を韓国経済発展のテコに使っている。現代グループの鄭会長などは同グループ内の自動車工場のストライキに悩みながらも、国を代表して北朝鮮との交渉に単身乗り込んでいる。文字どおり政府、国民の期待を一身に背負った交渉に、財閥のシンボル的人物を使わなくてはならなかったところに、今の韓国の姿が浮き彫りにされている。

アメリカでは住宅や土地問題が日本と違ってずいぶん楽である。マンハッタンやボルチモアのように水際で都心部の再開発を行なう一方、より自由な空間を求めて、郊外に大きな町づくりを進めることが、今では当たり前のようになっている。フロリダ州だけをみても、湿地帯や無人島が夢のようなリゾートに人工的につくりかえられている。一〇年、二〇年という大規模な開発をやっているのは野心家、企業家であるが、同時に賛同者から自由にお金を集めて高いリターン(配当)を出しているところも少なくない。自然保護はあるが、漁業権や水資源確保の諸規制などというものは聞いたこともない。資金のみがプロジェクト進行上の制約条件とさえ、私には思える。そんなアメリカでも都市問題（治安、ゲットー）、教育、麻薬、銃砲所持などの問題になると、日本をうらやむほど難渋している。麻薬を日本並に取り締まれば国民の五人に一人はブタ箱行き、という笑えない冗談もあるくらいである。またこれが一大産業になってしまっているので、いきなり麻薬を厳しく取り締まれば不景気が来る、人々の不満が爆発する等々、影響は甚大である。さらにアメリカへの麻薬輸出で産業立国している中南米諸国は、確実に経済危機に見舞われることになろう。日本からみれば「何だ、だらしない。もっとどしどし取り締まればいいのに」となるが、おいそれとはいかないのである。また銃砲についても、もともとアメリカには「自分の身は自分で守る」という開拓者精神がある。正当防衛なら家宅侵入した人間を撃ち殺してもいいのである。だから人々は銃を持っている。これを取り上げてしまうということは、その個人の防衛権を奪うことになる。そのため、万一丸腰にされた人が何者かによって殺されたとなれば、政府が殺したとして国を相手に訴訟を起こす人が続出するだろう。銃もまた麻薬と同じように一大産業になっているので、銃砲取り締まりに対する業界の反対も強い。先頃開かれた公聴会でもロビイストや識者が総動員されて、いかに銃が公序良俗の維持のために役立っているのかということを長々と論証していた。このように、日本ではすでに立派にできている麻薬や銃砲の取り締まりが、アメリカではまったくできない。また今の状況からみると、できるようになるとは思えない。逆にアメリカでは何となくできていることが、日本では不可能に近いくらいできるようにならない。ここが着眼点の一つであろう。つまりどの国でも難しいなら、それはあきらめもつくだろうが、どこかの国でちゃんとできているのなら、やり方が悪いのだろうということになる。特に歴史的な因果と背景を持つ日本のコメやアメリカの銃には困難がともなうが、戦後のやり方が悪くてこじれてしまった日本の土地問題や、アメリカの麻薬や教育の問題は、改善の方法がいくらもあるのではないかと思われる。その方法としては、今起こっている現象に注目して、それを禁止したり直したりするという対症療法ではなく、なぜそういう現象が起こるのかを考え、〝現象の原因の原因〟をつぶすことが必要である。

日本だからこそオール・クリアーでやり直せる

日本人は自ら変化できない、日本では社会改革ができない、と言う人がいるが、私はそうは思わない。明治維新と終戦は、わずかの契機で世の中の大半の人の信じるもの、期待するもの、行動などが大きく変化した好例である。前の年、前の月、前の日まで、人々がほぼ盲目的に信じていたものがガラッと変わってしまった。ガリレオやコペルニクスにみられるようなパラダイム変換が、日本ではわずか一〇〇年の間に二回も起こっているのである。「英米鬼畜」が「英米礼賛」に一夜にしてなるのである。私の元同僚で、今はマイアミ大学で人工知能を教えているディビッド・ハーツ教授は、若き士官としてミズーリ号に乗って終戦直後に来日しているが、彼は、来日したとき日本人の対米感情がよかったのがいまだに信じられない、と言う。本当にアメリカ人を憎んでいなかったのなら、なぜあれだけの戦争をする勇気とエネルギーを持ち得たのか、それがわからないし、またかりに憎んでいたとしたら、なぜあんな親しみのある態度を占領者に対してとってくれたのだろうと問う。

日本人は根回しをし、少しずつの変化しか受け入れないというのは、実はウソではないかと私は思っている。むしろ恨みをいつまでも覚えている国民とは異なり、新しい現実が与えられたらパッと変わってしまうという点において、日本人の変わり身の早さは世界一、と言えるのではなかろうか。日本の企業は業界が危機に陥るといち早く変身する。銅線がダメになって光ファイバーの時代になり、住友電工は世界的なガラス繊維の会社になってしまった。銅屋がガラス屋になり得た例は世界でも他にはほとんどない。ブラザーはミシンが下火になってOA機器の会社になった。任天堂は花札、トランプからファミコンへと変身している。議員定数一つ変えられないとか、ハンコ行政が変えられないというのは今の立法府や行政府の特徴ではあるが、日本人の本質ではないのではないかと私は思う。すなわち誰かが得をし、誰かが損をするという程度のことに対しては甲論乙駁はあるが、トランプでいえば「全とっかえ」、あるいは電卓でいえばACボタン（オール・クリアー）となれば話は別なのではないか。つまり微修正には利害が噴出して動きがとれなくなり、足して二で割るアブハチとらずとなる日本人ではあるが、前提条件まで含めた大変化になると意外に新ルールになじむのではないか、というのが私の仮説である。つまり私はゼロベース改革しか日本にはないし、また日本だからこそオール・クリアーでやり直せるのではないか、と思っているのである。

今の政治や社会の仕組みは、このゼロベース改革でなくてはうまくいかない、見えている現象だけ直したのでは何も解決しない、と私は思う。二一世紀に向けてあと一〇年少しというこの時期に、ヨーイドンであらゆる改革をやらなくては、われわれも幸せになれないし、また世界の中でもうまくやってゆけない。せっかく貯まりかけた富もすぐなくなってしまう。それを避ける方法はあるのか？　これが本書のテーマである。私は、ゼロベースで改革をする気が国民の側にあれば、今の政治を改革することはさほど難しいことではないと思っている。幸い自民党や政府のリーダーの中には大いなる反省と危機意識が芽ばえてきている。ないのは解決に向けての具体案だけである。国民も、今のぬぐいがたい政治不信を何とかしなくてはいけないと思っている。ジャーナリズムも、「火山は爆発しています」と報道するだけでは自分たちの存立意義を保てないと思っている。みな改革を望んでいるのだ。明治維新や終戦というパラダイム変換は外からの圧力でこれをやり遂げたが、今回の「平成維新」は内なる圧力で、すなわちわれわれ自身の持つ不満が、危機意識を高じさせ、改革への意欲に転換させることによって起こるだろう。ここが前二回と大きく異なるところである。土地問題や政治不信は大きな不満の原因とはなっているが、まだ発火点まで達していない。しかし、これをいたずらにあおるのではなく、自らの知性と感度を研ぎすますことによって内なる改革の着火点を下げることができるのではないか、と私は思っている。現状がいかに抜き差しならないものであるかという共通認識が、このゼロベース改革への起爆剤になると思われるので、次にもう少し改革の方向を吟味し、さらに第二部では各省庁ごとの現状と問題点、解決の素案を探ってゆくことにしよう。

第二章　基本的な考察

前章で、日本における政治改革はゼロベースで行なわなくてはならないと述べた。残念ながら今の法体系はあまりにも複雑で、法の基本理念が何であるのか、あったのか、理解しにくい。微修正ではよくならない。消費税も例外項目などがやたら多く、結局誰もが納得する間接税の決定打にはならなかった。法を通すための術策が先行し、基本理念がボケてしまったからである。

オレンジ・牛肉の開放をアメリカに余儀なくされたといって、一五〇〇億円もの補助金を緊急に決めてしまった。日本がアメリカから輸入している牛肉は金額にして年間六六〇億円、オレンジは二七〇億円にすぎない。これが倍になったところで、税金で一五〇〇億円もの負担をするのなら、何のために市場開放したのかわからない。輸入で安くなった分だけ生産者への補助金として与えてしまうのなら、消費者にとってどのような得があるのか？　この例でみてもわかるように、市場開放も政府と業界で勝手に決めてしまって国民にとってどのようなメリットがあるのかという大切な点が、いっこうに説明されない。要するに政府も業界も、国民や一般消費者のことなど毛頭考えていないのだ。また考えなくても今のシステムなら通ってしまうのだ。

五%の利益がマジョリティになる〝マジック〟

今の政府は自民党そのものであり、自民党は少数利益団体の集合体にすぎない。国民の五%の利益しか代表していないものを一一も集めて五五%のマジョリティを奇蹟的に維持してきたにすぎない。しかし、そのようなことができる最大の理由は、日本では民主主義の原則がまったく実行されていないからである。それは、「一人一票同じ重み」ということである。農民は六%の人口にすぎないが、議席に対するウエイトは一八%の人口と同じことになる。しかも投票率が九〇%と高いので、議員選出に対する効率では二〇%近くにもなってしまう。就業人口の七〇%を占めるサラリーマンは、投票率が四〇%と低く、政治への関心が薄い。無力感からか、無責任なのか、あるいは今までは生活に満足していたからか、いずれにしても制度的にみれば最も虐げられていると思われる種族が、日本ではノンポリなのである。これによって、投票に占める割合は五八%、さらに票の重みで換算すれば、議席に占める割合は四四%にまで下がってしまう。驚くべきことにこの日本では、商工者と農民の利害が一致すれば、十分に国会の議席の過半数を占められるのである。

一般消費者にとって明らかにメリットがあると思われる市場開放などの政策が遅々として進まないのは、このためである。またかりに開放したとしても、その利益を一般消費者に還元しないで補助金や対策金に遣ってしまうのも、これが原因である。彼我の物価差の比較はもう聞きあきた。明らかに日本は物価高である。同じ日本製品でも、アメリカで買ったほうが安いということがザラなのである。日本政府がもし消費者のことを少しでも考えているのなら、こうした自国民をバカにした状況を許容しつづけるわけがない。日本でつくられたものがアメリカで安く売られているというのは、ダンピングによるか流通経路の冗長性のためか、そのいずれかである。前者ならメーカーを取り締まるべきであるし、後者ならば流通簡素化を促す販売の自由化をすべきである。業界のことは心配しても、消費者のことを心配する省庁はないのである。

また、組合や主婦がこのへんに対してまったく音なしの構えなのも納得できない。日本では物価を安定させることではなく下げることが一大命題なのである。円高の神風で物価が安定している、などというのは笑い話にもならない。円高ならなおさら、物価は下がらなくてはならない。そして今、また円安に少しでも向かおうという気配があれば、さっそく〝インフレ懸念〟とくる。円高で物価が下がらず、円安のたびにインフレときては、消費者の立つ瀬がない。

ことほどさように、日本ではメーカー、流通業者、政府が、すべて提供者側の論理で固まっている。消費者側に立って、改革への圧力を加える母体がない。マスコミもリクルートや貿易戦争となれば騒ぎ立てるくせに、このような真の巨悪、構造汚職ならぬ構造的な癒着に関しては無頓着なのである。リクルートの何百倍、いや何万倍ものカネが、ゆえなく補助金としてバラまかれ、一部の利益集団を守るために法律が次々と生まれ、われわれが世界中から最も安くて良いものを買うことを不可能にしている。これを〝疑惑〟と言わずして何であろうか。

貿易戦争〝戦勝国〟の暮らしがなぜ苦しいのか

私は、平成元年のゴールデンウィークを南カリフォルニアですごした。友人がサンフランシスコから自家用機で遊びにくる、というので近くの飛行場まで迎えに行った。ニューポートの近くのショッピングセンターの隣にある、メドウ・ラークという私設飛行場である。そこの入口に次のような看板があった。「私有地につき立入禁止。許可なく使うことを禁ず。ただし着陸に三ドルの使用料を払えばこの限りにあらず」。三ドルとは三九〇円である。これで朝やって来た友人は夕方まで駐機し、夕闇の中に飛び立っていった。それ以外の費用は一切請求されなかった。

近くのハンチントン・ビーチは約一七マイル（二七キロ）に及ぶ白砂の海岸である。その沿岸には駐車場、サイクリングコース、ジョギングコースがずっと設けてあって、海岸の使用は、もちろん無料である。毎朝ゴミを拾う人々がたくさん出てきて、一〇時頃までにはきれいになってしまう。これを市のカネとボランティアでまかなっているのである。

近くのスポーツ用品店に行けば、日本製のゴルフクラブやテニスのラケットが山のように積まれていて、いずれも日本の半分以下の値段で売られている。私は一二段切替えのマウンテン・バイク（山登り用自転車）を買ったが、九九・七ドル（約一万二九六一円）であった。日本では一五万円近くする特殊な山登りバイクは、二六〇ドル（三万三八〇〇円）であった。見るといずれも台湾および韓国製である。日本ではNIES商品に門戸を開放したがらないが、そのツケがこんなところにも出ているのか、とあらためて驚いた次第である。九九・七ドルの自転車を段ボール箱に入れて日本に持って帰ってきたら、組立代に八〇〇〇円とられた。アメリカでは一〇ドル（一三〇〇円）である。しかし組み立ててしまって持ち帰るわけにいかないので、この方程式では日本に上陸させればそれで二万円を超えてしまう。一時間半の組立労賃が八〇〇〇円というのは、時給五〇ドル近い。アルバイトや出かせぎ労働者の豊富な国では、こうした単純作業の労賃は日本の五分の一以下である。閉鎖社会日本の縮図が一台の自転車に凝縮されているのである。

アメリカは自国の産業を次々に外国に渡してしまっている、という面があることは否定できない。しかし、ソフトウェアや先端金融業などの分野を強化しているし、第二次産業でも化学、食品、航空、宇宙はまだ圧倒的に強い。強くなくてもよい家電や雑貨まで後生大事に自国産業の保護をするわけではないので、耐久財の物価は世界で一番安い国のものに素直にスライドできるのである。半導体では最大のテキサス・インスツルメントが日本にきて生産しているし、その他のハイテク企業もみなグローバル化してしまっている。自動車にいたっては、ヨーロッパ市場の二六%をフォードとGMが占有している。空洞化とは言うが、それは消費者パワーのなせる業で、弱くて高いものしかつくらないメーカーを国内から淘汰してしまっただけである。ちゃんとした企業は主要国に出かけていって、どっこい立派に生きている。

問題はこの日本である。貿易戦争に勝ったとはいっても、その稼いだカネはアメリカの輪転機で量産されるグリーンバックス（ドル紙幣）にすぎない。それが市場にあふれてカネ余りを起こし、地価や株価の高騰を生んでいる。日本から還流されたドルは、アメリカで局地的豪雨のように不動産や会社を買収するのに使われて顰蹙（ひんしゅく）を買っている。貿易摩擦が投資摩擦になっただけである。その間、〝戦勝国〟のはずの日本で少しも暮らしは楽にならない。つまり、国民の働いたカネであるのに、もうけは企業と政府に吸い上げられ、生活実感の中に還元されていない。

今の政府の中には、国民の立場でものを考え、主張し、社会の進歩に合わせて法や制度を変えてゆくことを任務としている部門がないからである。声なき声はなき声である。新聞が大騒ぎすれば、それで国会や検察も忙しくなってしまう、そんな付和雷同の立法府と行政府なのである。国民にとって何が本当に大切なことなのかを、誰も考えてくれない。しかし国民の一人一人は、何をどこからどのように問題意識化し、改革していったらいいのかわからない。政治や税制の改革には民間人をも含めた委員会がつくられるが、その委員の任命は政府が行なう。加害者が自らを取り締まる談合をやっているようなものである。

〝一人一票同じ重み〟という一歩

後でも述べるが、日本では組合や生協、主婦の集まりが、どういうわけか左傾化し、古いイデオロギーに縛られて反自民を合唱するだけで、生活改革の力とならない。賃上げではなく、購買力を高めてゆこうという提案をしているのは、日経連の鈴木永二会長である。しかし日経連がやれば、その主張がどんなに正しくても、賃金抑制を狙っていると疑いの目で見られかねない。本来この主張は組合が命がけになってやっていなければならなかったものだ。家の建築代など天井知らずである。また、中間マージンの高いものはボイコットするなど、会社に対するストライキではなく、物価に対する実力行使をするときが来ている。

主婦連や生協は自ら開放経済の旗手にならなくてはならない。「良いものを安く世界から」をモットーとしてしかるべきである。それなのにイデオロギー臭が抜けきらないまま、いまだに〝自分たちのコルホーズ〟たる国内供給者べったりの状況である。

つまり、既存の団体やグループに頼っていてはダメなのである。今は組織化されていない「被源泉徴収民族」が開放経済と生活の豊かさを求めて立ち上がる以外にない。その第一歩は「一人一票同じ重み」である。この一歩さえ達成すれば、あとはほぼ自動的に動きはじめる。後に具体的にその第一歩を踏み出す方法を述べるが、私がこの本で提案する多くの改革、総じて「平成維新」と呼ぶものは、実は、すでに今の日本の政治機構の中で十分に達成可能な〝マジョリティによるマジョリティのための民主的な政治改革〟であることをここで述べておきたかった。何やらリンカーン大統領のゲティスバークでの演説に似ているが、しかしこれが今の日本で大きく狂ってしまっていること、終戦直後の人口構成のままで今日まで大きな変更なく来てしまったことにこの歪みがあることを考えると、どこかで一気にその矛盾を解決しなくてはならない。小さな選挙区の統廃合などという小手先の戦術では調整できない大きなひずみが、戦後四五年の間にできてしまっている。このことをわれわれはあらためて認識する必要がある。

第三章　新しい政党

日本の政党の形態そのものが大きな問題を抱えている。政治の望ましいあり方の一つとして、「二大政党」ということがよく言われる。しかし実は、日本の場合、二大政党制になれない理由があるのだ。それは日本における最大の政党、つまり自民党が、党としての共通理念を持たないたんなる集合体になっており、このため、たとえば社会党が打ち出した「労働者」というアンチテーゼが、アンチテーゼたり得なくなっているからだ。

労使対立概念

この章では、どのような考え方で政党が成り立ち得るのかを考えてみよう。

労働者というものが何に対するアンチテーゼかと言えば、当然資本家である。したがって自民党＝資本家、社会党＝労働者ということであれば、アンチテーゼになり得る。しかし自民党は実は資本家の党ではない。しかも社会党のとらえていた「労働者」という概念も、今日ではずいぶん薄められたものになっている。大半の人間が〝持てる者〟になっているからである（図１）。

現在の日本には、土地、あるいは資産を持っている人間が、七割程度もいる。すでに〝持てる者〟と〝持たざる者〟といった単純なイデオロギーでは分けられない状況下にあるのだ。持てる者がマイノリティで持たざる者がマジョリティであるというような、組合発足時、あるいは産業革命下のヨーロッパで成り立っていたような前提条件が崩れているのである。

かりに、生産者を軸にタテ割りで成り立っている自民党に対するアンチテーゼとして、ヨコ割り、つまりライフスタイルなり消費者の利害についての共通認識を持った政策を実現していく政党というものを想定してみよう。そうすると、ほとんどの問題に対して、つねに九五対五という形にならざるを得ないのである。なぜなら国および生産者というものは、当該問題に対してマジョリティではあり得ないからだ。

したがって、マジョリティではあり得ない生産者の属する分野、たとえばブルドーザーについて、「ブルドーザーは午前一〇時から午後四時までしか動かしてはいけない」といった法律を提出したとすると、ブルドーザーに関係している五％の人間だけがノーと言い、あとの九五％はイエスということになる。こうしたことが、あらゆる分野で起こってくるのである。

しかし現在は、自民党が権力を一括して持っているために、さまざまな「五」が権力になびい

労働組合員の中でも、社会党離れ、支持政党中立型への移行が見られ、特に若年層で顕著である——社会党離れは、若い世代から顕在化している

労働組合員の政党支持

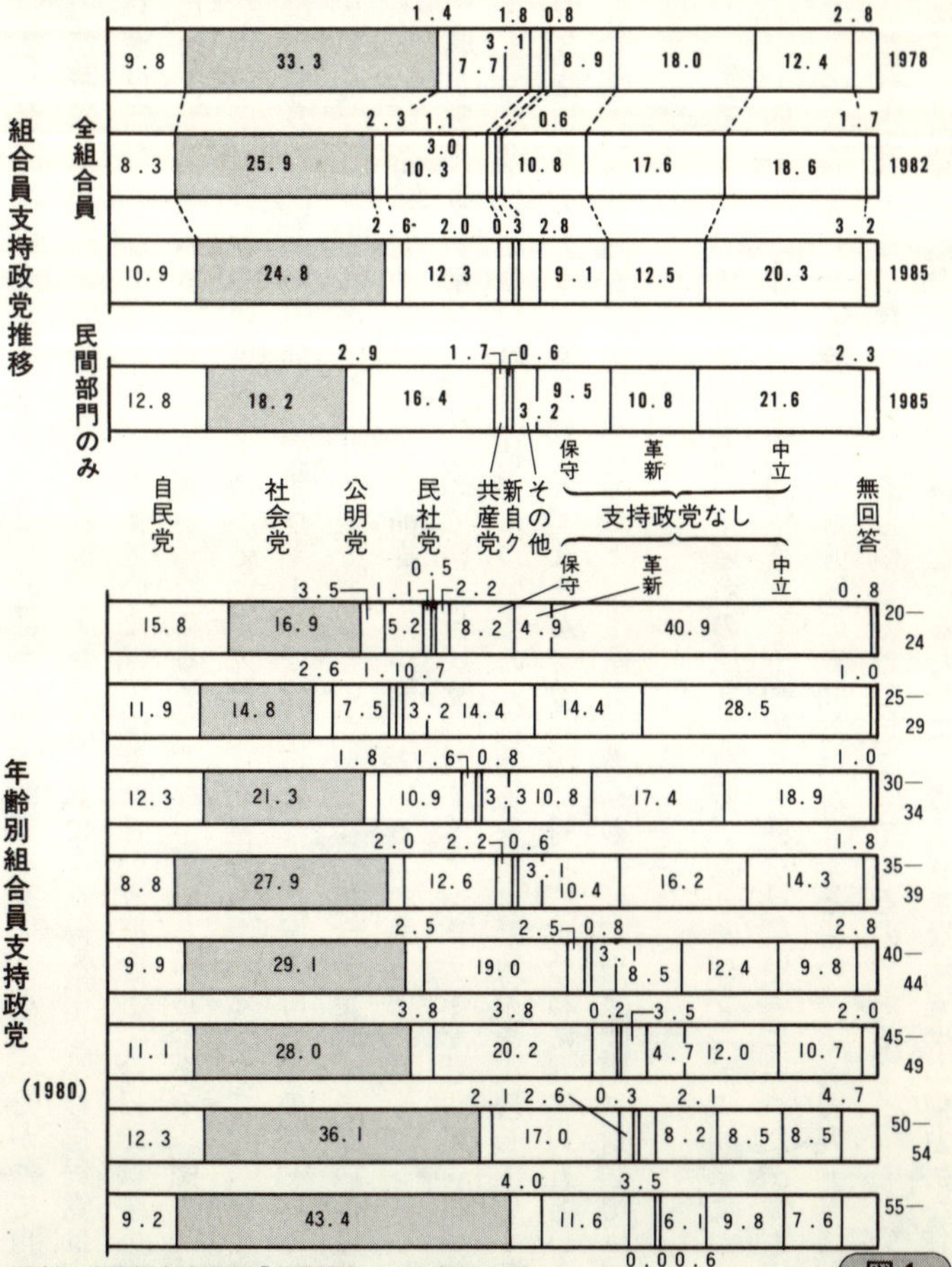

資料：労働調査協議会『労働調査』1986年3、4月

図1

た結果、これが五五になってしまった。つねに四五対五五で勝っているという状態なのである。今の自民党の奇蹟は、五を一一も足していったところに五五があるという数字のマジックに乗っかっているにすぎない。

それぞれに分割していった九五対五の世界では、自民党の立場は、つねに少数派の立場なのである。しかし、一つの案件を通すときは、その案件に関係する五だけではなく、残る五〇をも束ねた勢力を動員している。それができるというところに、自民党が政権を維持してきた秘訣がある。国民に支持されてきたからではない。九五％の人間がノーというものに対しては、いくら五％の人間がイエスと言っても通るはずがないのに、この日本では何となくそれを通すことができる。たとえば、前述のようにオレンジ、牛肉を自由化してこれで安くなるのかと思ったら農家に一五〇〇億円もの補助金を出すという。こんな火事場泥棒みたいなことを平気でやってしまえるところが、今の自民党マジックの不思議なところである。国民は種明かしをされるよりもマジックショーの観戦を楽しんでいるかのようだ。

ラージ vs. スモール

ここで、アメリカにおける民主党と共和党の関係について考えてみよう。

伝統的にみれば、共和党が保守的な資本家側、民主党は進歩的な労働組合側である。しかし現在では、発言をみる限り、ほとんどの問題について共和党のほうがリベラルであり、民主党のほうが保守的になってきている。つまり、アメリカにおける二大政党は、その歴史の中で立場が逆転してしまったのである。

現在、共和党は自由貿易を標榜し、民主党が保護貿易を叫ぶという具合になってきている。労組の生産性が高く、世界的な競争力を持っていた時代には、自由貿易が民主党の利害にかなっていたのだが、生産性が弱くなってしまった現在ではそうはいかなくなったということだろう。

イギリスの労働党と保守党は、明らかに左と右という立場だが、労働党はいわゆる計画経済的なニュアンスというものを伝統的に持っている。しかも、それは労働組合に支持されていて、富を貴族から取り上げて再分配していく過程においては、きわめて便利なレゾンデートル（存在意義）であった。それに対して資本家側に立っているのが保守党だ。

アメリカにおいてもイギリスにおいても、社会主義的な傾向が強いかどうかということは別にして、ラージ・ガバメントとスモール・ガバメントという分け方ができる。アメリカの場合で言えば、民主党がラージ・ガバメント、共和党がスモール・ガバメント指向。イギリスでは労働党がラージ・ガバメント指向だ。そして、そのラージ・ガバメントをずっと押し進めていくと、北欧の修正社会主義になる。これは徹底したラージ・ガバメントだ。税金も高いが面倒見もいい。富の配分もほぼ完璧というわけである。

日本の自民党と社会党というのは、そうしたものを踏襲しながら、必ずしもそうはなっていない。社会党はラージ・ガバメントということを言っていないし、むしろ行革などで歳費のカットをしていくことを主張しているというのが現状である。しかし、美濃部都政でもみたように、誤った大衆へのコビは高い政府につく。社会党は今は行革を〝反自民〟の立場から言っているが、政権についてすべての人に〝バラまき行政〟をやればラージ・ガバメントになるのはまちがいない。

国vs.地方

現在、代議士の選挙は地域別に行なわれている。したがって、有権者は地域の利益ということで代議士を選んでいることになる。その場合、なぜイデオロギー的に分断するのだろうか。たとえばある地域にA、B二人の候補者がいたとして、Aがより自民党的であり、Bがより社会党的であるということはどういう意味を持っているのか。

社会党から出てきた候補者でも、この地域に橋を、高速道路をと言って選挙を戦うかぎり、そこに〝イデオロギー〟というものは何も関係ないのである。日本では実はイデオロギーよりも地域エゴのほうが、政治の分類上は強い軸になっている。

こうした三つの切り口を整理しないまま、ズルズルと戦後の政治が続いて今日に至っている。したがって、このようなシステムで選ばれてきた人間は、同時に三つの要素を持っている。一つは何々県という地域代表としての要素、二つ目は左か右かというイデオロギー的な色彩、あるいは自分が自由業を代表してきている、労働者を代表してきているといった認識、そして三番目に、日本の代議士の全部がもっている「族議員」という要素、つまり業界代表という側面。このあたりを整理することからスタートしなければ、政党と労働組合の問題は解決できない。

地域というものを土台にして考えた場合、その地域に利益をもたらしてくれる人間であれば、政党、イデオロギーに関係なく、すべての有権者はその人間に投票する。つまり、地方代議ということの意味のほうが、左右ということの峻別よりも人々にとっては重要になってくるのだ。

そうなると、全国をまたがる政党というようなものに意味があるのか、という問題が起こってくる。政党色というものは薄くならざるを得ないのである。政党は、北海道のある人間と九州のある人間との共通の利益をまとめてはいないからだ。

韓国などでは、三つの政党は明らかに地域色があり、政党と地域はほとんど一致しているが、日本の場合はそうではない。個々の議員の色彩から言えば、地方代議が一番強い外側の色で、その次の共通分母として共通の色を求めれば政党ということになる。つまり、政党というのは、プライマリー・カラー（第一の原色）ではあり得ないのである。

もともとイデオロギーというものは第二義的な共通項でしかない。それに対していろいろな利益団体というのは、自分たちだけではどうしようもないので、便宜上、他の利害団体と組んでいる。その〝連合〟は、数が多ければ多いほど便利になる。自民党が成功しているのは、数の多さゆえに集票力、集積力が増す、というメカニズムをうまく使っているからなのだ。

しかし、現在の自民党は生産者側、供給側の論理に立っている（**図2**）。したがってこれに対抗しようとするなら、細かくみたら利益はばらばらというのでもよいから、マスター・オブ・コンビニエンス、すなわち〝便宜の王様〟として、従来のイデオロギー色を落とし、数を狙った戦

自民党、官庁、財界は、強力なスクラムを組んでいるので、野党は犬の遠吠え、カヤの外となりやすい

政策立案における力関係

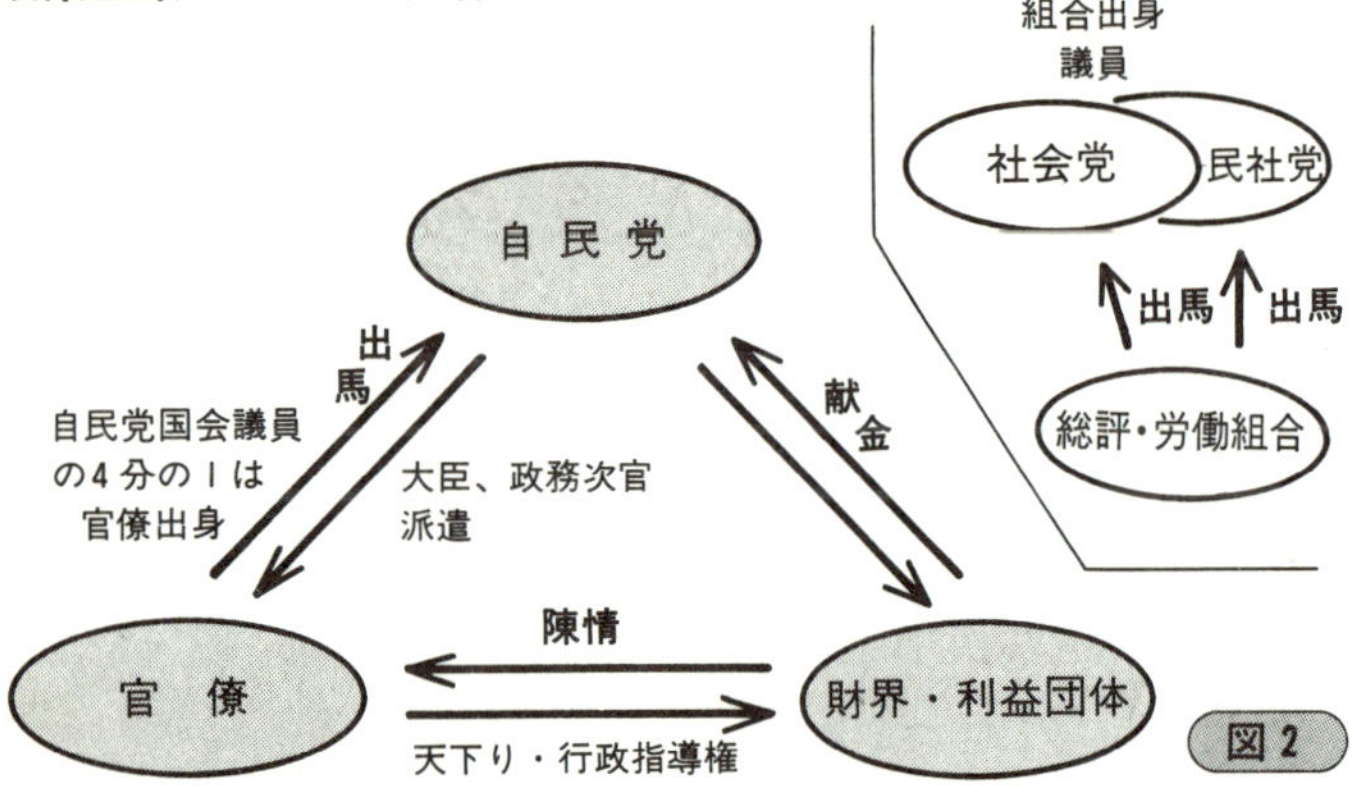

図2

術的な反自民のグループをつくるのである。もちろんそれは、消費者側に立ったものだ。

そこまで第二党が割り切ることができれば、第二党は二義的な共通カラーとしては消費者側、そして従来の自民党は二義的な共通カラーとしては供給者側、というふうになってくる。そういう定義をすれば第二の政党というものは十分存立する可能性があると思われる。

しかし、プライマリー・カラーは、どうしても地方にならざるを得ない。日本においては富の配分について、地域間の葛藤のほうがより重要な葛藤だからである。地域の葛藤を避ける唯一の方法は、ドイツやスイスのように徴税機構を地域に落としてしまい、国で集めた財源の再配分という形をとらないことである。国税の再配分をなくしてしまえば、国政に占める地域エゴの重要性は激減し、二義的と考えられていたカラーのほうが浮き上がってくることになる。

日本の場合には、国の徴税メカニズムが強すぎて、税金を再配分するため、地域が浮き上がってこざるを得ないのである。したがって、徴税の仕組みさえ変えてしまえば、従来二義的であった供給者と消費者のイデオロギーの対立のほうがより鮮明になってくる。これは、中央集権国家における提供者側に立つ国家主義と、受益者側、国民の立場に立つ消費者主義との対立として理解される。その上で、さらにイデオロギー色を落としてしまって、数が集まるということを前面に押し出した新しい政党をつくることが可能となってくる。

労働者ではなく消費者が政治を変える

労働者としての立場ではなく、消費者としての立場を徹底的に追求する、つまり人々の「給与をもらう」という行為ではなく、「カネを遣う」という局面を共通項とするほうが、より多くの数が集められる。この区分の代表が力を持ってくれば、いわゆる業界別タテ割り行政に対するチェック機構がより健全に働いてくるのではないだろうか。

したがって、従来のような労使対立のイデオロギーを背景とした労働組合は解体する。労働者というのは、供給者側における生産という行為を担う役割分担の呼称にすぎないからだ。

日本では〝資本対労働〟という関係は成立しない。会社において、この両者は運命共同体なのである。供給者側における役割分担にすぎない労働者を、あたかも利害の対立したものとして位置づけたところに、労働運動が貧困になってしまった原因があり、しかも会社の御用組合ということで、結局は経営側と馴れ合ってしまうという運命をたどらざるを得なかった理由がある。

組合を考えるならば、より鮮明に「消費者」の組合を組織したほうがよいのではないだろうか。日本では、給料をもらうという側面を見てみると、そう多くの人が虐げられているようには思えない。しかし、消費者や生活者としての立場はひどく虐げられているのである。世界一の金持ち国とはとても言えない。重要なのは一人の人間の中に九〇％の虐げられている部分があるということである。その部分に対して改革を進める組織、それが新しい政党である。

もちろん、一〇％は供給者（労働者）としての部分があるわけだから、問題が自分のその部分にかかわるものとなったときは、政策論争に関して供給者として投票してもかまわない。これが私の言う〝政党やイデオロギー支持から政策支持への転換〟ということになる。

労働組合は、供給者側の論理に立った分裂症にすぎない。だから意味を持ち得なくなってしまっているのである。現在、意味があるのは供給者の中の〝資本対労働〟という対立の構図ではなく、個々人の中で九〇対一〇の消費者と労働者という分裂を起こすことである。

消費者の組織化という点でいえば、現在の自民党、社会党という構造の中で、これを徐々に組織化してゆこうとしても、それは無理な相談だ。たとえば人口の三分の一以上を占める主婦は、自民、社会という選択の中では、自らにピッタリのものを見出せないのである。既存の政党区分では主婦を正面からとらえられないからである。しかし、〝私は供給者側には立ちません。虐げられたあなたの九〇％の部分に対して行動します〟という政党ができれば、ほぼ自動的に主婦を組織化していくことができるのではないだろうか。徹底して消費者の立場から政策を立案し、国会で活動していくという訴えかけをすれば、消費者の組織化はそう難しいことではないのである。「世界中で最も安くて良いものを安定して供給することに、私は努力を集中します」、「良質の医療サービスが得られるようにします」、「子供を力強い社会人にすることに全力を尽くします」などというのが、さしずめそのモットーとなろう。

このようにすれば政治資金もかからないのではないか。現在の政治活動になぜ莫大な資金が必要かといえば、自然ではないことをやるからだ。たとえば北海道に空港をつくるということだけをやるために投票しようとした場合に、空港反対の人間と空港賛成の人間が候補者として出てきたら、この選挙に資金がかかるとは考えられない。今の選挙では、ほとんどの案件についてノーという可能性のある九五%の人を自分の側に投票させようとするから資金がかかるのである。つまり五を九五と言いくるめるところに資金がかかる原因があるのだ。

組合に話を戻すと、組合そのものは会社別で存在してもかまわない。しかし、組合が担うのはその会社のなかにおける待遇、所遇、賃金などに関する闘争であって、政治闘争ではない。もっと言えば、政治闘争ではあり得ないのである。税金をどうするか、いかにして実質消費に遣える部分を多くするかといった政治闘争は、消費者党の中で行ない、そこで解決できる問題だからである。

組合というものは、ヨーロッパの産業革命の落とし子である。富の配分の進んだ今日の日本でみても、個々の人間が給与を獲得していく上では必要だが、社会的にみれば、それは現在の日本における最も深刻なひずみの原因に正面から向き合うものではない。最大のひずみは消費者として、生活者として虐げられているということなのだ。

かつては、資本家の搾取が社会的なひずみをつくり出していた。しかし、現在の日本では富は比較的公平に分配され、ひずみは少なくなって、世界最高の平均給与水準になっているのである。一〇〇％労働者、一〇〇％資本家などというものは存在しないのだ。むしろひずみは名目上の富をまだ有効に遣い得ないというところにある。そのことをとらえきれなかったのが、労働組合運動がうまくいかなかった原因である。その結果、イデオロギーが下火になったのである。

これからの政党結成には、消費、生活面を前面に押し出した新しい概念が必要である。ここでは政府は公僕（パブリック・サーバント）となる。しかし大衆の数によるエゴがまかり通らないようにしなくてはならない。見せかけの世論に流されないためには、政治に、全体利益についての配慮と国民の合意を形成するビジョンが、どうしても必要となる。

第四章　道州制への移行

日本の諸制度の中で、政治に最も大きなひずみを生んでいる「諸悪の根源」の筆頭は、県、市、町という、細分化され、重層化された行政単位である。国税が大半の我が国の徴税制度にこれを重ねれば、地方自治とは言っても、いずれも自治単位とはなり得ない細分化されたものになっている。カネを中央から還流してもらうのでは、いつまでも自立できない。汗を流して働くことなしに産業基盤ができてしまうので、地方は工業団地をつくって待ちぼうけ、いつまでも国が産業育成をやるというようになる。地方の力はますます弱くなる。結果、明治以来の伝統である中央集権でモノカルチャー（単一価値観）の国がいやが上にもでき上がってしまう。

拙著『新・国富論』で述べた第二次廃藩置県が必要である。日本は基本的に道州とコミュニティ（市）の二つの階層で十分である。こうすれば、行政コストも大幅に削減できるし、効率も上がる。しかし、それだけではない。重要な点は、「道州」という、中央の権限を委譲するのに十分な規模の受け皿をつくる、ということである。今の県をもとにして権限委譲をしても、うまくゆかない。日本の問題は一極集中であって、これを一段階で四五にも分散するというのは無理である。人口一〇〇〇万規模の単位をまずつくる必要がある。人口一〇〇〇万といえば、カナダの半分、スイスの約二倍、ニュージーランドの三倍、シンガポールの四倍であり、立派な〝国〟としての規模を持っている。幸い日本には、東北、近畿、中国、九州などの、昔からなじんだ〝地方〟というものがある。これは今まで行政の単位として利用されることがなかったが、ここに今の政府にある地方局などを、あるいは中小企業庁などを移してしまえば、権限も任務も非常にはっきりした自治体となる。どうしても全国的に統一する必要のあることがらを除いては、基本的に道州ごとに立法できるようにする。

中央が大きな権限を握る時代錯誤

道州の基本的任務は、産業の振興（雇用創出）と豊かで安全で幸せな生活のできる環境を提供することにある。もちろん後者の第一義的な責任単位は、人々の住む最小の自治体であるコミュニティ（町または市）にあることは言うまでもない。しかし、人口五～一〇万程度のコミュニティでは学校、病院、警察、リゾートなどの整備は十分にできないので、こうしたことの直接の責任は道州が持つのである。国は、全国共通の基準やポリシーをつくるが、それは必要最低限のものに限定するべきである。たとえば道路を左側通行にするというようなことは、道州ごとにやらせないほうがよいが、スピード制限や建築基準などは、地方により特徴を持たせればよい。東京と北海道ではおのずと違ったものが必要となる。

先日、大阪の新空港に関し、面白い記事を読んだ（「朝日新聞」大阪版、一九八九年四月一八日）。「りんくうタウン」という一大都市の建設を進めているのだそうだが、その中の二つの大きな建物をいくつもの空中回廊でつなごうと考えられていたところ、これが建設省の認可がおりないためにつぶれそうだ、という記事である。日本ではビルとビルをつなぐ回廊の建設が基本的には認められていない。東京のデパートなどでいくつかの例はあるが、あれは例外らしい。ともあれ大阪の未来を考えて専門家が設計したものを中央の官庁が認めないというところが、いかにも一極集中の日本らしい。

大阪の人がよいと思って専門的な検討を加えたものに東京の人がノーと言う権利がなぜあるのだろう。建物がつぶれて人が死ねば、それは大半が大阪の人だろうし、またそういうことのないように大阪の人も細心の注意を払うだろう。「なぜ何本もの廊下がいるのか？」という建設省の課長の質問も野暮で滑稽である。設計者がそうしたかったからにちがいない。一本ならよいが五本は多すぎるというのは、人の価値観に関する不当な干渉である。そしてこのような行政の不当な干渉に、われわれは黙って巻かれてきた。なぜだ？　と聞かない。業者は後々のことを恐れて、また民衆は村八分にされたくないので、黙って忍んできた。しかし行政府が理由もないのに価値の良し悪しを決めてしまうのは、先進国では許しがたい人権の侵害と言わねばならない。

人々の間に良好な判断基準のでき上がっていない途上国の場合には、国政をあずかる識者の判断のほうが正しいかもしれない。しかし、日本人は今や九割以上が高校を出て、文盲率が世界でも最も低い国である。ここでいつまでも中央政府が大きな権限を握り、価値観の判断をしている、というところが時代錯誤なのである。

自前の財源を持つ自治体

「平成維新」は日本を名実ともに先進国にするための内なる革命である。政府の仕組み、国家運営の理念、地方自治、どれをとっても途上国型の今の日本は、その方式のよさのために、途上国としては最高の躍進を遂げた。しかし先進国としては、驚くほど後進的である。これは、今までのやり方を少しずつ改善していっても決してよくならない、大きな壁である。

地方の衰退は今や目をおおわんばかりである。ほとんどの県は自力財源ではやってゆけない。人材もない。〝ふるさと創生〟でアイデアを出せ、と一億円ずつ払う金銭的余力はあっても、人的資源がないので、どこの村も似たような村おこしのアイデア——眠っていた神社仏閣を起こして名所旧跡にする、というような類の話ばかりである。今の日本の経済的繁栄のためには、日本は全土を必要としていない。大きな四つの島さえ十分に使いきっていない。中央政府は北海道には産業一つ興せなかったし、東北地方最大の投資はリクルートによる阿比高原の開発であると言われている。二一世紀の繁栄が領土の広さによらないことは明らかである。今の繁栄は東京、大阪、名古屋などと、浜松や徳島など、有力企業をかかえるところのスポット的繁栄である。そうしたスポットから税金を巻き上げて、陽の当たらないところにセッセと還流しているので、日本全体が浮き上がっているように見えるのだ。

日本の就業人口のうち、世界的に競争力のある産業に従事しているのはわずかに一三%にすぎない。残る八七%の人々は便乗組なのである。中央集権のままやっていたのでは、この矛盾は解決することがない。だめなところにも栄養が行ってしまうので、自助努力をしないからである。だから道州に移行し、地方分権をすると同時に、財源までも自分のものを持たせる。これしか解決策はない。財布のヒモを中央が握ったままで、地方に自立してみろと言っても、どだい無理なのである。財布とともに権限をわたした上で「やってみろ」と言わなくてはならないのだ。それで沈む道州は、「残念でした」ということになるが、アメリカでもドイツでもこのようにやってみて、それほど大きな地方格差にはつながっていない。むしろイタリアのように中央が何とか南部のナポリやシシリーなどをもち上げようとやっているところのほうが、生活基盤の平準化が進んでいない。

今、東京への一極集中は激烈だが、道州制に移行すれば、それだけでかなりの部分が改善される。道州の首都はまず間違いなく栄えるであろう。さらに、だめな道州は人件費も安く、条件もよくなるので、産業が次第に移ってくる。つまり自然の経済原則が働いているのである。ドイツでも、その昔は、バーデン・ブルテンブルク州はビリから数えたほうが早かった。ところが今では、全一三州のトップに躍り出ている。産業政策が成功したからである。日本では神戸市がよく話題となるが、道州単位で外国への航空路を開発し、交易相手国を開拓し、さらに日本のみならず世界中から企業誘致をゆくことができるようになる。国の行政に対して文句を言うことも、それを言いわけの格好の材料にすることも、できなくなる。

日本国再生の静かなる大手術

「平成維新」は静かな革命ではあるが、そのスケールと影響の範囲はとてつもなく大きい。日本の各省庁、行政機構、国会、地方自治体、さらには国家運営の理念としての憲法まで、今までのものにとらわれずにゼロベースで見直すのである。これらをなるべく早くやることが、リクルートなどで明らかになった日本の致命的欠陥、政治機構の深刻な座礁から脱却する唯一の方法である。冠婚葬祭に政治家を呼ばない、などということしか出てこない政治倫理委員会などの唱える対症療法では、このガンは治らない。日本国の再生手術を、黒船やマッカーサーの手を借りずに、このわれわれ自身の手でやらなくてはならないのである。

次の第二部で「昭和病」の病状の進行をみるために、人間でいえば体の各部にあたる省庁を一つずつ診(み)てみることにしよう。その上で第三部で憲法を、第四部で解決策を探ることにしよう。

第二部　霞が関解体論

第一章　通商産業省

問「東大と通産省の共通項は？」

答「生徒のできがいいので、先生もできがよいと思われている」

日本の役所でおよそ通産省ぐらい美しく誤解されているところはない。

日本経済の調子がよいのは、通産省よりも文部省や孔子に負うところが大きい。通産省は産業を興すのではなく、興った産業に乗っかって規制を加えるか、強くなりすぎたところで国際カルテルを形成したり、弱いところに構造不況カルテルを結ばせたりする作業が中心である。では、企業が国際化していったとき、どこまで面倒をみるのか、外国の企業が入ってきたとき、これをどこまで育成するのか、——これらの点で通産省はその存立意義を大きく問われている。

いくつかの事例を考えてみよう。

あいまいな存立意義

●オハイオで操業するホンダは通産省の管轄下にあるか？

●日本にほとんど工場を集結してしまったテキサス・インスツルメント社のメモリー用半導体事業は、日米半導体協定においては日本側かアメリカ側か？

●アメリカのＩＢＭはようやく日本で現地企業として認知されつつあるが、台湾のエイサーや韓国の金星社などが工場をつくって進出したとき、同じ扱いを受けるのか、迫害の歴史を繰り返すのか？

●アメリカの大手小売業者が近所に小売店のない東京港の倉庫街で大規模なモールを建設し、輸入品の直接販売を始めた。許すのか？

●不況カルテルに加わらない会社が安売りを続けたために、企業の倒産が相次いだ。倒れたほうを見殺しにするのか、倒したほうを制裁するのか？

●アメリカとヨーロッパが反原発運動に押されて、原子力エネルギーをギブアップしてしまった。日本だけでも続行するか？

●三菱自工がクライスラーの買収を行なった。フォードがマツダの完全買収に動いた。通産省は両方承認するのか、どちらか一方をＯＫするのか、またそれはなぜか？

産業の守護神をもって任じる通産省も、この国際化時代に自らの存立意義がわからなくなってきたとみえて、このような質問を彼らに発すると十人十色の答えが返ってくる。これらに対してどのように行動するのかわからないところに、役所の恣意性、裁量の余地がここにきて大幅に拡がってきていることが示されている。すなわち、安定した産業の育成が目的であった成長期の心がまえでいると、通産省もまた斜陽産業省の仲間入りを間違いなく果たすことになる。特に通産省にとって大きな問題と思われるのは、次の三点である。

(1)　二一世紀には第三次産業の就業人口が七〇%に達すると考えられるが、サービス業に対するビジョンや役割が十分でない。

(2)　日本企業が海外に出かけ、アジアを含めた外国企業が日本に直接進出してくるときに、通産省は国内企業を守るのか（すなわち外国企業を競争相手とみるか）、日本国内で立地してくれる企業なら国籍に関係なく守ってくれるのか（すなわち弱い国内産業はつぶして強い外国企業を優遇するか）、あるいは、日本の企業が世界化するのを助けるのか（すなわち母国主義でゆくのか。この場合には国内にある外資の面倒はみない）、などについてどのような立場をとるのか明確でない。

(3)　産業育成を優先するのか雇用を優先するのかがあいまい。通産省は今日カルテル省になっているが、弱肉強食なのか、弱者保護なのかがはっきりしなくなっている。あるときにはカルテルを認め、あるときには認めない（例・アルミ精錬）。また、あるときには集約化を指導し（三大自動車会社構想)、あるときには零細企業を守る(大店法)。

こうしたあいまいな目的の省に優秀な人材を送り込んで強大な権限を持たせるのは、危険である。もともと通産省の判断にはおかしなものがたくさんあったのだが、日本産業を基本的には自由放任にしてくれていたおかげで、結果オーライの幸運な監督官庁となったのであるから。

それを表す具体的な例をみてみよう。

●川崎製鉄の西山弥太郎氏は高炉一貫生産をめざして大規模投資をしようとしたが、通産省が反対し日銀が許可しなかったために、世銀から融資を受けざるを得なかった。しかしこの決断が呼び水となって他の鉄鋼メーカーが先を争って設備投資に走ったため、通産省もようやく鉄鋼業を支援することになった。今日、世界的に日本の鉄鋼業は通産主導で開花したように美しく誤解されている。

●昭和三八年に通産省は自動車三グループ構想を打ち出した。日本では自動車会社が乱立し、とても欧米の巨大自動車会社には勝てないという前提で、乗用車、トラック、軽自動車とそれぞれの専門会社に分けるという構想である。しかし、本田宗一郎が率いるホンダをはじめ、四位以下の日本の自動車メーカーはこれに反発して今日の隆盛を築いた。もしこのとき、この法律が成立していたら、現在われわれはカタログをいくつも集めて好きな車を買うこともできなかったであろうし、トラックからバン、4WDなど、あらゆる種類の車で世界を濶歩する日本の

日本IBMのほうが日の丸コンピュータの倍も税金を収めている

国の収入（1978—87：億円）

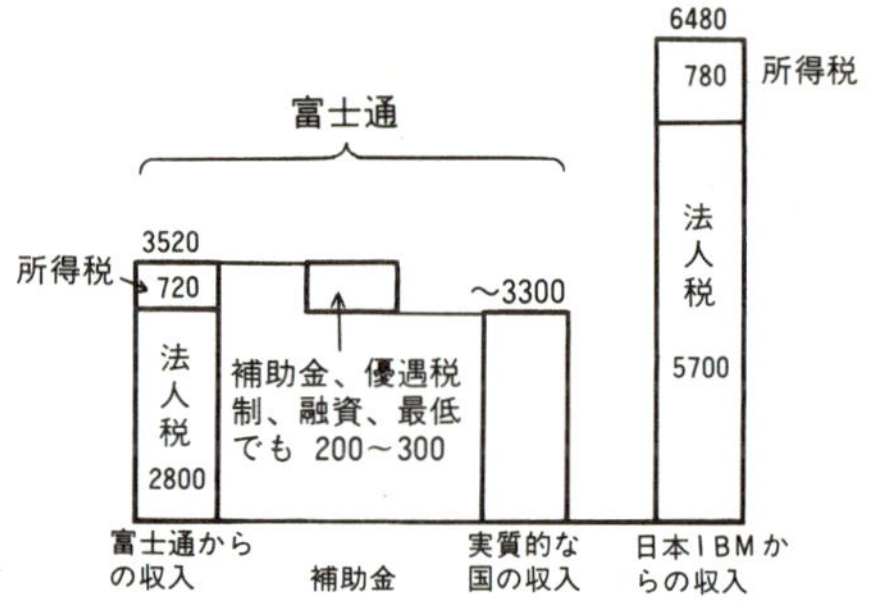

資料：「物価レポート88」経済企画庁
「会社情報」
「日本の産業政策」東京大学出版会

図1

自動車産業は衰退していたであろう。

●通産省は、鉄鋼などの大装置産業や自動車、コンピュータのように国としての威信を誇示できる分野、言い換えればすでに外国に大企業が存在することが明確な分野を日本でも育成することに執心する癖がある。今日鉄鋼と自動車は、企業家西山や本田、豊田、鈴木などの存在で結果オーライであったが、コンピュータについては答えが出ていない。過去一〇年間に富士通が国に納めた税金が三五二〇億円、その中から二〇〇〜三〇〇億円の補助金等をもらっているのに対して、〝仮想敵〟IBMは日本だけで同じ期間に約二倍もの税金を国に納めている（**図1**）。

●通産省があまり熱心でなかった産業で、日本は世界チャンピオンになっている。カメラ、家電、OA機器などがそれである。今や世界のどこででも手に入る電卓については、カシオとシャープの独創性、企業家精神がその成功の鍵であった。通産省はそれを妨害こそすれ、助けたということはない。たとえば昭和四七年に、カシオは、ヨーロッパ向けの製品の輸出割当てをくれないのは不当な差別であるとして、通産省を公正取引委員会に訴えている。ソニーはトランジスタ技術の導入を決定した後、通産省の許可を得るために一年間もの時間をかけて苦労している。当時の乏しい外貨事情を考えると、外貨法による導入技術の優先順位づけはやむを得なかったと思うが、新しい伸び盛りの企業は皆、こういった通産省のエスタブリッシュメント指向に悩まされながら成長してきたのである。

通産省は指揮棒を振るべきでない

さてこのように産業育成とは名ばかりで、実は自分たちの気に入った業界、会社を育成することばかりに精を出してきた通産省が、なぜ日本の産業育成にそれほど貢献したかというと、これは彼らがしたことではなく、〝しなかったこと〟に原因がある。人材については、文部省の貢献――明治以来の名残りで、自分たちの人生や個性を生かすことよりも他人の評価を気にし、〝右へならえ〟の習性をみごとに身につけた、知識万能かつ従順で勤勉な若者の大量生産があった。西欧社会が一様に悩んだ組合については、労働省の産業・企業べったりの雇用政策、会社別組合が幸いした。カネについては、大蔵省、日銀の貯蓄奨励と企業への低利貸出し政策があった。建設省が道路や鉄道などのインフラストラクチャー（経済活動に密着した社会資本）を準備した。よその国では産業云々を議論する前に、人材、組合、カネ、インフラストラクチャーの四つでつまずいてしまうところが、日本では産業成功の四種の神器がこのようにしてそろっていた。

もう一つ、戦後の日本産業にとって大きな効果があったのは、マッカーサー占領軍による財閥の解体と持株会社の禁止である。財閥は韓国やタイでみられるように発展途上国躍進の大きな力となるが、その後の近代化においてはなかなか取り扱いが難しい。日本では財閥の力が強大になるのを押えきれず、そのまま戦争に突入してしまったが、これをいくつかの単位に分けて再出発するという幸運にめぐまれた。これによって専門の経営者が個々の企業の再興を担うことができた。また持株会社は、トップが経営現場から離れてしまい、実業を伸ばしてゆくには不向きである。日本の企業が短期的利益を犠牲にしてもモノづくりやサービスの向上に努めてこられたのは、企業が一つのかたまりとなっていたからであり、経営陣と現場の遊離が起こらなかったからである。同じアジアでも経営者が現場に染まらずに、すぐ持株会社の長のような資本家的挙動を始めるところもある。戦後の日本でそのような動きが法的に封じられていたということは、通産省が産業政策を進めてゆく上で四種の神器にも劣らぬ〝意図せざる幸運〟であった。その上に乗った通産省は、演奏家と聴衆がいいので、いくら指揮が下手でも何ら問題はなかったのである。

誰しも出てきた音楽を聴いて指揮者がよいのだと思ったとしても不思議ではない。しかし、今日この指揮者もようやく産業をある程度自由放任にしてくれるようになったが、一群のかわいそうな奏者に対しては、依然として執拗に演奏を迫っている。エネルギー、コンピュータ、将来の有望分野である新素材やバイオなどの領域である。

コンピュータ

日本のコンピュータは今や世界的に人気が高い。信頼性が高いからである。しかし第二次産業（メーカー）中心の通産主導〝日の丸〟コンピュータには二つのアキレス腱がある。通産省が主体となって推進したコンピュータ産業の育成策は、一九七二年の電算機開発補助金制度（七〇〇億円）、一九七六〜八〇年の超LSIプロジェクト（約三〇〇億円）、一九八二〜八四年の第五世代コンピュータ開発（一〇〇億円）などの他にも、組織特別措置政府保証によるレンタル会社（JECC）の設立など、まことに手厚いものである。この結果、ハードにはめっぽう強い〝日の丸〟コンピュータ会社が育ってきたとも言える。しかし今日、コンピュータの機器本体の価格はシステム全体の価格の半分にも満たない。ソフトウェアが過半のウエイトを占めている。ここが日本の泣きどころで、一九八二年の日立、三菱によるIBMソフトの産業スパイ事件でその弱さを露呈した。その当時アメリカのアムダール社を傘下に収め、「我が社はそんなヘマはしない」と雑誌などで豪語していた当の富士通も、昨年IBMに一〇〇〇億円ものソフト使用料を払うハメになっている。外国ソフトを流用し、たくさんのプログラマーは抱えてきたが、クリエイティブな仕事のできるソフト屋の育成は怠ってきた、そのツケであろう。

もう一つは富士通によるフェアチャイルド社買収の失敗である。私はこの事件が持ち上がった一昨年、たまたまロスアンゼルスにいて、当時のボルドリッジ商務長官とテレビでやり合ったが、彼の議論はまことに当を得ぬものであった。「半導体のようなハイテク産業を外国の企業に売り渡すことはできない」と言うのだが、実はこの会社、フランスの多国籍企業シュルンベルジェにすでに保有されているのである。そこを突くと、「日本はハイテクで脅威となるが、フランスにはその恐れがない」という、まことにフランスをバカにした答えが返ってきた。要するに本音は、日本が国策〝日の丸〟コンピュータでくるのなら、その象徴である富士通に対しては国威をかけても妨害してやろう、ということなのである。すなわち〝日の丸〟コンピュータが世界に認められてきたその矢先に、日の丸であるまさにそのことが、それら企業の世界化の障害となってきたのである。また親方日の丸の全エネルギーを注いだハードのメインフレームは、もはやコンピュータの主流ではなく、〝一つのハコ〟になってしまった。今やパソコンやワークステーションをベースにしたDECやNECが隆盛の時代なのである。打開策は、富士通などが「日の丸の看板をおろした」と自他ともに認めるコンピュータ・メーカーになることだ。すなわち明確な通産離れを果たしたときに、新しい世界が開けてくるであろう。

バイオ、新素材

現在の技術開発には、親方日の丸でビッグ・プロジェクトを走らすというスタイルが合わなくなってきているように私は思う。それは、日本企業が技術力、資金力をつけてきただけでなく、外資と組むほうがよいとか、外国政府の援助も必要となってきた、異業種と組むほうがメリットがある、開発のあり方が多様化すると同時に戦略化してきているなどの理由のために、いくつもの企業を束ねて親方日の丸のもとに統制をとって産業振興をしてゆくという通産省のお家芸的やり方がだんだん通じなくなってきたからだ。

そうした時代に、やれバイオだ、やれ新素材だと言って、通産省がいくつもの研究組合をつくり、企業にカネとヒトを出させているのは時代錯誤もはなはだしい。企業は面従腹背で一応は参加する姿勢を示しているが、「〝通産省を励ます会〟のパーティ券を買っているようなものだ」とは、ある企業人の私語である。役人には小さな事業の芽を評価する眼力もないし、机の上で立派な計画をつくっても、実際に事業をした経験がないのだから企業家のセンスはない。政府が技術振興に力を入れるのなら、研究開発に対する減税とか技術教育などの、より普遍性のあるものを通じてやるほうが有効であろう。もし税金でやるのなら、科学技術庁のような、アカデミックで必ずしも産業寄りでない中立の機関でやるほうが、企業エゴに振りまわされにくいので国民の理解も得やすいだろう。

エネルギー

エネルギー政策について私が強く感じるのは、供給側の話ばかりが先行し、流通や消費面の議論が不足している点である。先日、アメリカのあるメジャーの会長と話をする機会があった。そのとき彼は、「日本でわれわれの自由に事業をやらせてくれたら、われわれはアメリカ並の価格でガソリンを提供できる」と断言した。中近東での買付け価格はアメリカと変わらないし、交通

規制・保護されている業種は人件費が高い

非製造業・製造業の１人当たり人件費（1987）

万円／年(各業界トップ５社)

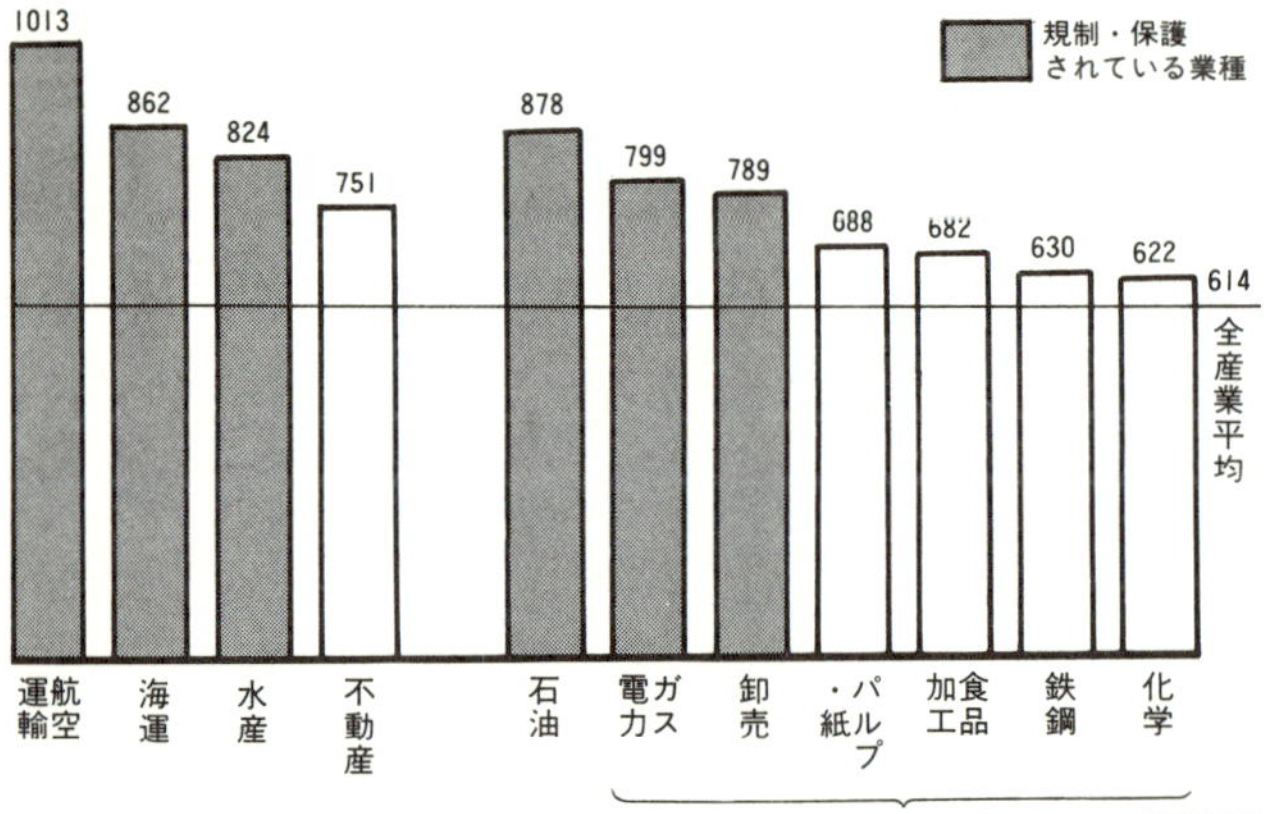

資料：大和証券経済研究所

図２

費もむしろ安いくらいなので、これは十分に可能なことと思われる。今の通産省は、万一の場合に備えて備蓄や購買先の多様化に力を入れたり、日本海や三陸沖で井戸を掘ったりしている。石油危機でこりたので、国民は備蓄には同情的である。しかしそれ以上に、日本がエネルギー自立を目ざすことによって、国民が高価なエネルギー・コストの負担を強いられているという点の再吟味が必要だろう。通産べったりの石油業界は、ある意味では日の丸、外資ともにぬるま湯づけである。赤字経営のガソリンスタンドが林立し、効率の悪い労働集約型の経営をいつまでも続けている。業種別人件費をみても規制された業界のお手盛りぶりが目につく（**図２**）。

日本の石油が高いのは日本に原料がないからではなく、保護行政で甘やかされているからである。それでも〝エネルギー自立は国民の悲願〟などという大義名分に踊らされて、国民は、この分野での国自身の無駄遣いを許容してきた。

エネルギーの流通面について考えてみよう。日本の複雑な流通機構にメスを入れることが必要なように、エネルギーもその流通の合理性を考えるべきだ。特に、通産省が厳しく統制している電力体制について指摘したい。

電気はコモディティ（差別化できない素材）である。東京電力の発電する電気と、新日鉄の自家発電の電気との間に差があるわけではない。周波数・電圧は簡単に調整できる。消費者は電灯をみながら、「やっぱり東京電力の電気はいいね」と言っているわけではない。供給責任があり、夏場に備えて余裕率が必要という電力会社の主張はもっともであるが、このマクロの立場を、個々の消費者の利益と調整する作業が必要である。

現在、電力会社が採用している総括原価主義が適当であるかどうかの見直しが必要であると思う。これは、発電にかかるコストをあらかじめ算出し、これに一定の比率をかけて利益を確保した上で、その合計金額から逆算して電気の値段を決めるシステムである。電力会社がどう会社を経営しようと、この電気の値段のシステムには関係がない。これで果たして電力会社は、本気でコストダウンに取り組むだろうか。トヨタや新日鉄が死に物狂いで合理化するのと同じインセンティブが働くとは思えない。またこういった値決めは、兵器の開発の値決めと同じ方法であり、国防のための兵器と生活のための電気を同じ考えで押しつけられたのでは納得する国民は少ないだろう。電力はコモディティであり、それはアメリカでも同じ質の電力が手に入るということである。かつてアルミ精錬が安い電力を求めて海外に出ていったように、電力会社も現在のシステムに安住していると、お客を海外の電力会社に奪われていくことだろう。人手を省き、高度に工場を自動化し、固定費型産業になりつつある日本企業にとって、電力代はバカにならない。大きな変動費である電力費が安くなるのであれば、アメリカやカナダに工場進出することに何の抵抗もないであろう。間接的ではあるが、しかし電力会社にも国際競争力が必要な時代なのである。

アメリカに Northeast という電力会社がある。この会社のトップは、電力はコモディティであり、コモディティで競争に勝つには価格とサービスしかないと認識し、コンピュータ・システムに戦略的投資を行なった。その結果、システムへの投資を最も効率的に会社の収益に結びつけたとして、システム専門家であるATTやMCIを抑えて、ナンバーワンと評価されている(Compuland, 1988. 9)。日本の電力会社も、通産省の保護に依存しているようでは国内の自家発電や海外との競争に勝てなくなるという自覚を持つ必要があるし、国民も消費者の立場でよりよいサービスを求める権利がある。しかし、今のカラクリではそうドライにはゆかない。なぜなら、政府も不況対策となるとすぐに電力会社やNTTに需要喚起のための設備投資を要請する。私企業の事業計画を国の都合で急変させるなどというのは考えられないことである。このように、いざというときには国がお世話になっているので、電力会社に対しては厳しいことが言えない。そしてまた、こうした企業への不当な干渉を何とも思わないところが、中央集権国家・日本の一大特徴なのである。

石油についても、流通面の合理化をさらに進めるべきである。ガソリンスタンドがサービス業であるならば、セルフサービスにして値段が下がることを喜ぶお客と、サービス料を払っても窓ふきやオイル交換をしてもらうことを喜ぶお客とに、セグメント分けを行なうことが効率経営につながるはずである。何でも一律という行政の枠組みは取り払うべきである。

数年前にヒットした『バック・トゥ・ザ・フューチャー』というアメリカ映画がある。主人公が三〇年前のアメリカにタイムスリップして、当時のアメリカのガソリンスタンドを見るシーンがあった。車のまわりに、ユニホームをきた男がバラバラと四、五人出てきて、窓ふきを始める様子を見て、アメリカ人はドッと笑ったそうである。現在のアメリカのように、セルフサービスの客が鉄格子をはさんで金のやり取りをするようになるのは行きすぎだと思うが、サービスにかかるコストを吟味し、業者にある程度の選択権を持たせることが、通産省なり運輸省の課題であろう。われわれは一五年前のオイルショックで、エネルギーに対する合理的判断をストップしてしまったように思われる。今こそ冷静に、その流通・コスト面の合理性を考える時期にきていよう。

日本はエネルギー自立などできない。水力では足りないし、石炭では公害がある。石油はどこを掘っても出てこない。原子力の燃料であるウランやトリウムは、石油よりも世界的にもっと偏在している。エネルギーは産業政策よりも前に、外交政策（フォーリン・ポリシー）として論じられなくてはならない。それを小手先の産業政策のレベルで解決しようとするものだから、油一滴出てこないような日本近海に高価な石油掘削のやぐらをいくつも建立することになる。電力は独占、高価、非能率という状況から抜け出せないし、石油は業界自身に経営力がつかない。現状では〝通産省直営方式であるために不必要に高価〟と言われてもしかたがないだろう。

原子力にいたっては、あれだけカネと人を注ぎ込んでやっているのに、素人の書いた「危ない話」などにあおられて、住民に十分な説得ができないお粗末さである。中・短期間でみれば日本に原子力エネルギーはいらない。原子炉は絶対安全ではない。この二つは真実である。原子炉の事故はほとんど、設計時に想定されていなかったような原因で起こっている。車だって運転手の気が動転して、ブレーキとアクセルを踏みまちがえれば大事故につながるように、原子炉だって完全なものはないし、またできない。

だがもう一つの真実として、石油は二一世紀の中途までになくなってしまう。石炭は四〇〇年分くらいあるようだが、それとても今の東欧をみると、公害をまき散らさずに燃やす方法はかなり困難と思われる。そこで、予想される二一世紀の化石燃料（石炭、石油）の枯渇に対して、つまりわれわれの息子や孫たちの時代のために、今から工学的経験を十分に積んでおく必要はないか、というのが原子力についての唯一の正当議論である。今、原子力が必要という議論は成り立たない。それを無理に通そうとするから、原子力の議論を聞く人に、素人の集団ヒステリーのほうに理があるように聞こえてしまうのである。二一世紀にエネルギーがなくなって、いきなり原子力に切り換えるとすれば、せっかく今まで育ててきたノウハウや人材が無駄になるし、いくつもの事故をそのときに経験しなくてはならない。今から彼らのために、少しずつ安全なものを開発していってあげるのがわが世代の務めではないか、というのが私の原子炉容認論である。

だから、二〇〇〇年までに電力供給の何％を原子力にする、などとターゲットを決めてやるような性格のものではないと思う。原子炉は、飛行機と同じように事故を起こすほど安全になる。事故の教訓は世界的に瞬時に共有されるようになっている。だから小さな事故で大騒ぎすることはない。大切なことは事故を隠さず、これを万人の共有財産とすることである。工学の進歩とはすべてこのようなものなのだ。最初から完全に安全なものなどないし、また原子炉のように複雑なものではどうしても予測し得ないものが入ってくる。だから、電力会社や通産省資源エネルギー庁が、「原子力は安全」と公言するのは間違いなのだ。この議論では「危険」という立場をとったほうが勝つに決まっている。「安全」という議論は一つの事故例で崩されてしまうのだから。

国が国民に対して十分な説明もせずに言いくるめることのできる時代は去った。自分たちが選択した産業政策を一方的に押しつけるのではなく、何と何が選択肢なのかをよく考えさせ、その中から国民が熟考、択一していくような状況を醸成しなくてはならない。エネルギー自立は国民の悲願ではあるが、原子力については官庁がラウド・スピーカーで自作自演の曲を一方的に押しつけたために、むしろ不必要な拒否反応が現れているのではないだろうか。通産省も時代の変化を敏感に読み取らなくてはならない。

このままでいけば

通産省が一般に信じられているほど積極的な貢献をしてきたわけではないのに、どうして今のように諸外国からは羨望と畏敬の念をこめて〝ノートリアスＭＩＴＩ〟と呼ばれているのか。また日本の産業界からも、恐ろしい外国の大男たちから身を守ってくれる上に、彼らに脅しまでかけてくれる〝育ての親〟と思われてきたのか。逆に、どうして産業の足を引っ張った数々の例は埋もれてしまうのか――これを考えたい。それはひとことで言えば、産業は企業家によって興るもので、国によって興るものではないから、ということである。つまり大多数の国は、日本が国の産業政策によって栄えてきたと思い込み、自分たちもそれを真似しようと一生懸命になっているが、それはまったくの誤解なのだ。ソ連や中国をみてもわかるように、国が産業政策の音頭をとればどうなるかは明らかである。多くの途上国が債務超過に陥っている中で、スイス、香港、シンガポール、台湾のような原則自由経済圏が栄えているのも、理由のないことではない。日本もまた、政府や組合が企業を不必要に縛りつけないで自由にやらせたからこそ、ここまで来られたのだ。戦後の日本を代表する松下やホンダ、ソニーやヤマハ、最近の任天堂、シャープ、カシオという会社の活躍は、企業家という自由主義の天才たちがいかに産業の発展にとって大切であるかをはっきりと示している。通産省の貢献は、これらの純粋培養菌を、株主、法律、カネ不足、人材不足、組合、道路港湾不足などの数々の〝産業の敵〟となる雑菌から守ってくれたこと、そして自らはこれらの主演者たちを失念してくれていた、というところにある。

しかし、通産省がこの怪我の功名を誤解し、産業の守護神を過信しつづけると、これからはドッとマイナスの効果が出てくるだろう。特に最近では省のエネルギーが、国際カルテル、第三次産業の取り込み、情報産業における郵政省との確執など、自己目的の充足のために浪費されている。ソフトウェアに関しても、通産省はそれを工業所有権で扱うべきと主張したが、著作権にすべきだという文部省案に押し切られてしまった。こんな内ゲバをしていて、これから予想されるアメリカとの知的所有権をめぐる紛争が戦えるのかと心配になる。発明優先主義のアメリカと出願優先主義の日本とでは、基礎からしてずれている。日本では他人のアイデアを盗んで登録しても、先に出願してしまえば勝ちである。アメリカの文献を読んで、次々に特許登録してしまう日本の卑劣なやり方は反感を呼ぶに決まっている。国際化、情報化時代に適した〝知的所有権のインフラストラクチャー〟を整備する作業を忘れて、省庁の権益争いにうつつを抜かしていては先が危ない。

貿易問題に関して言えば、たんに私企業の問題にすぎないことに通産省が出ていき、国と国との感情的な対立にまで増幅されることが目立つようになってきた。アメリカ議会などを見ていると、このままでは、国の安全に影響を及ぼす危険な事態になってくると心配になってくる。

東芝機械のココム事件の際も、冷静な情報分析能力と戦略的な問題解決能力があれば、ソ連の潜水艦のスクリュー音が小さくなった時期は、東芝機械の工作機械が稼働を始める前であったなどと反証したり、アメリカ議会の感情的反応に対処するための手を打つことが可能であったと思う。それをせずに、ココムを利用した規制強化が強調されていては、責任をとって辞めた立派な経営者も浮かばれない。これによって企業はまたも共産圏への輸出に際し、通産の関門をくぐらなくてはならなくなった。通産省はこのために大幅な人員増を勝ちとった。日本の省庁は国際紛争をも、自己増殖のために利用する術をそなえているのである。また日米半導体協定のように、私企業の部品購入決定という純経済的行為が、政治問題の解決手段に利用されているのは異常としか言いようがない。日本政府がアメリカ製品のシェア二〇%を実現させると約束した、とアメリカ側がとるような形で、なぜ交渉が収まってしまったのか。こういった約束が既成事実となってしまうと、日本企業は無理をしてでもシェアを上げないと、アメリカから、約束を守らない国という汚名を着せられる。またヨーロッパからは、日米の密約はGATT違反だと提訴されることになる。結局、その場を丸く収めようとする官僚の安易な妥協策は、企業に大きな負担を強いることになる。その犠牲が本当に人々に利するかについて大きな疑問を抱かざるを得ない。最近では、ようやく企業も火の粉は結局自分で払わねばならないと反省し、法務部など渉外部門の強化を図っているのが実情である。半導体協定で通産省はメーカーの操業度まで監査できるようになったし、日米自動車協定では、輸出ワクの決定に際し大きな力を持つことになった。国際紛争をも自己増殖のために利用した好例である。通産省が外交関係にハッスルしてもありがた迷惑にしかならないということを、企業は思い知るべきである。

国内の産業政策でも矛盾が生じつつある。現在の企業活動にとって国境が意味を持たないということは、再三述べてきた。企業や消費者から、国籍の概念が急速になくなりつつあるということである。逆に経営の発想も国籍を超えないと競争に生き残れない時代になってきている。たとえば、ニューヨークのOLが好んで通勤に履くリーボックという英国生まれのスニーカーは、今や韓国で生産されている。アディダスは台湾、ウィルソンは香港製である。これらのブランドは日米欧の若者に共通して認められ、今や彼らは、ブランド品のイメージと品質が確立されていれば、どの国でつくられようが気にしない。ミズノやロシニョールの生まれた国は問われない。したがって必然的に企業経営も、これら世界的に均質化しつつある購買者に照準を合わせないと、よりグローバルな企業に敗北する。企業の世界化はこうしたさし迫った動機のもとに行なわれている。コーラやハンバーガーもこの世界統一ブランドが確立した例であるし、その中のケチャップなどをみても、台湾やポルトガル、ジンバブエからトマトを買っている。長野県にこだわったカゴメも、ついに外国産のトマトを購入する時代である。半導体のTIも、頼りとするメモリーの生産拠点の中心を日本に置き、日本IBMと同様に、国内にドッカリと根をおろしている。化学・製薬会社の日本への研究所設立も盛んである。こういった企業の動きの背景には、日米欧アジアにおける消費者の著しい均質化傾向がある。〝良くて安いもの〟を生産地と関係なく求める動きと企業の国際化は、表裏一体なのである。通産省が、「通産の指導で世界化を推進」などという過去の栄光の再来願望を持っているとしたら、これはすぐに捨ててもらわねばならない。

世界の人々は、消費者（コンシューマー）として振る舞う時は、まさに国際人として国境を意識しない無国籍人であるのに対し、投票者（ボウター）として振る舞う時は、感情的になり、非合理性に左右され、国粋主義的、保護主義的にもなり得る。先進国をめぐる現代の国際問題とは、この二面性といかに取り組むか、ということに要約される。しかしこのままいけば、両者の乖離はますます大きくなり、保護主義の脅威をいかに逃れるかが、企業経営の重要なポイントになってくる。この観点からみると、国境を超えられないという宿命を持ち、国の産業の保護育成のチャンピオンとみなされている通産省がしゃしゃり出てきて、得なことは何もない。通産省が活力あふれる省であることは私も認めるが、その出世の秘密が日本のお家芸、保護主義にあったことを思えば、今や国際問題の解決者たり得ないことは自明の理である。アメリカをはじめヨーロッパの各国は、通産省がいまだに日本企業を完全にコントロールしていると思い込んでいるし、またそれを期待する。通産省が出ていけば、意地になって恨みを晴らそうと過大な要求をつきつけてくるだろう。その結果、どうしても企業に負担のかかる約束をさせられる。

今後はそれに加えて、通産省自らが創造主である大店法や工業所有権および知的所有権が紛争の主テーマとなってくる。自己否定をまず宣誓するところからスタートしない限り、通産省を通じての国際問題の解決はまずあり得ない。

今後の通産省のあり方

通産省がどうあるべきかを考えるより先に必要なのは、日本という国の運営がどういう戦略にもとづいて行なわれるべきかという議論であると思う。国としての戦略をはっきりさせないいま、通産省がビジョンを設定したり、外務省と競争してアメリカと交渉するのは、会社経営になぞらえると、全社戦略が不明確なまま、一事業部が勝手に中・長期計画をたてて重要製品を売り歩いているようなものである。その製品は会社にとってどんな意味があるのか、またどの事業部が売るのがよいかの判断が、総合的かつ合理的になされていない。たまたま声の大きな〝通産事業部〟が決まったようなもので、競争相手の格好の餌食（えじき）になる。現在の日本の政治体制に欠けているのは、国の戦略を客観的に立案し、戦略遂行および組織運営体制を提言できる、総理大臣直属の組織（国家企画省）であると私は考えている。

この組織が効果的に機能するためには、各省のしがらみに染まっていない若手を登用し、ゼロベースで国の戦略を検討させ、その後具体案のレベルになったところで、実行部隊の役所に出す。さらに省間の縄張り意識をなくすために、各省の実行部隊と国家企画省との間、さらに省間の人事異動を、頻繁に行なうような仕組みをつくる。各省の意識のベクトルが国の戦略のベクトルと合致するように、日本の官僚機構を改造することが必要になってくるであろう。したがって二一世紀のビジョンとしては、今のような通産省はとりあえず解体し、省庁の縄張りと関係なく、すべての企業運営にかかわる産業局（企業局）を設置する。同時に国の産業政策は一段上の国家企画省に移管する。この国家企画省の答申に応えて、機能別の各省が個別に具体的施策を考える。

では何が現在の日本の国家戦略であろうか？ 私の考えでは、いかに世界との相互依存関係を深めていくか、換言すれば「日本にとって世界が、そして世界にとって日本がかけがえのない国になる」ということである。

まず日本が世界に依存しなければならない。これは、エネルギーでも食糧でも航空機でも、できれば国産、できれば自立が望ましい、という古い意識を捨てることから始まる。昭和が終わり平成になって、テレビなどで昭和史をかえりみた人も多かったと思うが、太平洋戦争の直接のきっかけは、エネルギー・資源を求めて南下したことにあったとされている。エネルギー、食糧が自給できないのは日本にとって欠陥ではなく、国の構成要件の一つである。自給できない、では自給しようという短絡的な発想をするのではなく、資源国や工業国が日本の通貨（円）や技術、日本との関係を喜んで持ちたがるような国になることを目ざすべきだ。

日本がすでに世界に大きく依存していることは、今日比較的認識されているのに対して、世界が日本に依存せざるを得ないようにしてゆくことの重要性は、あまりよく認識されていない。世界の人々にとって日本がたんなる生産国、工業品輸出国としてとらえられているのでなく、親友、あるいはかけがえのないパートナー、彼らにとっての大市場、出資者、技術の源などになることが、日本自身の安全保障、そして繁栄につながるということを忘れてはいけない。

工業製品、強い円による海外資産の買収など、経済力は目立ちすぎるくらいある。今後、対外的に重要なのは、世界に対して国家としての尊厳を示し、かつ親しみを感じてもらうということである。外交や文化関係の仕事が中心になろう。また市場開放は相互依存を深めるし、技術移転もうまくやれば、物と人との交流につながる。知的所有権問題は制度・法体制がからむので、日本の産業界の利益代表と誤解されがちな通産省が表に出たら、まずうまくはいかないだろう。

国家企画省は現在の通産省のように、社会現象を追いかけて有望畑を自省に取り込むのに躍起になったり、その場しのぎの法律をつくるのではなく、世界的な視野からの行政を行なうべきである。産業振興、地方振興的なリゾート法をつくる前に、心のやすらぎについて考えるべきである。何時間も渋滞に耐えて出かける今の日本のリゾートは、とっくに陳腐化している。日本人はすでに、世界をその庭としているのである。通産の役人だけが国内に取り残されているのだ。

国境を超えられないのが役所の宿命なら、せめて国内をかつての日本としてみないようにするということだ。たとえば、外資といえども、日本人によい給料を払い、国に税金を納めてくれる以上、偏狭なナショナリズムで差別する理由はない。むしろヨーロッパやアメリカのように、外資をどんどん誘致する。日本市場で稼いでもらう。そのかわり正当な税金を納めてもらう。これは当然である。先端産業を誘致すれば、日本企業より助成金のかからない分だけ納税者の負担が減る。研究所も工場もモールやスーパーもつくってもらって結構ではないか。その結果、日本に行けば、知恵も出るし、カネも入るし、安く物も手に入ると世界中の人が思うことが重要なのである。大店法をめぐる流通問題についても、一部利害関係者の調整作業に従事し、世界中から顰蹙を買うような妥協策に終始すべきではない。大店法がなくなって本当に困るなら、困る人が堂々と論陣を張って自己の正当性を主張すべきだ。通産省との密談で物事を解決するのではなく、消費者、一般大衆も入れた公の場所で判断し、決着をつけるべきだ。密談、密約をもって、日本はこう考える、と勝手に世界に説明しないでもらいたい。われわれ消費者の意見の入らない妥協案は、どのみち短命に終わるのだから。

また近年問題になっている過度の東京集中も、東京コンプレックスのない外資に東京以外に進出してもらうことが、解消の助けになるだろう。世界的企業は母国の田舎で美しく生活するノウハウを持っている。ネッスル、フィリップス、フォルクスワーゲン、バイエルなど、ほとんどの有名企業は、自国のかた田舎に本社をかまえているのだ。そのノウハウを北海道や東北で発揮してもらえばよい。そのために彼らが必要とするインフラストラクチャーを整備してあげるという発想も、あってよいのではないか。国を変革するのに外資を活用する戦略が必要なのは、タイやマレーシアばかりではない。日本の優良企業が先を争って外国に進出している時代には、相互依存を深めるためにも、まさに日本にとって必要なのである。そうやって彼らを日本に根づかせることが、日本を世界にとってかけがえのない国にすることにもつながる。そして、アメリカ人だろうが、中国人だろうが、世界のさまざまな人が日本に住みたいと思うだけの合理的理由が存在する国になる。言い換えれば、日本が世界からみて普遍化したということである。

このような考察にもとづいて通産省のあり方を提案してみよう。

●ビジョン作成機能は国家レベルの企画機関に移す。
●産業局として、銀行、薬メーカー（厚生）、建設、食品（農水）、酒（大蔵）外資など、すべての会社の企業経営面からの支持を行なう。
●中小企業庁は地方自治の仕事とし、道州に移す。
●産業局の一機能として、生活レベルの向上を企画・実行する部門は残す。たとえば公害規制の実施チェックなど（ただし許認可業務は国土整備局〈後述〉に移す）。
●技術振興は企業の自主努力に期待するが、国レベルでやることが必要なものについては、工業技術院の研究所群を束ねて科学技術局に移管する。工業基準、規格、検定、特許もここが担当する。
●今の貿易局をもし残す場合には、産業局の中の国際企業課とし、世界中にある日本企業の面倒、日本にある外資の面倒をみる。

●産業のカオとして外交、内政で目立つことはやめる。

――新外務省内に担当部分を移す。

――規制・監視機能は公正取引委員会にまかす。

――ナショナルプロジェクトの旗振りはやめる。

●資源エネルギー庁はエネルギー公団とし、安定供給面だけでなく、経済性および国内外の流通の問題も検討することを組織課題とする。

●任務の終了した産業のタテ割組織（基礎産業局、機械情報産業局など）は廃止する。公正取引委員会がこれらの産業の調停機能を果たす。

●地方局はすべて道州の企業庁に移管する。

このように大胆な機構改革を経てはじめて、通産省はその優秀な人材を地方や上級の省に送り出し、自らは産業局として、長年の念願であった〝分けへだてなくすべての企業の面倒をみる〟法人担当の中央機関へと脱皮できるであろう。

第二章　大蔵省

今の大蔵省は行政府の中でも別格である。省とはいうがそれ自身で国全体のような機能を持っている。予算を作成し、それに必要なカネを税金という形で集める。それでも足りなければ赤字国債、建設国債を発行し、自由自在にこの国を動かしている。まさに全知全能(オールマイティ)の神（お上）という存在である。大蔵省については文句を言う向きが少ない。一つには、この国の経済運営をうまくやってきたという実績があるからだろう。しかし多くの場合、人が大蔵省の悪口を言わないのは徴税機関をその傘下に持っているからである。世界最強となった日本の一流金融機関でも国税の方向からつつかれるのを恐れて大蔵省には面従腹背となることが多い。

大蔵省の最大の敵は大蔵省自身である。一つにはあまりにも多くのことをやりすぎているために大蔵省内部でいろいろ齟齬(そご)をきたすことが多くなった、という点がある。もう一つは自信過剰からくる傲慢さである。

先日、世界の主要国から金融の専門家を日本に呼んで、金融市場の開放問題について討議をした。参加者の日本市場に対する見方は厳しく、「オフショア市場というからもっと自由にやらしてくれるのかと思ったら、ショア（浜辺）はショアでも河口湖ぐらいだった」とか、「よく日本の消費者はこんな低い金利でがまんしている」などというコメントが続出した。ところが、このとき講師として呼ばれていた大蔵省のある課長は「君たちアメリカ人はわれわれに対して大きな口がきけた義理か？　われわれは日本において戦後一つの銀行も倒産させていない。金融自由化といって大騒ぎしたアメリカでは銀行がバタバタ倒れている。少しはわれわれの行政力を見習ったらどうだ！」とタンカを切ったのだ。これには皆、驚いた。第一、その中にアメリカ人は数人しかいなかった。外国人とみればアメリカ人と思って、定食メニューの反論をする程度の国際感覚しか持っていないことが、これでまずわかる。もう一つは、彼が、銀行を倒産させないことが自分たちの使命の一つと考えているフシがあることである。この感覚は少なくとも一〇年は古い。昔は小さな銀行の一つでも倒産すると信用連鎖を起こし、国全体の経済が破壊されると考えたものだ。実際、第二次大戦前まではこれが現実の脅威でもあった。たとえば昭和二年三月に起こった東京渡辺銀行における取り付け騒ぎで同行が休業、これが金融恐慌の引き金になったと思われている。しかし最近では、経営力のない銀行が倒産することは金融市場効率化のためにはむしろ好ましい、と考えるのが普通である。アメリカでは金融市場の自由化以来四〇〇もの中小銀行（主としてS&Lと呼ばれる信用組合）がつぶれたり合併に追い込まれたりしているが、金融秩序が乱れたとか、信用連鎖が起こった、ということは耳にしていない。コンチネンタル・イリノイ銀行やバンク・オブ・アメリカも危機に見舞われたが、これらは農家や債務国に対する貸付け政策の失敗からトラブルを生じたものである。イギリスの金融市場自由化（ビッグバン）も大胆なものであったが、ここでもいくつかの合併吸収が見られ、外資の攻勢にあおられているが、信用不安を引き起こすような倒産劇は今のところ起こっていない。いずれの国でも金利は高く、自由化が預金者の選択肢を拡げ、金融機関を太平の眠りから覚ます効果のあったことは疑いない。私は、アメリカやイギリスのように銀行の倒産を起こしてまで自由化せよ、と言っているのではない。金融機関の側に立った行政ではなく、預金者の側に立った行政があってもよいのではないか、という単純な設問を投げかけているのである。くだんの行政官のように、護送船団方式で数千もの金融機関をすべて引っ張ってゆけば、結局最弱者に照準を合わせてルールが定められてしまうので、強者はあまりにも多くの利益を濡れ手にアワでかせいでしまう。また弱者を引っ張りつづけることのコストを国民全体が負担しなくてはいけないということになる。アメリカでは定期預金の金利が五〜六％、国債が九％、その他多少リスクのあるファンドが一二〜一三％、LBOファンドで二〇％以上、パートナーシップでアパートやスーパーの建設資金に投資すれば二五％近くで回る。オーストラリアの定期は一四％、イギリスでは一六％の商品が珍しくない。我が国の国民が年利二〜三％のスズメの涙でがまんさせられているのは、ひとえに効率の悪いシステムを引っ張っている政策のためである。日本の金融機関が世界中の商品を自由に扱えるようになったら、また現地の税制でその利潤を享受できるようになったら、国内市場はこんなぬるま湯につかったままで安閑としているわけにはとてもゆかない。

ところで、なぜ大蔵省は預金者を無視してまで弱者救済の政策をとるのか？　これは、先述の時代錯誤が主原因ではない。彼らは強い金融機関があまり好きではないのだ。それは日本の強い金融機関はすでに国際化し、大蔵省の保護がなくてもある程度諸外国の強大な金融機関と一戦を交えるだけの力をつけてきている。人材も豊富なので天下り先としてもあまり可能性はない。一方、弱い金融機関は世界のことはわからないし、また制度が少し変わっただけで危機に見舞われる。これらの中には創意工夫で地域や顧客に密着し、十分に生き残れる体質に変わってきたところもあるが、大半はむしろ大蔵や日銀のOBを迎え入れることによってイザというときには面倒をみてもらう、という安易な解決策を選んでいる。事実、地・相銀には現在二〇〇名を超える日銀、大蔵省の官僚が天下りしているが、力の強い都銀、長信銀、信託銀にはわずか二〇名しか行っていない。大蔵省の「一つも倒産させていないぞ」という見当違いな自慢話も、実は、国民の危機意識をあおりながらのかなり高等な〝自己増殖術〟と表裏一体であることがわかる。

歴史的役割と現在のミスマッチ

戦後、大蔵省が推進してきた財政および金融制度は、明らかにいくつかの暗黙（インプリシット・アサンプションズ）の仮定にもとづいたものだった。

●国民には資産はなく、所得というフローのみが重要——このため資産に対する課税を甘くし、所得に対する課税最低限度を二六一万九〇〇〇円と、フランスと並んで世界でも稀なほど低所得層に甘い体系になっている。

●資産のない国民はリスクに耐える力がない——このため国民の自己責任という考えが定着しない。ハイリスク・ハイリターン（リスクは高いが利潤も大きい）商品がほとんど根づかず、かえって豊田商事やネズミ講など、諸外国では考えられないようなまやかし商法がはびこる結果になっている。また信用をベースにカネを貸すという健全な習慣が根づかず、土地を抵当に入れてさえいれば安全という土地神話が地価高騰を招いている。

●欧米という教師がおり、追いつくべき目標と手順は明らか——為替、金利、マネーサプライなどを中央管理し、市場原理よりも管理市場によって一気に欧米に追いつく。

●人材は国のほうが上——すなわち民を管理するほうが効率もよいし、民も喜ぶ。

これらの仮定は戦後復興期から高度成長期までの間では正しかったと思われる。したがって大蔵省が一国の効率の上からも国民総所得の配分および金の流れを総括的に左右したことが、むしろ日本の成長および社会の安定のためにはよかった、と言うことができる。

ところが昭和五五年頃から、この前提が次第に崩れ始め、今ではその逆の現象が顕著になっている。

ストック化の進展

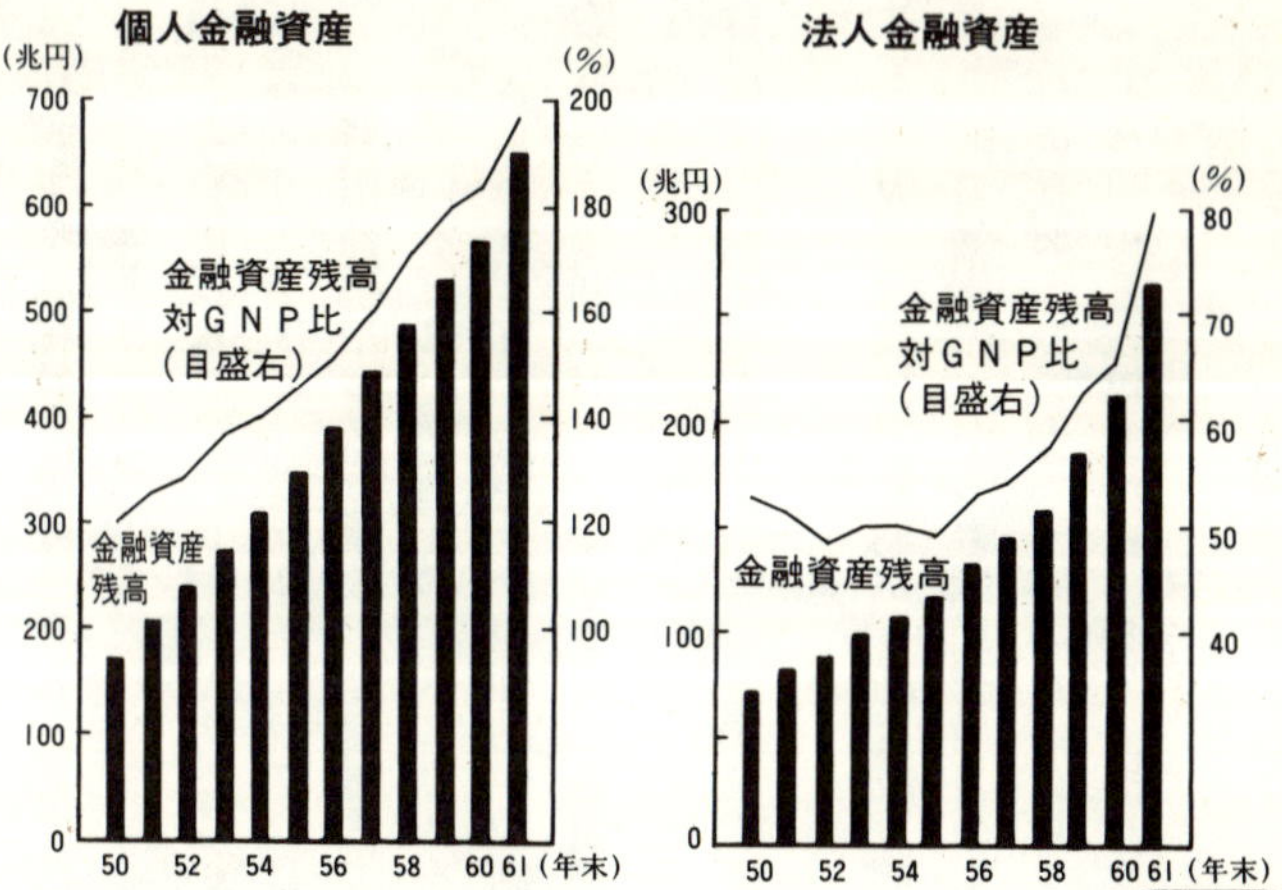

資料：「昭和63年度　経済白書」経済企画庁

図１

●国民の資産は増大し、今や世界一の資産国になったと言われている（**図１**）。
●この資産を背景に、大多数の国民はある程度のリスクに耐える力を持ってきた。
●先進国に追いついてしまった今日、目標は自らみつけていかなくてはならない。たとえば世界の金融秩序の維持、新しい経済原理の確立などについて、日本は積極的に貢献してゆかなくてはならない。
●民間部門の人材に力がついた。特に世界のミクロ経済の実状については、民間と官僚の認識ギャップが大きく、これが問題の一つとなっている。

このような大きな時代の流れをながめてみると、大蔵省の役割も〝国としての効率の追求を具現してゆくこと〟にあるのではなく、〝個人や個々の企業が自らの判断でリスクと利益のバランスをとれるような制度をいかにつくり出してゆくか〟というものに変わってこなくてはならない。つまり大蔵省は、提供者側の論理ではなく受益者側の論理を実現するための触媒という役割に変わる必要があるのである。このためには次のような大幅な改革が必要となる。

(1) 財政は公共財と必要最低限の社会保障の提供に限定する。
(2) 金融制度は自由な競争を確保するための枠づくりと物価水準の維持を主目的とする。
(3) 財政と金融を二つの組織に分ける。

これらを吟味するために、重要な問題点とその解決の方向についての各論を展開してみよう。

基本的な問題とその解決方法

大蔵省の問題として、その守備範囲があまりにも広いところからくる自己矛盾の拡大という点を先にあげた。このことを理解してもらうために大蔵省の主要業務としての担当部門を**図2**に示した。これを一つ一つ見てゆくのが一番わかりやすいと思う。

租税

消費税導入時の混乱にみられたように、日本の税制の特徴はその恣意性にある。おそらくこれ

大蔵省による国の財務および金融に関する行政事務の分担

	任　　務	担当部局
国の財務	租税制度の企画・立案	主税局、関税局
	租税の徴収	国税庁、税関
	国債の発行・管理	理財局
	予算の作成・実行	主計局
金　融	財政投融資の管理・運用	理財局
	民間金融制度の指導・監督	銀行局、証券局
	通貨管理	銀行局、国際金融局

図2

は大蔵省自身の問題というよりも、原案を政治的に曲げてしまう自民党の体質の方に問題があるのだろう。しかし租税制度の企画、立案を担当する大蔵省が自分たちの立案した税法を通さんがために、公平さ、合理性、単純明快さについて政治的に妥協してしまえば、この問題は解決しない。今日の消費税の問題点は、これが国税の一般会計に組み込まれてしまうという点で目的がはっきりしないこと、非課税業者などの甘味料をまぶしたために逆に不公平と混乱を生んだこと、外税や内税など徴税方法を任意選択制にしたために逆に消費者の不安が拡がったこと、通商の原則を曲げて姑息(こそく)にもカルテル行為を許したこと、などがあげられる。ほとんどの国で消費税が施行されているが、こんなおかしな妥協をしたところは見当たらない。すべての商行為に一律課税するという〝広く浅く〟が原則の消費税が、日本ではなぜこんなに歪曲されてしまうのか、ここが問題なのである。

税に関するフィロソフィがないために徴税側の論理が押し通され、集めやすい、取りやすいところから取る、ということがこの近代国家でまかり通っている。同じ法人税でも大企業は三七・五％、中小企業は二八％、公益法人が二七％と、まったく政治的としか考えられないような体系になっている。またいまさら持ち出すことでもないが、サラリーマンの給与所得に対して天引きをするのなら、商店、農家、医者などにも収入（利益ではなく）に対して課税すべきである。法人税率と個人の所得税率の上限を異なったものにしているため、個人所得の多い芸能人や作家、評論家などが法人をつくってしまう。この点について、つまり個人と法人が別なものであると考えている点について、大蔵省は少なくとも一五年は古い。今日、個人のバランスシートは、資産形成、クレジットの導入などにより著しくふくれ上がっている。これに生命保険を潜在的資金（万一のときには負債に対するカバーとなる）として入れて考えると、通常の個人は一億円近いバランスシートを持っている。この面では商店や中小企業と何ら変わることがない。すなわち個人が完全に法人化しているのである。また家計もこの〝法人化〟した個人の生計を反映して借入金に対する金利、共働きのときのベビーシッターなど、経費と認められるべき項目が大きくなってきている。ところが、会社なら借入金に対する金利が経費と認められるのに、個人ではそうはゆかない。企業なら書類整理のおばさんを雇えば経費と認められるのに、家計ではお手伝いさんを経費とは認めてくれない。この恣意性が問題なのである。私は個人と法人をまったく同じように扱うのがこれからの税制のあるべき姿だと思う。租税というのは国民の財産権に関する最も基本的な制度であるが、これを自民党税調と一省庁で決めてしまっているところに、その恣意性、政治性の根源があるように思われる。したがって進むべき方向としては、租税に対する決定権を国会に明確に戻すことである。今の国会は租税体系を見直すだけのスタッフ体制もなく、何ら議論を進めることができない。主税局、関税局がスキルとスタッフの大部分を抱え込んでおり、税制のあるべき姿を論じるというよりも、どうしても、徴税のあるべき姿を優先してしまう体制と体質となっている。しかしながら、考えてみればすぐわかることであるが、主税局や関税局というのは国民を代表する機関ではない。つまり選良ではなく官僚なのである。だから、ここがすべてを牛耳るということについての正当性はない。このため、こうした官僚に租税制度の立案を任せても、今までのワク内での修正か、政治のゆり戻しを織り込んだかけ引き的な案しか出てこない。根本的な体制の改正のためには、議論の場を国会に戻すべきなのである。しかし、今の国会では議論がそもそもなされないし、また厳正な目で国民の意見を反映した原案をつくる能力もないので、すでに述べたように、また後述するように国会に企画スタッフ機能を持たせて、ここで立案するのがよいと思う。つまり大蔵省がカネについて企画、立案、予算、徴税までやるというのではなく、企画、立案と予算は国会に任せ、自らは徴税機関になるべきだ、というのが私の提案である。

予　算

予算の作成、実行も今は大蔵省の主管事項である。本来、国の予算、すなわち事業計画というものは、時代によって変わり、また国民の必要性(ニーズ)を色濃く反映したものでなくてはならない。これが今日、一省庁の〝独占事業〟になっていることに問題はないのか、というのが基本的な設問である。答えは明瞭で、今の予算は国民の必要性、時代の流れとかけ離れた、まったく不公平かつ不合理なものになっている。たとえば公共事業費の配分をみると、この二〇年間で経済構造、あるいは就業人口の構成が劇的に変わっているにもかかわらず、予算は〝過去の延長線上〟という域をいっこうに脱していない。すなわち農業などの、第一次産業の構成比はこの二〇年間で激減し、GNPに占めるウエイトは二・八パーセントに下がっているが、公共事業比に占める農業基盤整備のウエイトはむしろ増大しているのである（図3）。今や農業も市場開放し、国内では減反につぐ減反をしているというのに、である。大蔵省では予算の水ぶくれや惰性を防ぐため、ゼロ・シーリングや一律カット、という方法を導入しているが、これはむしろ政治色の介入を防ぐための手段である。むしろ今日では、こうした手法を導入することにより大きな方向づけや傾斜配分ができない、という弊害のほうが問題なのではないかと私は思う。

予算が国の政策そのものだという考えに立脚すれば、これが大蔵省と自民党の暗闘の中で決まる今のやり方は大きな問題である。たとえば、昭和六三年度予算の編成日程（図4）をみてみると、何と予算が国会に提出されたのは、昭和六三年度の経済見直しと経済運営の基本的態度が閣議決定されたのと同日である。また予算の編成方針が決まってから大蔵原案が閣議に提出され、各省庁に内示されるまで、わずか一日しかとられていない。ということは、予算編成方針そのものも大蔵主導で行なわれていたことになる。それでなければ閣議で方針決定されてわずか一日

経済・就業構造が大きく変化しているにもかかわらず、農業基盤整備費のウエイトが同じなど、省庁割りの配分は変化していない

	第1次産業のウエイト (%)		公共事業費に占める農業基盤整備のウエイト (%)
	国内総生産上の構成比	就業者数の産業別構成比	
S.40	9.5	23.5	12.5
S.61	2.8	8.5	13.9

図3

で、その方針にもとづいた原案が提出できるわけがない。アメリカでは立法府が自ら予算法案をつくるが、我が国の閣議とか立法府というのは行政担当省庁の原案に対する〝イチャモン〟つけ係、あるいはロビイストそのものにすぎないことが、こうした予算編成日程を見れば一目瞭然にわかるのである。しかしこれも考えてみれば、今のやり方ではたしかに議員には自分たちでまとめる責任がないので、自らの支持団体の利益を分捕ることのみに執着するのも、当然の帰結なのである。

こうした傾向を改めるには、予算を国政の中心行事と位置づけ、しかも国会でこれを企画立案するようにするか、あるいは租税徴収の役割と切り離すために内閣の中で、たとえば内閣予算局のようなものを設けてゆく必要がある。これによって、まず内閣で予算の編成方針を決定してから実務的な査定作業に入る、というシステムにすることができる。もう一つこの問題を複雑にしているのは理財局による国債の発行・管理である。歳入が足りなければ国債を発行するという、〝政府肥大化〟の原因となる機能を同一省庁

昭和63年度予算の編成日程

62年7月31日	昭和63年度の概算要求について（閣議了解）	
8月上旬	各省庁において概算要求重点事項の検討	
8月中旬	各省庁において予算の見積り作業	
8月31日	各省庁より概算要求書の提出	
9月上旬～中旬	各省庁より概算要求の説明	
9月上旬～12月下旬	大蔵省の予算編成作業	
12月22日	税制改正大綱（閣議提出）	
｜	昭和63年度の経済見通しと経済運営の基本的態度（閣議了解）	
｜	予算編成方針（閣議決定）	1日しかない
12月23日	大蔵原案閣議提出、各省庁への内示	1日しかない
12月24日～27日	復活折衝	
12月28日	概算閣議決定	
63年1月16日	税制改正要綱（閣議決定）	
1月25日	昭和63年度の経済見通しと経済運営の基本的態度（閣議決定）	同日
｜	予算国会提出	同日／2週間
｜	大蔵大臣財政演説	同日
3月10日	予算衆議院可決	2週間
4月5日	暫定予算参議院可決成立	
4月7日	予算参議院可決成立	

資料：「図説 日本の財政」（昭和63年版）
大蔵省企画課長 加藤隆俊編

図 4

が持つというのは好ましいことではない。

財政投融資の管理・運用

この仕事は理財局が行なっている。この役所の仕事は本来、民間金融に任せていてはうまく回らない、いわば陽の当らないところに、郵貯や厚生年金などで集めた金を投・融資するのが目的であった。しかしこれは、戦後の著しい資金不足時代の名残りであって、今や民間の法人部門の資金は潤沢なのだから、国がここに介在する必要があるのか、という問題が生じてくる。今日では個人部門の資金余剰は超カネ余りを反映して膨大なものになっているので、そのまま民間の機能に任せておいても十分であろう（**図5**）。むしろ年金財政が逼迫(ひっぱく)しているときに、低率の運用を続け、今では逆ザヤになっている。この部門が自分でサヤを稼いでゆくという自立心のないままに今日に至っている、という弊害のほうが大きくなっている。これらの中には開銀等、その目的と使命を明らかに終えたと思われるものがある。また、国民金融公庫、中小企業金融公庫、商工中金のように、その貸付け運用先に重複が目立つケースが多くみられ、むしろ大蔵省の自己目的（天下り先として特殊法人等を手放したくないなど）がこれらの存続を許容する本当の理由になっているのではないかと思わざるを得ない。したがって、理財局の対象事業を抜本的に洗い直し、真にやむを得ないものの他は廃止するか、あるいは存続するにしても分割して独立採算化する必要がある。前項とあわせて考えれば、理財局の国債発行機能は日銀に移し、財投は独立採算化させるのがよいと思われる。こうすれば、自由かつ効率的な運用ができるので、もっとよい利

部門別資金過不足の推移

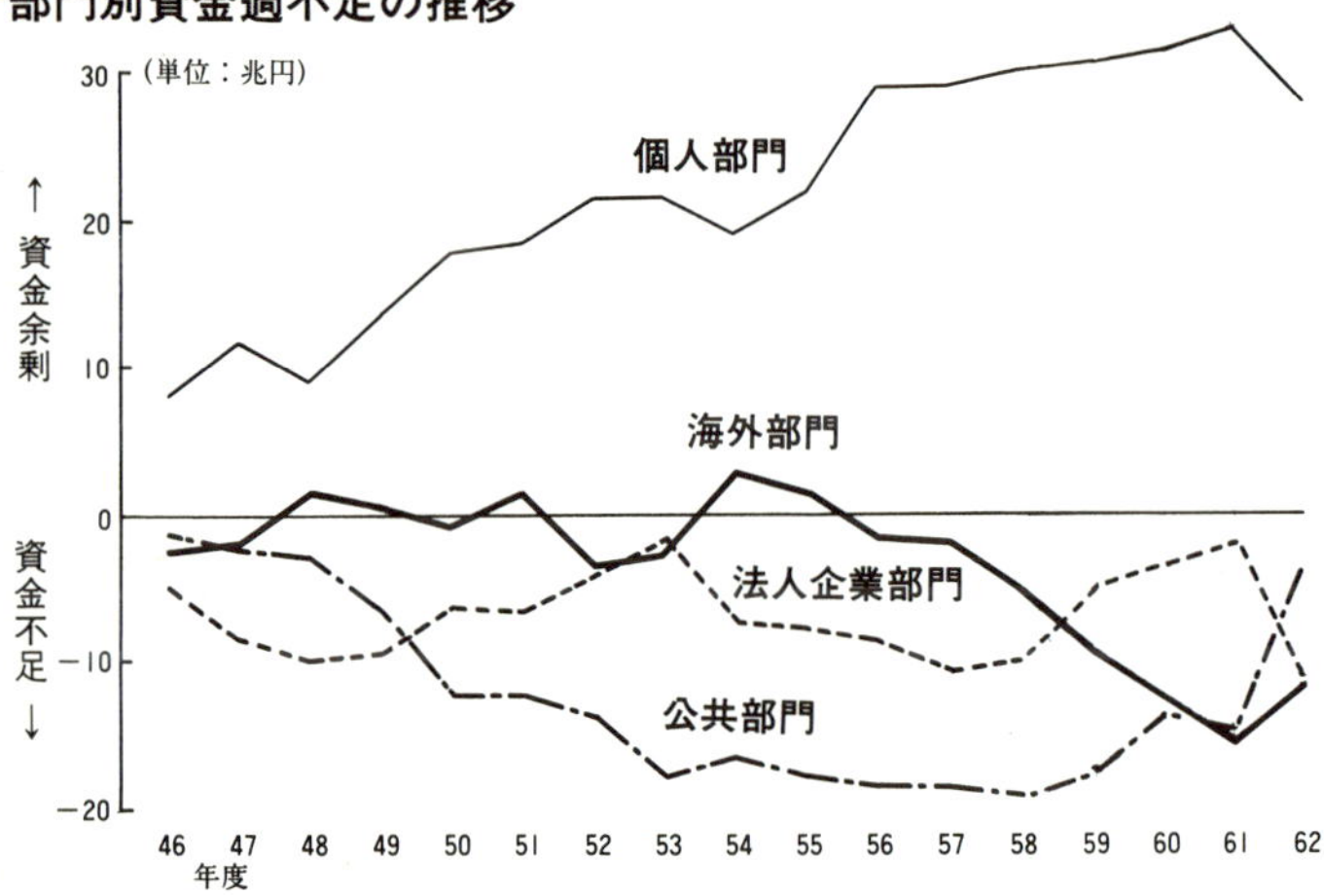

資料：「経済統計月報」（昭和63年３月、平成元年３月）
日本銀行調査統計局

図５

回りが得られ、年金や郵貯の財務状況も好転するであろう。

民間金融制度の指導、監督

大蔵省のこの面での担当は銀行局と証券局である。国民が必要とする資金の運用、調達が円滑かつ効率的に行なわれる基盤の整備がそもそもの目的であった。しかし前述のように、預金者、投資家の保護という名目のもとに非効率的な金融機関を保護したり、店舗やATMの設備条件、カードの使用目的を制限するなど、今では目的と手段がまったく逆転し、国民の投資機会の剝奪と、土地や投機商品が高騰するなど歪んだ形での投資の拡大が起こっている。人々はストック経済への移行を反映してある程度のリスクには耐えられるようになっており、規制がなくハイリターンのものを自らみつけてどんどん資金移動を起こしている。外貨預金の伸びや、インパクトローンの導入、海外への不動産投資、海外証券、ファンドなどへの投資がそれである。また通産省の管理下にあって大蔵省の規制を受けない信販が急成長しており、各銀行は信販などを通じた無担保ローンに力を入れている。大蔵省の超安全主義に従えば、不動産などの担保の裏付けのない融資は難しいからである。また有担保原則があるために厳しい起債適格基準があり、国内の社債市場は極度に小さい。日本企業の社債発行はヨーロッパで、というのが常識になっている。またアメリカのジャンクボンドのように、信用度の低い企業に対する起債の道はほとんど開かれていない。このことは結局、安全性に重点を置く保守的な金融制度を生み、世界的な傾向としての信用経済下におけるハイリスク・ハイリターン商品の開発において日本の金融機関が大きく出遅れ、アメリカの投資銀行などの下請け的販売業や、バンク・オブ・アメリカの救済、コールベルク・クラビス・ロバーツなどLBO会社が行なう投資のうち最も魅力のない部分への融資、途上国債務の肩がわりなど、世界一のカネ余り国が〝台所のあとかたづけ〟、おいしくないものばかり食べさせられるハメに陥っている。

そもそも大蔵や日銀はおカネの管理、運用に一生懸命になっているが、今日では「金融商品」というのは何もおカネだけではない。土地がかつて金（ゴールド）の持っていた交換性、兌換性を得ることによって第一位の金融商品にのし上がっている。またシカゴの先物市場では穀物などのコモディティが交換（トレード）されているし、ロンドンの金属交換市場（LME）では非鉄金属が立派な金融商品になっている。つまり大蔵省の規制のかからない市場にカネは自由を求めてどんどん出てしまっているのである。このままゆけば、円の強さは世界の金融市場を席捲し、これが新たな日本たたきの原因となりかねない。しかし国外やおカネ以外の金融商品に対する大蔵や日銀の介在のしかたがいまひとつはっきりしない。日本の行政府は今日最も大切な金融市場からすっぽり抜けてしまっている、と言ってもよい。だいたい古い経済学では金融管理の手段として金利とマネーサプライが重視されるが、今日最も魅力のある商品には金利がない。土地や証券など投機性の強い商品がそれであり、キャピタルゲインを狙うようになっている。金利のあるもので面白いものはほとんどなくなった、と言っても過言ではない。またマネーサプライも一国の中でいくら緩和したりしぼったりしてみても、外国からいくらでも流入する。アメリカでタイトになれば日本やヨーロッパから自由に流れ込むし、日本でタイトになればインパクトローンが急増する。つまり、日本の金融行政は例の日航一二三便のパイロットが叫んだように〝ハイドローリック・オール・アウト（油圧系すべて故障。かじが利かず）〟の状態でいつまでも二つの操縦桿を握りしめて引いたり押したりしているのである。国内では証券取引法六五条（アメリカのグラス・スティーガル法に相当）によって銀行と証券の垣根を守ることに忙殺されているが、実際にこの垣根は〝象徴的〟なものにすぎなくなっている。むしろ証券局と銀行局が合併したくないために、いつまでも盲腸みたいなものにしがみついていると言えなくもない。こうした行政による指導は、金融提供者側の論理にもとづいたもので、預金者や資産家の便宜にもとづいたものではない。証券の売買の決済が直接できず、いちいち普通預金の方に振り込まなくてはならない、すなわち二つも口座を設けなくてはならないというのは、使用者側に立った視点を持っているとは言えない。また、返済、借入、運用、クレジット、デビット（清算）など、すべて一枚のカードと一つの口座でできるようにすることが今日では技術的に十分可能なのに、これを分断・細分化してしまっており、不便この上ない。

つまらない規制のワクを細かくめぐらしている一方で、本当の意味での投資家保護、そして資本市場整備のために必要な制度の面では著しく遅れている。たとえば企業内容のディスクロージャーはリクルート事件でようやく重い腰をあげたばかりだし、企業の格付け制度はS&Pやムーディのように権威のあるものが育っていない。また会社情報にしても信頼できる証券アナリストが育っていないため、「ガサネタ」特集のような雑誌で企業研究をする投資家が大半である。

もう一つ、今の大蔵省があまりにも権限が大きく何でも取り込んでしまうことの弊害は、市場への参加者であると同時に市場の整備、監督もやるという二律背反である。たとえばNTT株式の売却に際して、大蔵省は証券会社や金融機関に対し高値維持を図るため、監督機関としての地位をフルに利用して指導したと言われている。このようなやり方はインサイダー取引きと何ら変わらない。これによって国庫への歳入が増えたので国民の利益になった、と考えることもできるが、しかしことはそう簡単ではない。密かに株を買い支えるように電話することによって、大蔵省は証券会社の恩を受けるわけで、そのあとで、急に彼らをインサイダー取引きで厳しく取り締まる、ということはできなくなるだろう。現在の大蔵省は、国債、政府短期証券、NTTやJRの株式発行者として、市場参加者の一人になっている。つまり、金利、マネーサプライ、外為を含んだ金融市場の利害関係者の立派な一員である。このような機関が同時に金融制度を指導、監督するのは明らかに利益相反である。この問題は大蔵省の組織と職務分掌を変えなくては解決しない。改善の方向としては、大蔵省にはディスクロージャーや預金保険など自由な市場形成のルールづくりにのみ権限を持たせ、その他の規制は一切やめる。しかも、一市場参加者である大蔵省から日銀にこれらのルール維持の権限を移管する。このようにすると、民間金融に関するほとんどの権限が日銀に一元化される。さらに一貫した権限と責任を日銀に持たせるため、国際金融局の通貨管理の任務も合わせて日銀へ移管してしまうのがよいと思う。

現在のところ、金融政策について大蔵省と日銀の関係はまことに複雑で、これが一貫したマネタリー・ポリシーを打ちにくくしている。すなわち、公開市場操作と公定歩合の決定は日銀の専管事項、外為は基本的に大蔵省、日銀券の発行限度、準備率、市中金利規制は大蔵の指示にもとづいて日銀が決定、実行というようになっている（**図6**）。考え方としては、前述のように日銀に外為と金融機関の指導、監督を移してしまうというやり方と、後者を大蔵省に残し、国債の発行や民営化企業の株式発行などのほうを（日銀券の発行と同じだとみなして）日銀に移してしまう、という二案がある。いずれにしても大蔵省の中に両方置いておくというのは好ましいことではない。

望ましい姿

このような検討を加えると、大蔵省の主要任務は租税の徴収と国債の発行、管理、すなわち歳入側のみ、ということになる（**図7**）。歳出、すなわち予算は国会や内閣予算局（新設）に移す。

金融政策（マネタリー・ポリシー）に関する大蔵省と日銀との関係

		大蔵省	日　銀	日銀政策委員会*	金利調整審議会**
マネーサプライ	日銀券の発行	限度決定（銀行局総務課）	実施		
	準備率	認可（銀行局総務課）	準備預金の受入れ	決定	
金　利	公開市場操作		実施	決定	
	公定歩合		割引・貸付実施	決定	
	市中金融機関の利率	設定・変更の指示（銀行局総務課）	ガイドライン（細目）の設定	答申を受けて決定	日銀政策委員会に対して答申
外国為替	為替相場	介入決定（国際金融局為替資金課）	大蔵省の代理として実行		

＊　日銀政策委員会：日銀の政策・方針を決定する日銀の最高意思決定機関
次のメンバーより成る：日銀総裁、大蔵省代表、経済企画庁代表、金融機関代表二人、商工業代表一人、農業代表一人（後四人は、内閣任命、国会同意）

＊＊　金利調整審議会：大蔵大臣の下に置かれ、金利の決定に関し、日銀政策委員会の諮問に対し、答申する
メンバー：大蔵代表、経企庁代表、日銀副総裁、金融界代表七人、産業界代表三人、学識経験者二人
（前三者以外は、大蔵大臣が任命）

図6

大蔵省関連の職務分掌（案）

	任務	現行組織	改革案
国の財務	租税制度の企画・立案	主税局、関税局	廃止→例えば衆・参議院の企画部門に
	租税の徴収	国税庁、税関	変更なし
	国債の発行・管理	理財局	変更なし
	予算の作成・実行	主計局	実行管理のみ主計局→作成は内閣予算局に
金融	財投の管理・運用	理財局	事業洗い直して残ったものを独立採算化
	民間金融制度の指導・監督	銀行局、証券局	廃止→ルールの維持の権限は日銀へ
	通貨管理	銀行局、国際金融局	廃止→通貨管理は一元的に日銀へ

図7

また財投は整理し、どうしてもやるべきものについては独立採算化してゆく。民間金融制度の指導・監督や通貨管理は中央銀行にやらせる。また銀行や証券、生命保険会社などの企業としての育成、管理は産業局（現在の通産省）が行なう。金融のルールのみ日銀が作成、管理するが、企業がどのように育ってゆくかについては法人育成専門の省の仕事であると思われる。今は酒メーカーや塩、たばこなどの会社管理を、酒税や専売など国庫の収入源としていた昔の名残りで大蔵省が管轄しているが、これらもすべて会社運営面の育成、管理は法人を専門にみる産業局に移管すべきと思われる。〝監督官庁〟という考え方は不正や腐敗を生みやすいので、他の省庁の担当部門も含めて、すべての法人の指導、育成を産業局に一元化するのである。このようにすることによって、大蔵省もまた中小金融機関や酒メーカーに対して我がもの顔に振る舞うことができなくなるし、天下りの大義名分も消え失せることになる。このようにして、大蔵省は企業の指導や市場への介入ではなく、本来業務として国の歳入の確保に専念できるようになる。

第三章　外務省

経済は一流、官僚は二流、政治は三流とよく言われるが、日本の外交はそのまた下の四流である。最近はカネにまかせて力をつけてきたような印象を与えるが、実際に日本外交からカネを除いてしまえば、残るものはほとんどないだろう。その最大の理由は、日本の国際的地位の向上にともなって外務政策（フォーリン・ポリシー）を外交（ディプロマシー）と明確に分けなかったことである。この原因の一つは、外交官試験という明治時代のコンセプトで特殊技能職を養成するだけで、力を持ったゼネラリストの集団をつくらなかったことにある。もっとも昭和憲法では、日本が国際的な役割をどう果たしてゆくかを明確に規定していないので、こうした外務省の能力不足は現行憲法に由来していると考えることもできる。また地理的に海に囲まれた島国で、実質的に二〇〇〇年もの間、鎖国同様にしてきた歴史に由来しているのかもしれない。しかし明治二年に外務省が設置されて以来、すでに一二〇年にもなる。もうそろそろ日本も、外交先進国となってもよいはずである。だが、今の外務省のままではそれは実現しないと思われるので、このことを明らかにした上で、どうすればよいかについて考えてみよう。

国境の消滅

交通手段や通信が未発達で、国家間での人や物資の移動が少なかった頃には、国境の役割が大きく独立国家の概念が強かった。このような時代においては、できるだけ国境のしきいを高くし、人や物の流れを少なくすることで国の安全を高めることができた。したがって外交も比較的単純で、外国を極力排除すること、あるいは逆に外国から搾取することによって、国民の利益を確保することができた。このため特殊な技能を身につけた外交官と呼ばれる人間をお互いに交換し、それらの人々を通じて国と国との意思の疎通を図り、またそれらの人々がシャンパン・グラスを重ねることによって、国家間に敵意が芽ばえるのを避けようとしてきた。今の外務省はまさにこうした時代の遺物であり、特殊技能を持った外交官の詰所になっている。

外交問題がこれほど内政にかかわり複雑になった現在、今の外務省の外交官のキャリアパスでは、これをこなす能力は身につかない。

今日の外交官試験制度は、明治二七年に制定された「外交官領事官試験」が原型で、その後いく度かの変遷の後、現在の形となった。試験内容は、第一次試験が一般教養、外国語和訳、和文外国語訳、憲法、国際法、経済原論、外交史のほか、行政法、民法、財政学、経済政策の中から二科目を選択して行なわれる。これに合格した後、第二次試験が口述で憲法、国際法、経済原論、筆記試験で外国語作文、総合試験（外交官としての適性）、人物試験（個別、集団）、身体検査となっている。

このように、試験は相当の語学力を必要とする。長い歴史と伝統を持つこの難しい試験の合格者は、キャリア外交官として将来の特命全権大使のポストが約束されている。

入省後は、国内での外務研修および外国留学の後、本省と大使館勤務を繰り返し、その間他省庁や民間に出向することは稀である。そして、やがて大使として、華麗な社交界にどっぷりとつかっていく。このようなキャリアパスでは、語学が堪能で外交上手だが、内政に疎く、事なかれ主義に徹してしまうような外交官(ディプロマット)しか育たないのは当然である。確かに二国間の関係を円滑に進めるためには、シャンパン外交も必要ではあるが、文字どおりの外務外交官が育たない。複雑に利害がからんでいる経済問題などで、百戦練磨の交渉当事者とわたり合うには、このキャリアパスではあまりに貧弱である。情報戦争、議論による戦闘・かけひきなどの要求される今日の主要外務事項を考えると、今の外交官の訓練では、鉄砲を持たずに戦闘に出かけるのに等しい。

人、カネ、モノ、情報、企業などが、今日では国境を超えてどんどん移動するようになった。たとえば、日本から海外への渡航者は年間八二〇万人、貿易額は輸出入合計で三五〇〇億ドル、海外への直接投資額は三〇〇〇億ドルというように、今や国民の経済行為は、まるで国境など無視するかのごとく国際化している。そもそも、国境は地理的、歴史的な偶然性によって、今たまたまそうなっているというだけの話であり、昔に比べてその意義はきわめて薄れてきたと言える。日本人が国家を最も意識するのは、オリンピックのときくらいではないかと思う。日本の選手が勝てば日の丸が揚がるから、「ああ、オレは日本人なんだ、日本ガンバレ」と感じるだろう。しかし、その日本人の生活は、完全に海外との貿易によって成り立っており、しかもそのことは日常意識されることがほとんどない。それは夕飯のテーブルを見れば、半分以上が海外でとれたものであることからもわかる。また、日本の企業で海外に進出しているのは九〇〇〇社にものぼり、三〇万人の日本人が派遣されている。このような状況において国家間の調整を行なう場合、従来の独立国家的な狭い意味での国益をふりかざしたとしても、それは何ら日本国民の利益とはならないということがわかるであろう。重要なことは、外交がいかに国益ではなくこの民益を守れるかということである。

また、今や外交問題は内政問題の延長である。牛肉・オレンジ輸入自由化、半導体・自動車交渉等、これまでの日米間の大きな外交問題はすべて、お互いの国のお家の事情のぶつかり合いで起こっており、たんなる表面的な外交交渉ですまされる問題ではない。ちなみに、日本では外務省(Ministry of Foreign Affairs)と呼ぶが、アメリカでは国務省(The Department of State)と呼び、Foreign の文字は出てこない。あくまでもアメリカでは、外交問題を国内問題の延長と位置づけているのである。

このように、外交をめぐる環境が大きく変化したにもかかわらず、外務省の基本的な運営の前提が古い国家概念から抜けていないこと、これが問題なのである。

通産省海外出向者の３分の２は独自の拠点

通産省の海外出向者（1988）

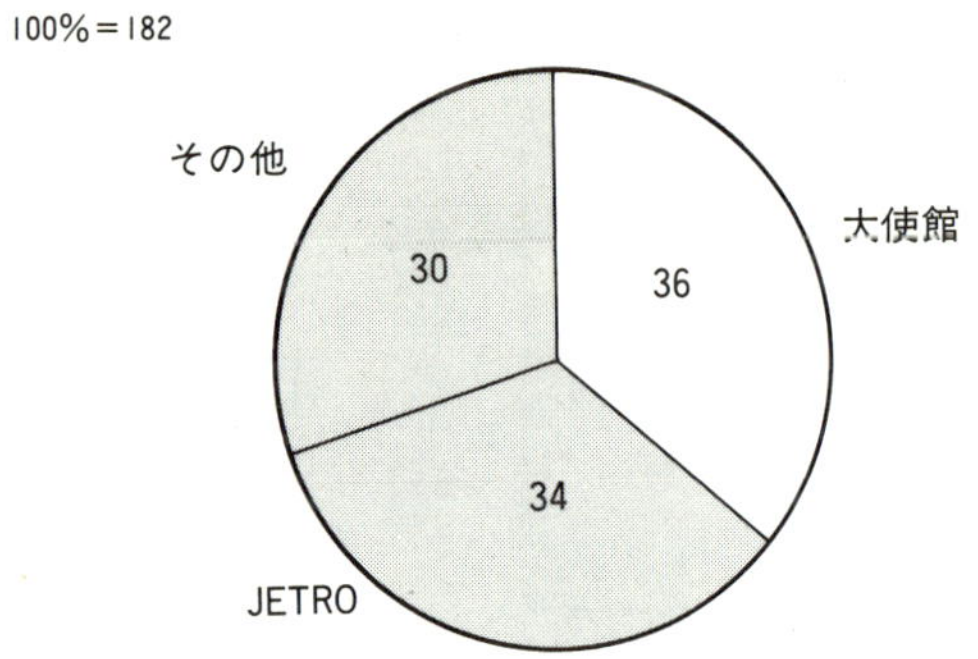

図１

資料：「通産ハンドブック 1988」

外務省の分析力

事件	外務省分析	結果
●イラン・イラク戦争勃発（1980）	戦争は拡大せず、長期化しないだろう （理由） -互いに石油基地は破壊しない -米ソ不介入で軍事物資の補給ができない	-戦争は８年にわたり長期化 -互いに石油基地を爆撃 -米ソ含め各国が武器供与
●国連安保理事国選挙（1987）	選挙に勝てる （理由） -バングラデシュは極貧国 -日本の国連に対する貢献度、途上国への経済協力、外交テクニック等あらゆる面で有利	-日本はバングラデシュに惨敗 -非同盟グループは国連総会の過半数を占めていた -回教諸国の支持をとりつけていた

図２

主要国大使館には、他省庁は合計で外務省にほぼ匹敵する人数を送り込んでいる

主要大使館の陣容*(1987)

*一等書記官以上

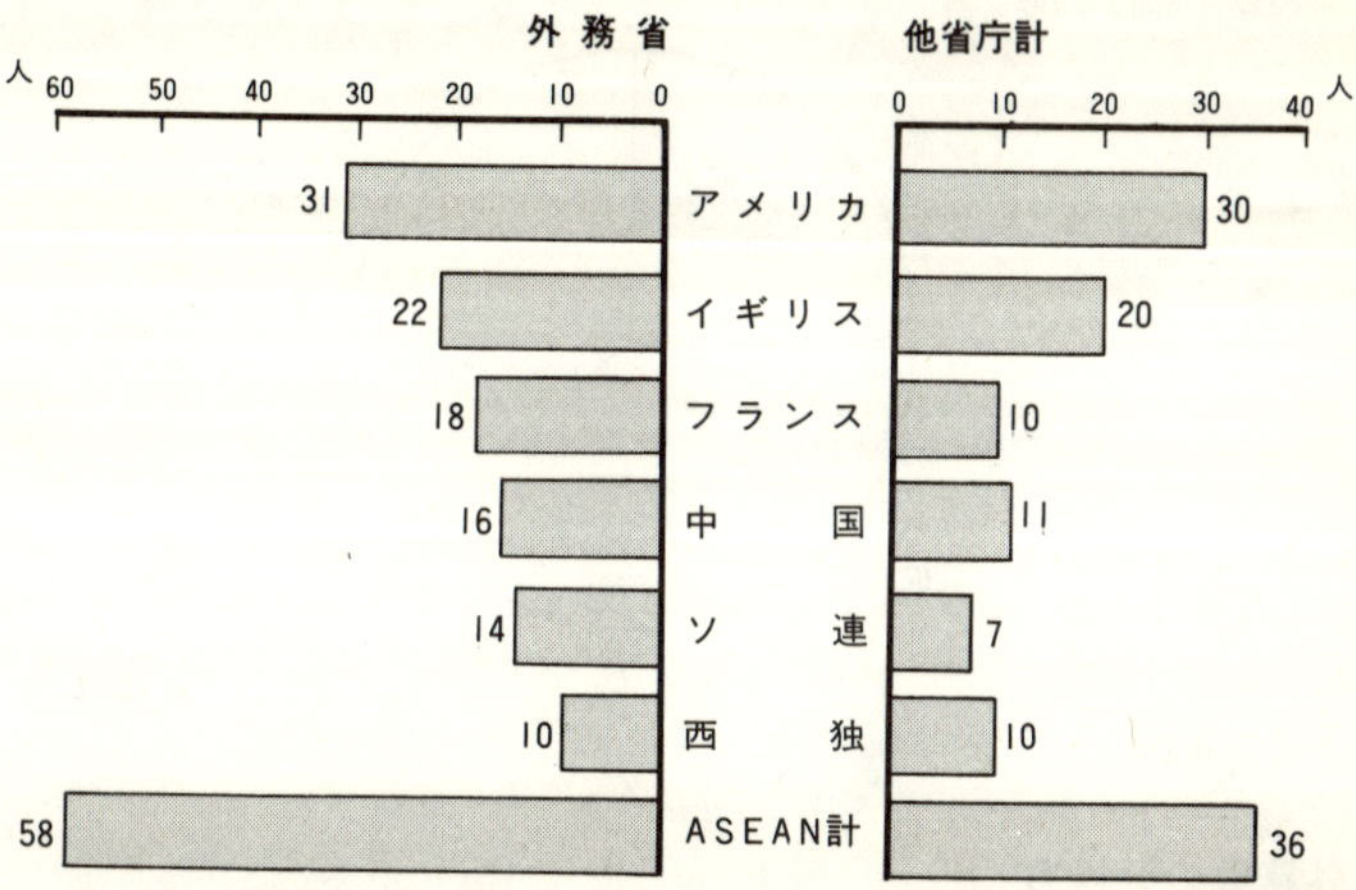

資料：在外日本公館人名録　1987

図3

とり残される外務省

外交問題は複雑化し、各国が国内の問題解決を、外交の場に持ち込み政治決着を図ろうとしているときに、日本の外務省は相変わらず動きがにぶい。それに対して、他の省庁は、所管の業界さらには地元の国会議員の圧力があるから、必死になって対応する。通産省や農水省は主要国に出先機関を設置し、優秀な人材を送り込んで情報収集、分析に努めている(**図1**)。またその情報源も民間有力者はもとより、政府や議会筋にも広く接触し、外務官僚顔負けの活躍をしている。それに対し、外務省の情報は各国の外務省から得ることが中心であり、いわばでき合いの情報である。いろんなルートを

持ち合わせていながら、外務省の予測や分析には誤りが多い（**図2**）。少し古いところでは、一九七一年のニクソン訪中やドルショック、一九七三年の中東戦争、一九七九年のイラン革命、ソ連のアフガニスタン侵攻など、歴史上の主要な出来事の大半を外務省は察知できなかった。また後でも述べるが、外務省は内政音痴で、しかも交渉が下手ときているから他省庁に相手にされない。だから、通商問題で通産省は直接商務省やUSTRと交渉するし、大蔵省がアメリカの財務省と通貨問題を話し合う、ということになる。

主要な在外大使館には各省庁からも優秀な人材が派遣されている（**図3**）が、この中でも同じようなことが起こっている。外務省は他省に情報を与えず、他省は先ほどの出先機関などを使ってせっせと情報を集め、それを公館の外から本国の役所に送るといった、摩訶不思議なことが行なわれている。また交渉においても、国内の業界の利益を守ろうとする担当省庁と、とにかく円満に解決しようとする外務省とがうまくいかず、むしろ外務省は孤立するか、逆に外国政府の利益代表のようになってしまう。つまり、外務省がとる通常の手段は、アメリカの立場をとることである。アメリカの権威を着ることによって各省ににらみをきかせるのである。しかし、これはいかにも姑息な手段である。

国内でのパワーベースがない外務省にとって、東芝機械のココム違反事件などは、その権限を増大させる千載一遇のチャンスであった。アメリカの怒りが収まらないという点を強調して、通産省に猛攻撃をかけたと言われている。このとき、自民党はもちろんのことアメリカ国務省にも働きかけて、通産省が平和、安全の維持にかかわる輸出の許可を行なう際には、外務省に協議するという一札を取りつけたと言われている。外国為替および外国貿易管理法（外為法）は、もともと通産省と大蔵省の共同所管であり、そこへ、外務省が新たに乗り込んできたということで、通産省などの役人の中にはこれを、国難の折りの火事場泥棒と呼んでいる者もいる。今のようなやり方をしている限り、外務省はアメリカの対日批判が収まってしまうと、その力が弱まる。これが外務省にとっての錦の御旗だからである。アメリカ国内にも日本バッシングによって、年商二〇〇億円近いロビイストなどの産業が興っている。これらの人々も、日本問題が下火になれば失職してしまう。アメリカでは商務省、USTR、国務省に勤めるよりも、そういうところで対日攻撃家として名を売っておき、その後日本のロビイストとして雇われたほうがはるかに高給がとれるので、今ではこれが一つの出世パターンになっている。きのうまで交渉の向こう側でテーブルをたたいていた人が、急に笑顔で日本企業のアドバイザーになったりしているのを見ると、日本バッシングもゲームの一つにすぎないことがわかる。しかし、その危険なマッチポンプ稼業に、外務省も組み込まれてしまっていることが問題なのである。

今、アメリカでは日本ハイテク脅威論というのが盛んである。つまり、アメリカにとってはソ連よりも日本のほうが将来大きな脅威になり得る、という議論である。友好国の技術レベルが上がることが脅威であるのなら、二〇年前の日本にとって、技術的優位を占めていたアメリカは脅威であったはずである。どのようにしたら競争と共存を両立させられるのか、ということが日本とアメリカの共通の課題のはずである。ところがこうした対日ムードづくりは、いつもアメリカ主導で行なわれる。たとえば、ハイビジョン・テレビのようにアメリカでほとんどその産業基盤のないようなものまで、補助金のほしい米国の業界が対日警戒論をバラまいて、日米間の争点に仕立ててくる。ＦＳＸしかり、半導体しかりである。このときかりに、日本にフォーリン・ポリシー（外務政策）省とでも呼ぶべきものがあれば、対応の仕方がまるで違ってくるだろう。アメリカ国内で無責任な日本脅威論をバラまいている輩（やから）を放置せずに、何らかの制裁を加えることだろう。無責任なことを言う議員の出身州には、日本企業の投資を止めることもできる。いい加減な記事を書く新聞には、日本企業の広告を載せないようにすることもできる。もっと前向きな方法としては、反論をありとあらゆる方法で載せてゆくこともできる。今日の日本ハイテク脅威論は、まさにアメリカ側の業界受益団体の仕組んだ情報戦争である。これを野放しにしておいては、ＦＳＸなど野火のごとく拡がる個別案件を処理することは困難である。アゲインストの風が強すぎるからである。この情報戦争で日本は完敗している。すでにアメリカでは一般人へのアンケート調査で、日本が将来ソ連よりも脅威になる、と答えた人が半数を上回っているのである。日本にとって最も重要と思われる対米外交においてこのように完敗しているというのは、外務省の危機意識のなさ、また狭義の定義では他省庁に対する力を温存するために自らが火つけ役にさえなりかねない、今の誤った組織目標にある。

同じことは日本の、韓国、中国、台湾外交についても言える。韓国の上層部における対日感情はここ数年著しく改善している。長年、日本帝国主義を非難することによって一つの国内的均衡を保ってきた韓国政府を日本が放置していたために、一般大衆の対日意識はなかなか改善しない。しかし個々の人々は釜山あたりで入ってくるＮＨＫのテレビを食い入るように見たり、五輪真弓をひそかに聴いたりして、日本に対する感情は、特に若い層においては上向きである。また今年の一月から旅行が自由化され、日本に対しては、市場として、旅行地として、大いに関心が湧いてきている。この機会に積年の感情を一気に改善すべきなのであるが、外務省の腰は重い。韓国と日本は双方向に市場開放し、相互主義にもとづいて共存共栄してゆくべきなのである。経済的繁栄は韓国の政治的安定にもつながる。日本にとっては損なことは何もない。下手に手を出せば韓国の大衆を怒らせるだけというので、官僚的保身に明け暮れているのではいけない。今こそお互いに、言いたいことが十分に言えるようにすべきである。韓国側が教科書問題で難くせをつけるのなら、今までの韓国の日本に関する教育や報道に、こちらも文句を言うべきなのである。それができなければ友人ではない。

台湾については、驚くべきことに日本の外務省にはそれを扱う課もない。台湾は中国の一部というのが日本の正式の立場であり、外務省にとって、台湾は存在しないのである。台湾は今やアジアでトップクラスの経済力と軍事力を有し、その影響力にはまことに大きなものがある。たとえば昨年一年間でみると、中国本土、タイ、マレーシアなどへの直接投資では日本に次いで第二位であったし、フィリピンへの進出も著しい。台湾はきわめて親日的な国で、島の北の方では日本のテレビが自由に見られる情報通の国でもある。それもそのはず、沖縄の与那国島は緯度から言えば、台北より南にあるのである。

私は台湾と日本が国交を持たないことを異常なことと思う。つまりニクソン・ショックで国交を断絶させられたのは、日本が熟慮したのちの選択ではなく、アメリカの気まぐれの犠牲になったにすぎない。中国に遠慮しすぎた弱腰外交の典型的な例であると思う。日本は台湾とも中国とも正常な国交を結び、両国間の問題は両国同士で決着してくれ、とつっぱねるべきなのである。どちらの言い分が正しいのか日本が判断すべきではない。今の解決策は、台湾と中国の当事者間で問題の決着をみていないので、日本がどちらか一方に軍配を上げている形になっている。もちろんヨーロッパやアメリカもそのようになっている。しかし、アメリカは日本よりももっと自信を持って台湾とつき合っている。たとえば、中国民航と中華航空（台湾）の乗入れ空港を分けるような姑息なことはしていない。今の台湾と中国本土との関係をみてみると、人々の往来もずいぶん自由になったし、直接投資もどんどん行なわれている。実態は決して戦闘状態にあるとは思えない。日本が積極的に両者の橋渡しをして仲直りをしてもらうのもよし、また思いきって現状を是認して、日本が正規の関係を台湾と持つようにしてしまっても、中国としては反論できまい。そのくらい今の台中関係は親密になってきているのだ。日本の外交では〝雲の上発言〟で外務省の高官の首が飛ぶほど、中国問題はデリケートな鬼門である。だが、日本と台湾の歴史的、友好的関係を考えてみると、アジアの二つの経済大国が観光ビザによって結ばれているという異常な現状を打破できないのなら、日本に外務なし、と言われてもしかたないだろう。

ＯＤＡの疑問

外務省は今、政府開発援助（ＯＤＡ）をすさまじい勢いで増やしている。最近七年間の平均伸び率は一二％と先進国中でも特に高く、一九八七年には七四億五四〇〇万ドルで、アメリカの八七億七六〇〇万ドルに次いで二位である。米国が最近ＯＤＡを減少させていることから、一九八八年には、日本は世界一の援助国となった。

近年、先進諸外国が援助疲れからＯＤＡをあまり増やしていないにもかかわらず、なぜ日本はどんどん増やしているのであろうか。経済大国として途上国を援助することは当然であるとか、金額ベースでは一位でも、対ＧＮＰ比ではＤＡＣ（開発援助委員会）諸国一八ヵ国中一二位であり、まだまだ足りないとか言うかもしれない。しかし私は、ＯＤＡを増加させることには強い危惧の念を抱いている。果たしてＯＤＡは、それほど途上国のためになっているのかきわめて疑問である。確かに海外青年協力隊や技術者の養成など、役立っている面が一部にはあると思うが、多くの場合、被援助国側が記念碑的事業をしたがるため、たとえば不必要に頑丈な橋（ザイール）や、一部の人にしか役に立たない近代的病院（スリランカ）を建設するなど、これが有効に使われているという確証がない。またそのような立派な設備をつくっても現地の人々にはメンテナンス（保守・維持）ができない。そのために、さらに援助を要請するという悪循環に陥る。中南米におけるアメリカの経験でも、このようなことが常に問題となった。そもそも、援助の目的が国づくり、人づくりであるならば、まず、援助される国の人々の教育水準を上げ、また技術者を育てることによって、援助の受け入れ体制を整えるべきである。またこれらの国々からの留学生や技術者の大量受け入れの方が、効果が大きいと思われる。金額を増やせばよいと単純に考えているところに大きな問題がある。つまりＯＤＡの拡大が、外務省の自己目的になってしまったのではないかということである。

ラテンアメリカはアメリカにとって魅力のある市場であり、経済援助によって成長を与えることにより自国の利益に結びつけようとしたが、今日までのところ、トラブルを拡大し、アメリカの血税のたれ流しにしかなっていない。ラテンアメリカの貧困は援助を与えることによって解決されるのではなく、その貧困を招いている権力構造自体に原因がある。最大の負債国ブラジルは官僚の自己肥大化のために国家財政が破綻し、これが対外債務にそのままつながっているのである。したがって、そこにメスを入れることなくカネをつぎ込んでも何にもならない。

このように、カネで援助してうまくいった例は世界的にほとんど見当たらない。それは、先にも言ったように、被援助国側にそのカネを受け入れる体制ができていないからであり、カネの遣い方を知らないからにほかならない。もっと極言すれば世界中に一六〇ヵ国あるが、国の運営についてある程度自分たちだけでやっていけるというところはその四分の一にも満たない。

アメリカは財政赤字削減努力のため、ＯＤＡを低迷させており、援助先も、戦略的に重要なイスラエル、エジプトが突出している。またイタリアを除く西欧諸国も伸びが少ない。その分を日本に肩がわりさせようとしている。ちなみに、アメリカのＯＤＡ支出額のＤＡＣ諸国中のシェアは、一九八〇年の二六％から一九八七年には二一％に減少しているが、逆に日本は一二％から一八％とシェアを拡げ、アメリカの減少分を補った形となっている。そして、今後ますます日本のＯＤＡが、すごい勢いで増えようとしている。

日本の援助は、戦後賠償という形で始まったこともあり、今でも東南アジアへの援助が中心で

中国への援助が最大

日本の被援助国別ODA実績

(100万ドル)

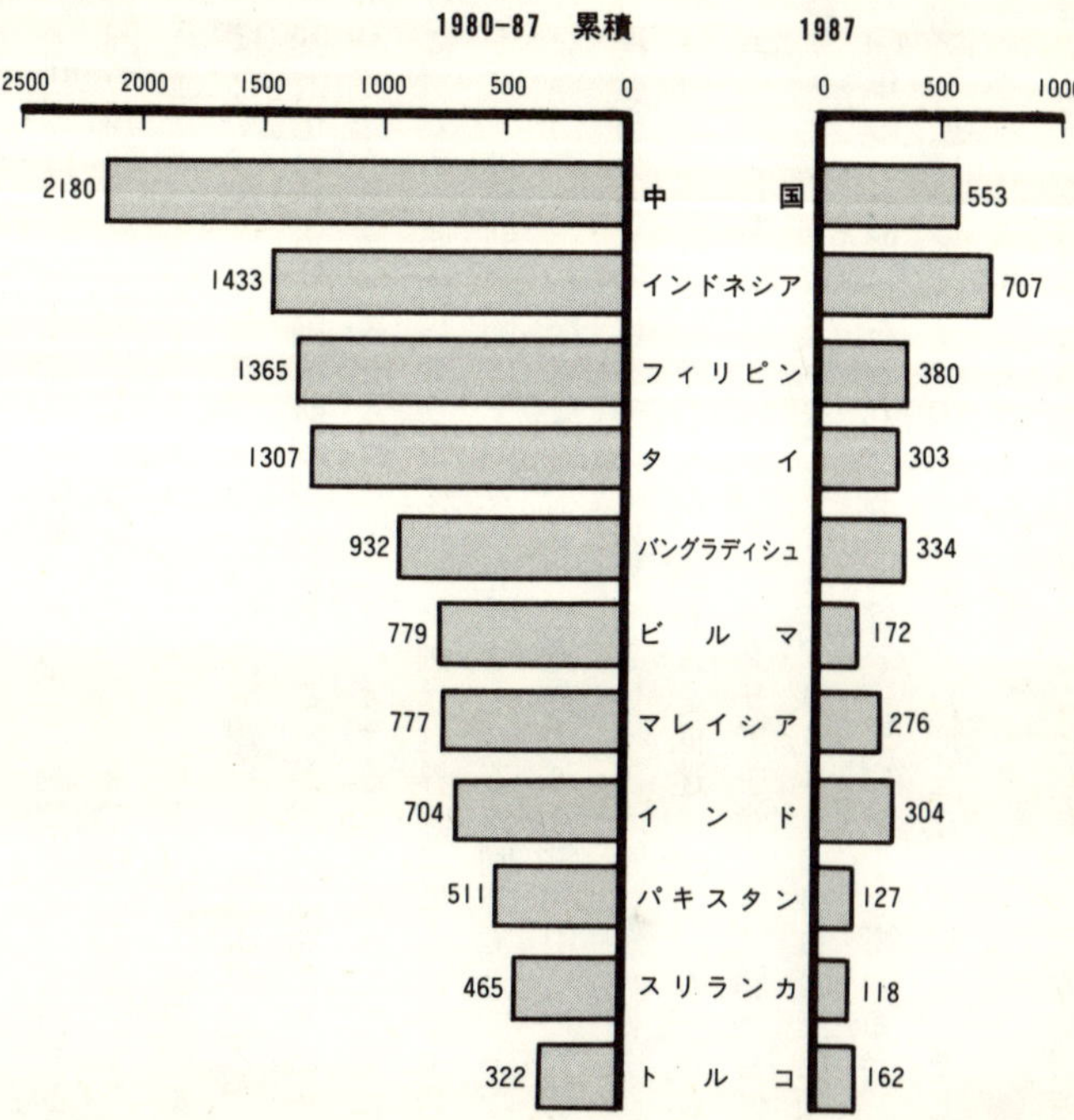

資料：DAC資料　1988

図4

外務省からの天下りは少ない

特殊法人役員への天下り状況
(人、1987.10 現在)

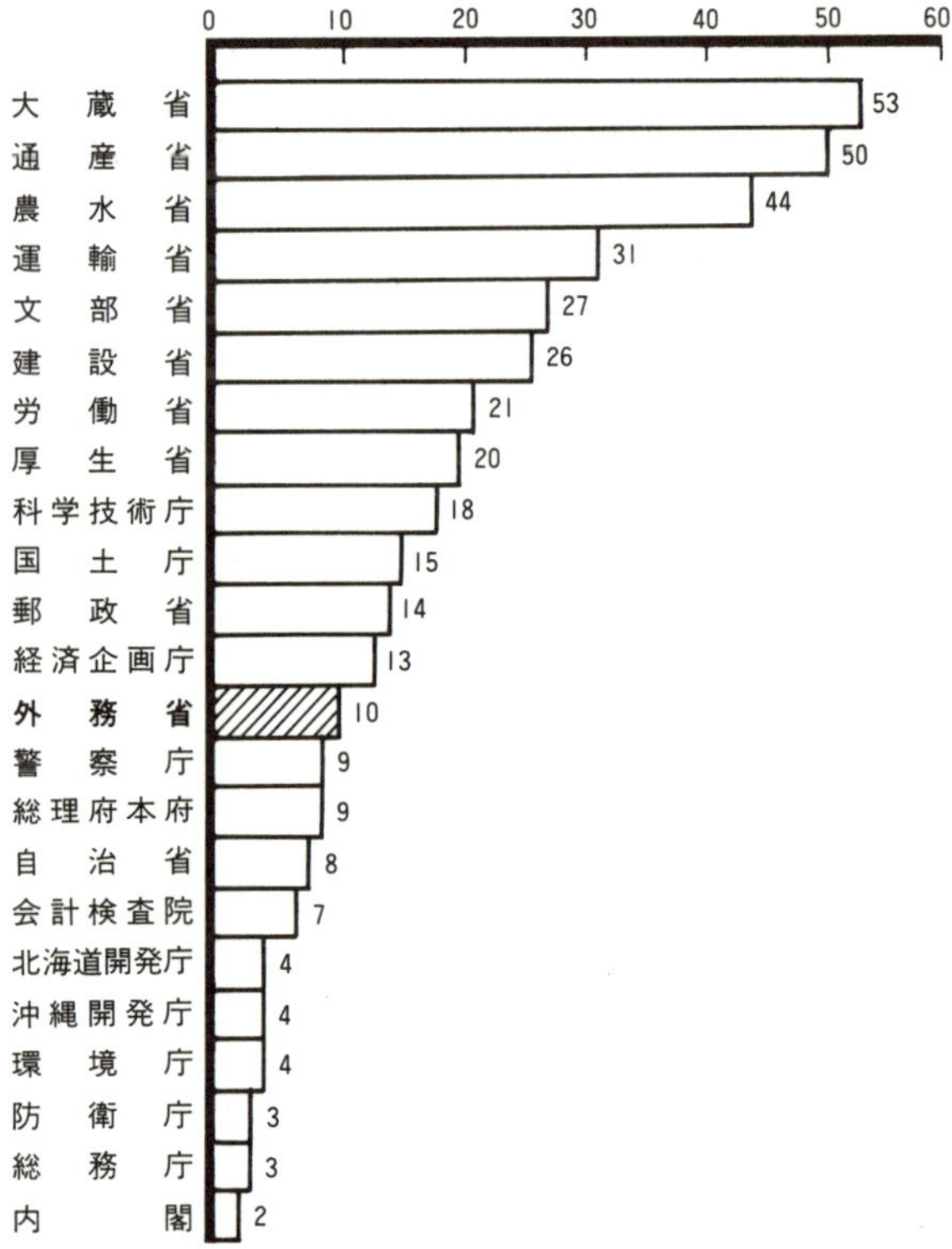

資料：「天下り白書」

図 5

ODAは大使館の格に応じて支出…日本外交の勢力維持の象徴(?)

ODAと大使館員の数

資料：DAC資料　1988、
在外日本公館人名録
1987

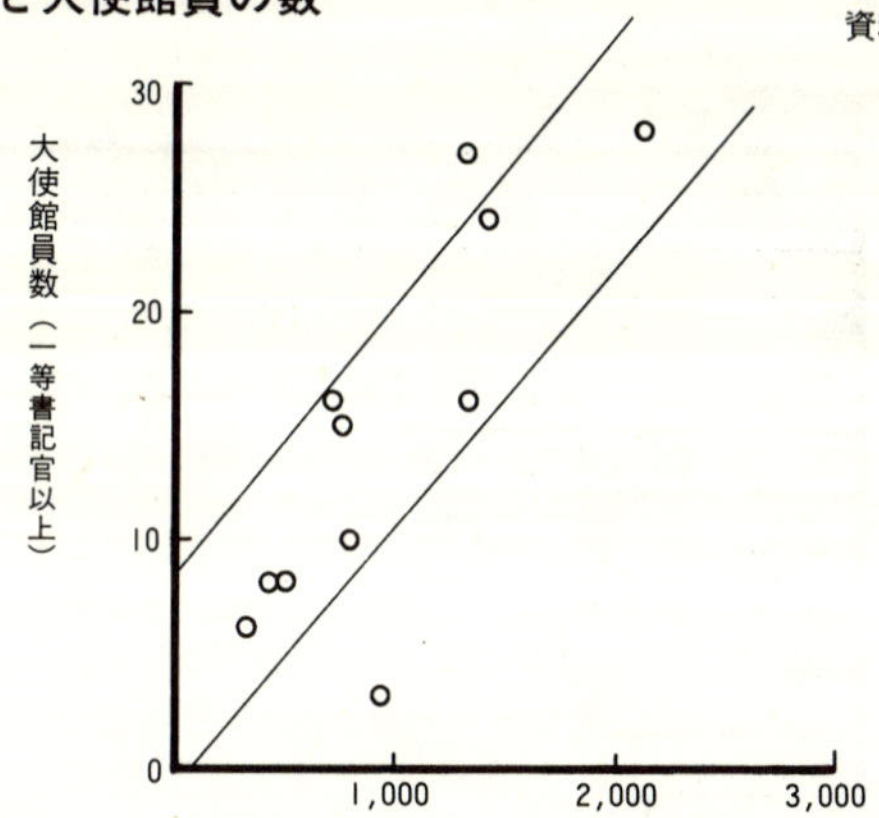

図6

ある。一九八〇～八七年のODA支出額累積ベースでみると、上位一〇ヵ国は、中国、インドネシア、フィリピン、タイ、バングラデシュ、ビルマ、マレーシア、インド、パキスタンの順となっている（図4）。私はかつてアメリカが中南米に対して行なった失敗を、日本が東南アジアでくり返すのではないかと心配している。

ところで、外務省がODAを必死になって増やそうとしているのは、外務省が国内で弱い立場にあることに大きく関係していると思う。外務省は大蔵省、通産省、農林水産省などと異なり、国内での天下り先が非常に少ない。たとえば特殊法人役員への天下りは、大蔵や通産が五〇人以上いるのに外務省は一〇人しかいない（図5）。

役所のキャリア組と呼ばれる公務員は、課長ポストにつくころから、激しい勝ち残りゲームが始まり、同期入省組の誰かが局長になった場合には、残りの人は政府関係の機関や民間へ役員として天下っていくというのが通常のパターンである。各省の官房長はこのOB対策に腐心するわけである。しかし、外務省の場合は状況が違う。というのは外務省には在外公館があり、その大使、総領事ポストが約一六〇ある。極端な言い方をすれば、外務省にはこれだけのポストがキャリア外交官のために用意されているのである。国内で基盤が弱い分、外国にそのパワーを求めていると言える。そうなると、国内でも政府機関が補助金を出すことによりコントロールするように、外務省はODAによって援助国への影響力を強めようとしているように思われる。外務省にとって、ODAの多い国はその大使館の格付けも上位なのである（図6）。しかし、そのことによって、現地での晩餐会でアメリカの大使より上席に座ることはできるかもしれないが、それはそれだけのことであり、被援助国に尊敬されるかどうかはまた別の問題である。中央省庁が交付金によって日本の地方を途上国化しているのと同じことを、外務省が東南アジアに対して行なっている。また日本のODAにはグラント（無償援助）ではなくヒモつきが多い。これは裏を返せば「外務省の建設省化」である。すなわちODAを通して海外で工事などを行なう場合、日本の建設会社、コンサルタント、研究所などが入札を行なう。こうすることによって外務省は、創設以来一〇〇年の念願であった国内業界への影響力が持てるようになる。すでにODA族と呼ばれる国会議員もチラホラ出てきており、また各社ともODA対策室などを密かに準備して、外務省とのパイプづくりに必死である。ODAが日本の官僚機構の体質を踏襲して利権構造化するのは、もう時間の問題である。ここでもODAが、外務省の自己目的のために拡大している兆候がうかがえる。

地域別外交戦略

情報は今や瞬時にして世界を駆けめぐり、人々はいながらにして、いつでもほしいときに情報が得られる。消費者は世界のどこにほしいものがあるのか自ら知っている。また、それを簡単に入手できるようになった。消費者にとって、その製品がどこでつくられようと、よいデザインで安く、サービスの行き届いたものであればよいのである。消費者や企業は〝無国籍化〟していると言える。だから、誰しもカリフォルニアの一〇〇%オレンジジュースを飲みたいと思っているし、安いステーキを食べたいとも思っている。ほとんどの人は、ミカン農家や、牧場経営者のことなど考えていない。リーボックのスニーカーが売れるのは、そのデザインとかブランドを気に入っているのであり、それが韓国でつくられていることなど関係のないことである。すなわち、経済活動からみれば国境は急激に薄れている。どこの国のものだから買うとか買わないとかいう議論は、民間レベルではもうなくなっている。しかしだからこそ、国のレベルではこの点をめぐって、保護主義的な情報戦争がエスカレートするのである。日本外交は情報武装しなくてはならない。論争力を強めなくてはならない。にもかかわらず、今の外交は古い国家の概念でしかものを見ていない。すなわち、日本とアメリカとの関係、日本とソ連との関係という具合である。しかし、経済はそんなことにおかまいなしに、どんどん広域的に進んでいっている。

したがって、経済外交は、国と国との関係で行なうのでなく、日本と取引きのある地域ベースで行なうべきである。世界を地域に区切って、そこと日本との関係をどんどん拡げていったらよい。ウクライナの穀倉地帯とつき合ったり、シベリアのガス田とつき合ったりする。私は、そのほうがモスクワと北方領土の話をするよりよほど日本国民の利益になると思う。二一世紀には国境のしきいを限りなく低くして、経済的相互依存をできるだけ高めることが、結局国家の安全保障を高めることになる。なぜなら、けんかして物の出入りをなくしてしまうと困るのは自分自身であるからである。日米の関係がよい例である。だから、これからは地域とつき合うべきだ。

たとえば、オーストラリアのクイーンズランド州に、日本人向けの牧場があれば、そこに税金をつぎ込んでも、日本人の味覚にあった牛肉を安く生産してもらう。食管制度も外国に対象を拡げるのである。それにより、双方の国民が多大な恩恵を受けるだろう。アメリカも一枚岩ではない。ロスアンゼルスはワシントンと結びつくよりも日本と結んだほうが栄える。ノースカロライナ州は日本やヨーロッパ諸国と結びついたほうが、ワシントンに期待するよりも栄える。〝アメリカの国益〟などというものはなく、〝ノースカロライナの利害〟があるだけなのである。そしてそれはボストンと資本導入をめぐって競うという構図なのだ。日本は敵ではなく味方である。「アメリカ」という単位は、これからの外務外交では無意味、というより有害でさえある。東京vs.ワシントンでは何も解決しないし、また交渉力も出てこない。九州は韓国や中国と結びつき、難しいことばかり言う東京とは縁を切ってもよいくらいの考えでなくてはならない。そのような地域同士の利害を合致させることを世界中に拡げてゆくことにより、安全保障は飛躍的に増大するだろう。逆に、日本たたきをするような地域、たとえば東芝機械のココム違反事件が起こったとき、連邦議会の議事堂前で東芝のラジカセをハンマーでたたきつぶしたのは、米下院議員のヘレン・ベントリー女史ら三名だが、彼女の出身選挙区のデラウェア州とは絶対につき合わない。デラウェア州には日本から投資をしない、商品もあえて売らない、というぐらいの態度で対応すべきである。それによってデラウェア州民は不便をこうむるだろうが、ベントリー女史を選出した州民であるからそれはしかたのないことである。このように、世界の人々に対して日本がどのようにつき合うかということを鮮明に打ち出すことは、きわめて重要である。いわれのない日本たたきなどをした場合には、日本は厳しく対応するということを、世界の人々に知らせるのである。もちろん、そんなことのない地域とは仲よくつき合ってゆくべきことは言うまでもない。日本の国民と相手地域の利益を最優先に、地域とメリハリのあるつき合い方をする。これが私の提案する地域別外交戦略である。これが情報化時代の今望まれる外務（フォーリン・ポリシー）の発想である。

Foreign Policy Office

外務省を抜本的に改革するためには、従来のシャンパン外交（〝外交官詰所〟）の部分と、本来あるべき外務（フォーリン・ポリシー）の部分を明確に区分し、キャリアパスもまったく変えてしまうことが必要である。さて、フォーリン・ポリシー・オフィスはこれまで述べたような、地域別外交を実施する機関であり、これは他の省庁に対して一段高い位置になくてはならない。そして、その責任は、広義の国および国民の利益を保護し、高めていくという意味で、きわめて重大である。この役所は複雑な経済問題を扱うことから、実務能力を重視するべきである。そしてキャリアパスとしては、他省庁、民間企業への出向を増やし、特定分野の専門家を育てることが望ましい。また逆に、他省庁のベテランや、優秀な民間エキスパートを、出向という形でなく転職という形で迎え入れることである。この人たちにも主要国大使のポストを与えることにより、活力を引き出すことができよう。この Foreign Policy Office を、エネルギー、食糧など、各分野ごとの専門家集団に仕上げ、交渉に当たらせるのである。こうすることによって、国内問題と切り離せない経済外交の体制が整う。この任務を果たすのは従来の外交官ではなく、経済、交渉、法律などの専門家が必要であるという点を、改めて強調しておきたい。主要国にはその道のベテランがいて何十年も仕事しているということがある。それに対し日本では、大臣はもとより外交官も二～三年で変わってしまうから、専門家が育たない。フォーリン・ポリシーの立案および実施に関しては、専門家とスーパー・ジェネラリストの組み合わせが一番よい。そしてシャンパン外交官には、従来どおり一ランク下の外交官詰所（外交局）で、一六〇ヵ国に出かけて行って、楽しみながらのんびりと、〝他の国との良好な外交関係の維持〟を図ってもらえばよいのではなかろうか。

第四章　建設省

本稿の執筆に当たって、何人かの知人に「日本の街づくり、国づくりに対する不満」を聞いてみた。すると堰(せき)を切ったように次々と出てくる。いわく「渋滞で走れない高速道路が一向に改善されないのに料金だけは上がる。東京湾横断道路をつくるカネがあったら、早く外郭環状線をつくってほしい」、「平均通勤時間が一時間を超えるなんて考えられない。なぜ暴動が起きないのか」、「年度末の道路工事、予算消化の悪慣習はいつになったら根絶されるのか」、「スキーに行くたびにぶつかるあの関越自動車道の渋滞はなんとかならないのか。チェーン装着場を拡げるか除雪を徹底すればすむことなのに」等々。さほどに社会資本整備に対するニーズは今日なお満たされていないということである。

建設省の業務監査をすれば、日本の政治の縮図がすべてあぶり出され、それはまた一冊の本と

高度経済成長期の社会資本の充実

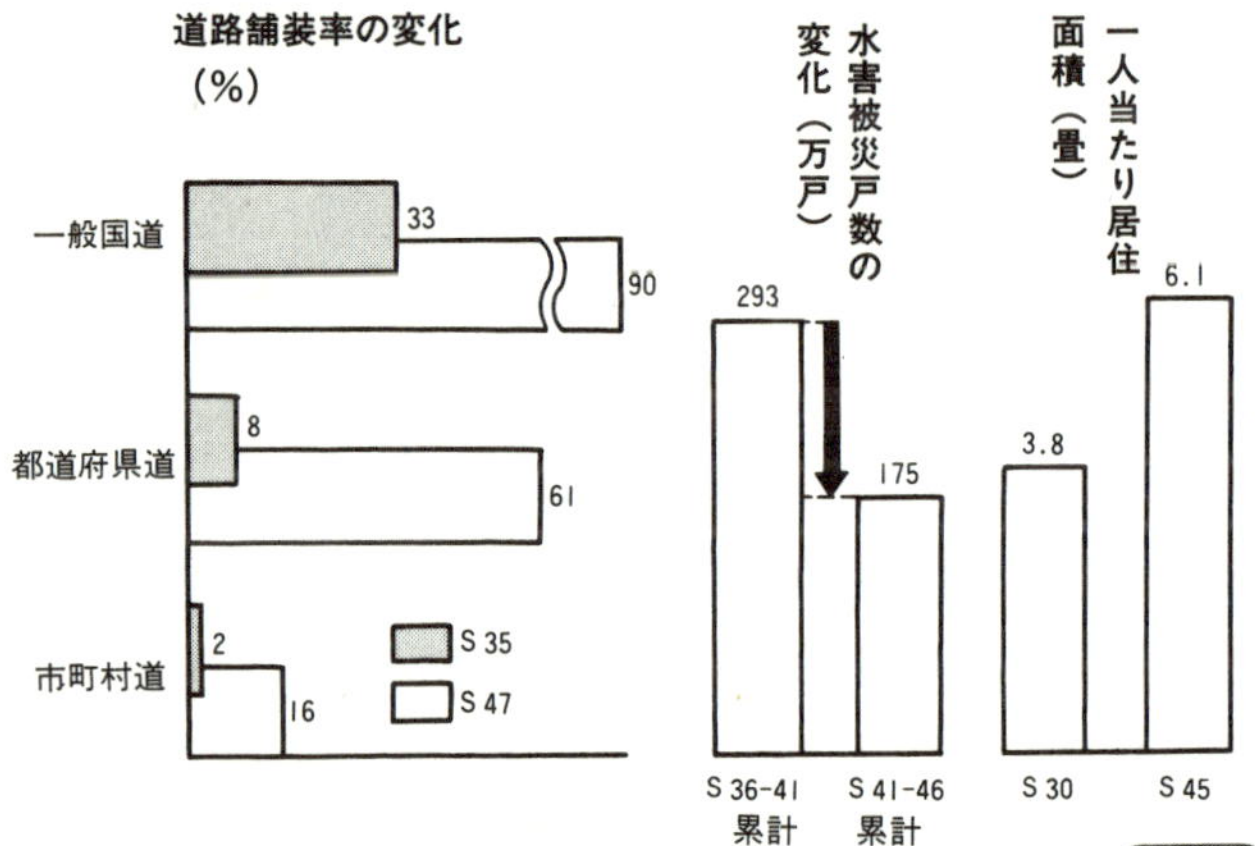

資料：「建設省」教育社

図 1

なるくらい興味深いものである。しかし本書の目的からみてここでは、主に建設省が担当している社会資本整備の進め方の問題を取り上げてみたい。端的に言えば、このままカネと時間をかけていけば日本の社会資本はアメリカやヨーロッパの諸国と肩を並べる水準まで達するのだろうか、果たして現在の建設行政の延長線上に、われわれの望む豊かな社会は存在するのだろうか、という問題である。年間一八兆円もの資金（昭和六三年度建設省関係予算事業費）は誰がいかに使うべきかを考えてみたい。

高度経済成長期の亡霊

昭和二〇年代の戦禍からの復興、三〇年代から四〇年代へかけての高度経済成長の過程は、建設省の果たした役割を抜きには語れないだろう。二〇年代は戦災からの復興、国土再建に向けての指針提示の時代であった。建設省は、国土開発法（二五年）、建築基準法（二五年）、公営住宅法（二六年）、道路法（二七年）、土地区画整理法（二九年）などを次々に定めて、国土再建における目安を示した。同時に第一次道路整備五ヵ年計画の策定、住宅金融公庫の設立などによって生活・産業基盤の復興の推進役を果たしてきた。そして三〇年代以降は産業振興の「縁の下の力持ち」として高度経済成長の陰の立役者となる。「国民所得倍増計画」のもと、当時の日本企業が拡大し続ける市場への製品供給に向けて拡大路線をひた走ったのと同じ時期、時には先駆けて、時には追われるように、建設省による社会資本整備も急速に進んだ。具体的にいくつかの数字をみてみよう。

図1にあるように国道の舗装率はわずか三割程度だったのが一〇〇%に近づき、三九年に名神高速道路、四四年には東名高速道路が開通して、モータリゼーションを支えた。昭和二〇年代には多発した水害も治水治山工事により減少し、住宅供給の努力も続けられ、一人当たりの平均居住面積も五割以上改善された。既成工業地帯を中心に重点的な産業基盤の整備が進み、企業の工場増設、生産拡大を支えてきた。

無論すべてがうまく運んだわけではない。産業資本に比べて生活資本の整備が立ち遅れているということをはじめとして、今日なお解決されていない問題も多く残されている。しかし、全体として、高度経済成長を縁の下で支えてきた建設省の功績は大いに評価されるべきであろう。

今日もこれらの努力は着実に続けられている。六三年度予算では税金や財政投融資などで集められた一八兆円ものカネが公共事業につぎ込まれ、道路を延ばし、河川を工事し、住宅を供給している。だが、果たしてこれらの事業は私たちの未来に、豊かな住みよい環境をもたらしてくれるのだろうか？　前にも触れたように、今日のわが国では、幸い一部屋に四人も五人も詰め込まねばならないような住宅難はほとんど見られなくなった。主要な幹線道路は舗装され、洪水による市街地の被災のニュースも聞かなくなって久しい。総じて言えば、必要最低限のインフラストラクチャー（産業基盤）は高度経済成長期中に整備し終わっている。社会資本整備について言えば、今日のニーズは抜本的な質的向上をともなわなくてはならないものばかりである。

たとえば単位面積当たりの道路の延長距離をみてみよう。今や日本はアメリカの四・四倍、西ドイツの一・五倍に達している。にもかかわらず車の動くスピードという観点からみると、日本の道路交通事情が惨憺（さんたん）たるものであることに異論を差しはさむ人は少ないだろう。つまり、延長距離という量的指標はもはや今日のニーズにそぐわないのである。日本は他国に比べて道路が少ないのではなく、悪いのである。曲がりくねった道路をそのままにして舗装してみたり、つくりやすいルートで高速道路をつくるものだから、いつも決まったところで渋滞が起こる。道路利用者のことを考えないで、工事業者のことを考えた行政になっているのである。建設行政は今日なお、高度成長期の亡霊を引きずるがごとく、量的拡大至上主義から脱していない。アンコールに同じ曲をいつまでも弾きつづける大道芸人のようである。つまり、全国にコンクリートとアスファルトを敷きつめることがその任務・目的だと考えているかのようなのである。

道路整備を例として取り上げてみよう。第四次全国総合開発計画、いわゆる四全総における道路網整備目標の中心となっているのが、高規格幹線道路網の形成である。現在、高速道路に乗るまでに一時間以上かかる地域に住んでいる人が全人口の二〇％いる。そこで高規格幹線道路網（高速道路及び自動車専用国道）を全国津々浦々に張りめぐらし、いま四〇〇〇キロある高速道路をさらに一万キロ延長して、九八・七％の人々まで一時間圏内に収めようというのがその骨子である。これによって人口一〇万人以上の都市を効率的に連絡し、四全総の主目的「多局分散型国土の形成」「交流ネットワークの構築」を実現しようというのだ。具体的な例をあげると、酒田市から一〇〇キロの距離に山形市と秋田市があるが、所要時間は各々七〇分と一八〇分で、倍以上違う。だからその差を縮めたいというのが理由らしい。確かに時間に着眼点を置いている分、総延長距離だけの計画よりは改善されているかもしれないが、ユーザーニーズを踏まえた計画と呼ぶにはほど遠いと言えよう。しかし、だがまてよ、と感じるのは私一人だけではないだろう。同じような理屈で全国津々浦々に鉄道網を張りめぐらせ、赤字路線をバラまいた運輸省と、これは同根の発想ではないのか？　ちなみに、私は関越自動車道の入口までわずか一〇キロのところに住んでいるが、入るのに二時間、日曜の午後など出るのに三時間かかる。地図の上だけで、勝手にユーザーの利便性を実感しないでもらいたい。距離ではなく所要時間、道路の長さではなく出せるスピードで計るのが利用者に向いた行政ではないか？

当たり前のことだが、財源には限りがある。その中で莫大な社会資本整備のニーズを満たす優先順位を決めるのは、その結果もたらされる納税者への貢献度でなければならない。その当たり前であるはずの視点が、今の建設行政からスッポリ抜け落ちている。業者を潤すことばかりに気をとられるからこんなことになるのだ、と勘ぐられてもしかたのないくらい、今の建設省は意味のない数量指向が強い。経済的・文化的結びつきの強さや、ヒトやモノの交流量の大小は、距離によって決まるものではない。一律に人口一〇万人の都市をつなぐことのメリットはどこにどの程度あるのか。「……を目ざすべき」といった「べき」論はあっても、それがどういうメリットをもたらしてくれるのかを検討した痕跡はどこにも見当たらないのである。

住宅についても同じことが言える。現在の住宅政策の基本となる第五期住宅建設五ヵ年計画は住宅建設の目標として「最低居住水準」と望ましい水準「誘導居住水準」を示しているが、そこで言及されているのは部屋数と面積だけである。家の購入を検討する時、いったいどれだけの人が広さだけで決めたりするだろうか。価格、通勤時間、周囲の住みやすさといったさまざまな条件が、それぞれ適度に満たされてはじめて住む人に満足がもたらされる。そういった当たり前のことを考えていないから、たとえば一部で一八〇〇倍もの入居申し込みがあったりする住宅・都市整備公団が、もう一方で四〇〇〇戸近い長期空き家の無駄をつくったりするのである。

“つくりっぱなし”を許容する組織体制

こうした事態はいったいどうして引き起こされるのだろう。まずは建設省の組織を見てみよう。大きく分けて建設省は三つの機能を持っている。基本政策の策定、建築物の基準作成といったガイドラインの制定機能、実際に社会資本整備を推進する計画・執行機能、および建設業界の監督機能である。そして、**図2**にあるように、社会資本整備で中心的な役割を果たす計画・執行機能は、霞が関においては道路局・河川局といった整備内容、いわば商品別の組織になっており、実際の施工管理といった現場レベルでは、全国を八ブロックに分けた地方別の建設局が担当している。

この組織は次のように運営される。まずは現場レベルの事業計画の積み上げで予算請求案がつくられる。第五期住宅建設五ヵ年計画や、第二次急傾斜地崩壊対策事業五ヵ年計画といった局単位での整備計画にもとづいて、各地方レベルで必要と思われる計画を立案する。現場の計画といっても地方自治体の整備事業（県道など）への補助金支給、公団などが行なう事業など多種多様であるが、それらをすべて局単位で取りまとめたのち、局間の調整・優先順位づけを行なって建設省の予算案が作成される。こうしてつくられた案が大蔵省との折衝、国会での承認といったプロセスを経て決定され、後は予算どおり地方局や公団が事業を進める。

ここで問題と思われる点が二つあげられる。一つは期待される効用のアセスメント、施工結果の評価というステップが重視されていないことだ。少なくとも明確な共通のモノサシや、独立した組織の形では存在していないということである。つまりつくりっぱなしなのである。企業経営にたとえるならば、結果を評価する尺度、売上高や市場シェアであるとか、利益率、投資効率といったものがないまま、各製品事業部が生産計画だけを立てて実施しているようなものである。会計監査院の検査は業務査察にまで及ぶので、税務署よりはこの点にメスが入りやすいが、それだけでは到底十分とは言えまい。今の建設省は仕組み上、計画者、実行者、評価者が渾然一体となっており、放漫経営の起きやすい構造になっている。また日本においては〝物乞い〟的な業者

建設省の組織と主な担当職務（1987）

建設省

組織	主な担当職務	所轄特殊法人
大臣官房	基本政策の策定 総合調整・調査 建築設備の基準策定	
建設経済局	土地収用 建設・不動産業監督 宅地 建設行政に関する調整・連絡	住宅・都市整備公団（一部） 地方住宅供給公社（一部） 地方振興整備公団（主に国土庁）
都市局	都市計画・都市政策 区画整理 都市高速道路 下水道	首都・阪神高速道路公団 住宅・都市整備公団（一部） 帝都高速度交通営団（主に運輸省）
河川局	河川・海洋事業 ダム 土木関係の防災・災害復旧	水資源開発公団（主に国土庁）
道路局	道路行政（交通は除く） 高速・有料道路、国道、地方道	日本道路公団 本州・四国連絡橋公団
住宅局	住宅行政 住宅業界 建築物規制	住宅・都市整備公団 地方住宅供給公社 住宅金融公庫・日本勤労者住宅協会
地方建設局（8ケ所）	各地域の行政企画 河川、道路、営繕、用地を担当	

資料：「行政機構図」総務庁、「行政管理便覧」行政管理研究センター

図2

が大きな政治力を持っているので、地方建設局には権限や、またそれにともなう不正も集中しやすい。基本的には計画者と実行者は別々である必要がある。また当然、それを評価する人は実行者とは別でなくてはならない。評価尺度は国民の不満解消、生活レベルの向上に求められるべきであり、諸外国と生活の内容で競うならともかく、数字の上で競うのはまったくのナンセンスである。その意味で国全体を統括する〝建設省〟の時代は完全に終わったといえよう。

真に求められる成果（ここでは国民の満足）が把握できていなければ、製品の改良なども的はずれなものになる。市場調査も不十分なまま机上論で物をつくるから、瀬戸大橋のような投資回収のメドが立たない巨大オブジェができ上がるのだ。政治家は建設業と密接に結びついているから、予算をいくら大きくしても反対する人が少ないので、いきおいお手盛りとなってしまう。アメリカから、内需を拡大せよと言われて、緊急に六兆円も放出できるような恵まれた国は、世界中どこを探してもない。それが日本では、大新聞まで〝右へならえ〟ですんなり通してしまう。国全体が「建設アルコール中毒症」にかかっているとしか言いようがない。

総合的な開発を妨げる整備内容別の局編成

もう一つの問題と思われる点は、タテ割り組織の弊害である。「局あって省なし」と言われる官庁の例にたがわず、建設省においても各局の持つ権限は大きく、予算請求も局単位でまとめられ、折衝が行なわれる。その結果、たとえば意欲的な地方自治体がある地域を総合的に整備しようという計画を立てたとしても、住宅関係の予算は通っても下水道や道路関係の予算がおりず、全体としての進行に支障をきたすということも起こり得るわけである。このような地域開発の具体化にまで、中央政府が絶大なる権限をふるう必要はまったく見当たらない。国全体を引っぱってゆく必要のあった途上国時代の遺物が、今日こうしたチグハグさを生んでいるのだ。

また新しい分野の管轄決めや、既存の管轄を横断的にまとめるテーマを扱う場合にも、このタテ割りの壁が顔を出す。住宅宅地関連公共施設整備促進事業（経済建設局）、市街地再開発事業、アーバン・リストラクチャリング・ゾーン事業（都市局）、リバーサイドタウン整備事業の推進（河川局）、都市近郊集落地域関連道路整備事業の創設（道路局）、特定市街地総合整備促進事業、優良住宅地段階整備誘導計画制度の実施（住宅局）等々。これらはすべて昭和六三年度概算請求に盛り込まれている施策である。いずれも少しずつ内容が異なるものの、地域を総合的な見地から有効に開発整備しようという目的は同じと思われる。今日の建設行政にとって最も重要なテーマの一つが、集中的に検討されるどころか、むしろ担当部局の存在意義のみを強調してこま切れにされてしまっている。しかもこのように空虚に響くプロジェクトが目白押しなのは、実は誰も深くは考えていない、ということの証明でもある。むしろプロジェクトは必要があって生まれてきているのではなく、予算獲得の一手段と化してしまっているのである。

〝建設〟というとらえ方の限界

このような現状をもたらした原因の一つは、「建設という定義は時代とともに変わる」ということに、建設省自身、気づいていないことである。

あまりに基盤が整備されていなかった高度経済成長期は、「生活しやすい環境の実現」＝「社会資本の建設」が、量的拡大を促す上では効果的な定義であった。しかし広義の〝効果〟の視点が欠落しているために、さまざまな問題が起こっている。

●自らを〝建設〟省と定義したことにより、国民生活への貢献よりも「建設」自体が自己目的化してしまった。より多くの予算を獲得し、より多くの事業を実施することに重点が移行してし、その結果、生活しやすい環境の提供、より早期のサービス提供（機会コストの最小化）、迷惑の極小化、将来の変化に対応できる柔軟さなどの視点が軽視（無視）されてきた。

●モノづくりを重視しすぎ、アンバランスな開発・整備をもたらしている。つまり今は各基盤同士の間（例・道路と住宅、河川護岸と海岸護岸）、および基盤と自然間の調和が重要になってきており、建設量イコール「生活しやすい環境」ではないのである。

●生活しやすい環境が目的なら、環境保全まで含めた広義の社会資本整備を図る必要がある。この点から言えば建設という視点からのみアプローチすることには限界がある。

求められる組織改革と地方分権

ゼロベースで今求められている改善の方向を抽出してみよう。大きな方向としては四つある。

(1)　目的と管轄の再定義

地域単位の総合計画立案・実現のために、建設ではなく社会資本というくくりで、他省庁をも含めて管轄を見直す必要がある。今のように一般港湾は運輸、漁港は農水、その他の海岸線は建設、というのでは総合的な開発はできない。

(2)　整備内容別縦割り組織から地域別独立組織へ

豊かな生活の実現が目的である以上、生活の基本単位である「地域」に立ちかえって基盤整備を考える必要がある。画一的な施策からは各地域に適した整備・開発などあり得ない。霞が関から全国津々浦々を見ることには、おのずと限界がある。東北地方の開発のあり方、東海地方の開発のあり方は、それぞれの地域に暮らす人々の意見を尊重し、生かすべきである。また、責任と権限を地方に与えることにより、中央依存体質や無責任な予算の要求を抑えられる。ただし道州ごとの部分最適化を図るだけのものにならないようにするためには、横断的な調整、グランドデザイン、標準規格（建築基準等）を描く中央機能は当然必要である。

(3)　チェック機能の確立

二つの側面における、合理的なチェック機能の確立が急務となる。すなわちユーザーへの効用を評価基準とした、執行結果の監視システムの構築、および執行する側の人間を、任務の遂行度によって評価するシステムの確立である。

(4)　私権制限の実現

現在の高騰した地価を前提にしていては、新たな開発・整備や再開発は不可能である。「お上のお達し」でなく、自分たちの豊かな生活実現のための、自分たちの意志による私権制限の実現（日照権、土地収容、景観規制等）が求められる。

これらを踏まえて、次のような組織改革案を提案したい。これは組織体制を刷新し、地域別公団による主体的な社会資本の整備を中心とし、中央機構は横断的な調整機能に限定するものである（**図3**）。

(1) 国土整備局の設置――社会資本整備に関連するもので、各地域公団の横断的な調整が必要な事項に限って担当する。

●建設省、国土庁、環境庁をベースに、運輸省、農水省などの社会資本関連の権限を移譲、社会資本整備を一括して担当。逆に建設業界の会社としての監督指導等は、他官庁（産業局）へ移管する。

●管理・調整機能のみで、個別の整備に関する計画・執行部門は原則的に持たないようにする。

主な担当事項としては、次のようなものがあげられる。

〈構築物の規格統一〉（道路、港湾、建物等の基本仕様、防災・安全基準等）

国土の最大活用の見地から、環境庁も吸収し、環境基準に関する権限も一括して扱ったほうがよいと思われる。

〈地域横断的な整備事項の計画立案〉

組織改革にともなう権限・管轄の移行（主要部分のみ）

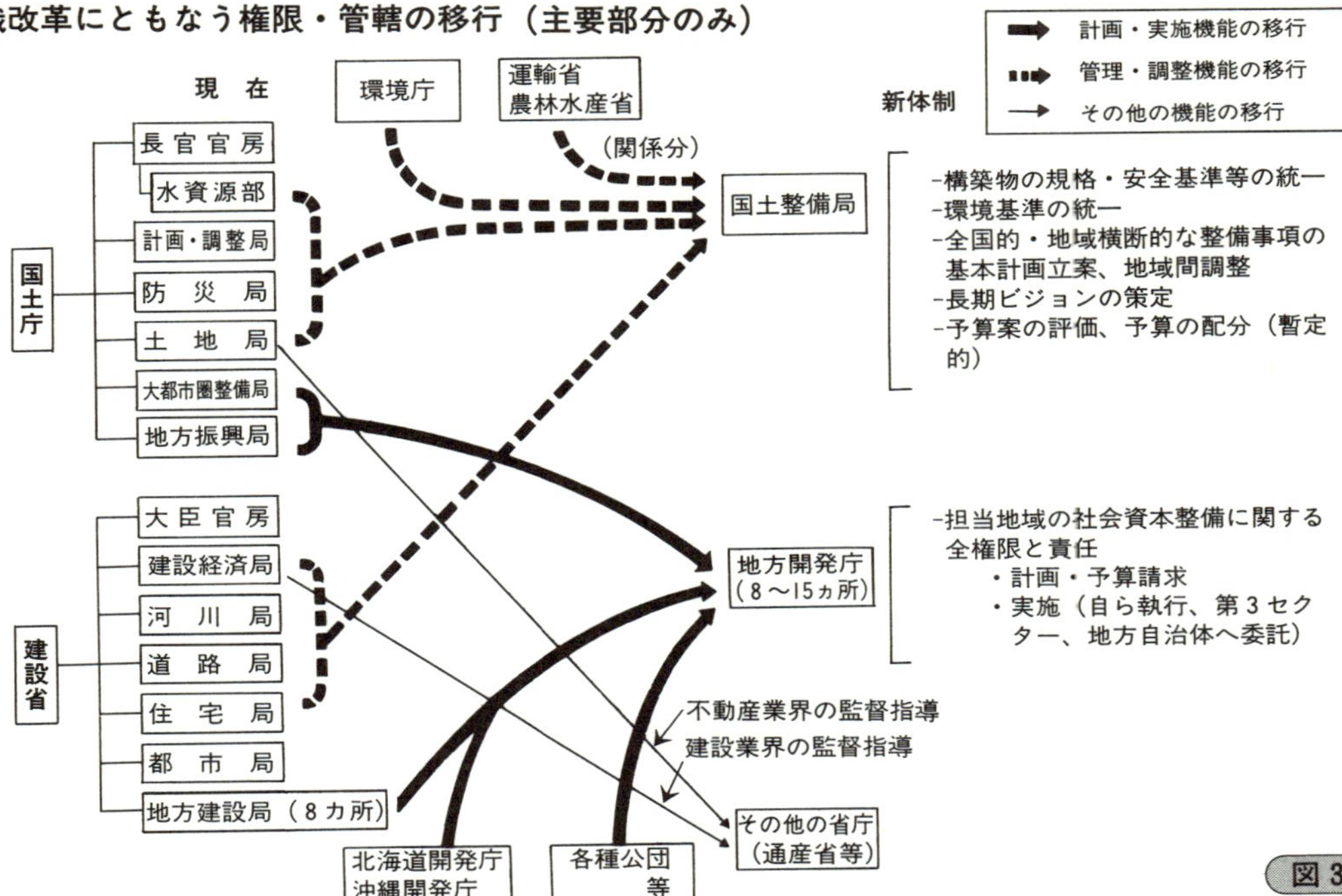

図3

地域間を結ぶ主要幹線高速道路等の基本計画を立案し、各地域との調整をはかる。ただし、実施は各地方公団に委託する。

〈長期ビジョンの作成〉

各地域の自主性を生かすことを前提とし、方向性の提示程度にとどめる。ただし策定する以上は、四全総などと異なり、具体性のあるものを目ざす。

〈各地方の計画を評価、予算の獲得・配分〉

適正さの追求が目的であり、意図的な地域間の優先順位づけは行なわない。

公団制度が定着し、他省庁に伍しての交渉力がつけば、予算に関して各地域公団は国会の予算編成作業とすり合わせを行なってゆかなくてはならない。ただし大半の開発は、地方が自己財源によって行なうことになるので、折衝ニーズは今に比べれば大幅に減る。

(2)

地方局・公団を地域別に再編成し、主体的に基盤整備を進める地方別執行体制を構築、権限を委任。

●生活圏、経済的・文化的な結びつきにもとづく道州単位に担当地域を分割（現在の地方局体制を再編）する。

●各地域に計画立案・執行の責任を移管し、地域全体としての効用最大化をはかる。

〈現地方局をベースに地域ごとに整備公団を設置〉

道路公団、住宅・都市整備公団、北海道開発庁、沖縄開発庁なども解体して、各地域公団の管轄下へ置く。農水省、運輸省の社会資本整備関連の権限も分割移譲する。

〈地域単位の計画立案機能の強化のため、霞が関の人材を配分〉

現地方局はほとんどの職員が中級公務員であるので、中央の人材を分譲する。

●施工においては、自力、都道府県への委託、新たに下請け公団設立、第三セクター等を道州ごとに決める。

●運営においても各地域の自主性を反映させる。

〈癒着・腐敗を防ぎ、地域の声を反映させるためにトップ公選制〉

〈地域代表による定期的評価の実施〉

審査委員会の設立、陪審員的な制度の導入等によって行なわれる。ただし、監査的な過ちの是正ではなく、成果の客観的評価に重点を置く。

〈地域の総意としての私権制限の実施〉

代償、補償、保護も地域内で対処するようにする。

地域総合計画立案・実施における各地域公団と都道府県・市町村との責任・権限分担は、当面はプロジェクトチーム的組織により調整をはかる。長期的には自主財源による地方自治を確立し、社会資本整備も全面的に地方自治の管轄下へ移管するのが本提案の主旨である。

第五章　国土庁

国土はかけがえのないわれわれの居住地であり、また生活に必要な空気、食糧、水、木材、鉱物、資源などを提供してくれる。ところが古くは日本列島改造論や最近の四全総にいたるまで、日本の国土計画はほとんどすべてハード主体で、建設や改造を前提としている。政府は国土計画というのは日本の美しい自然を破壊し、コンクリートを流し込むことと勘違いしているのではないかと思われる。しかし森に入っても鳥の声は聞こえず、川に魚は住まず、野に花は咲かず、というのは少しも美しい国土ではない。去年一年間で八二〇万人もの日本人が海外旅行をした。ひと昔前の、都市、ショッピング型のツアーから、最近ではかなりの部分がリゾートや自然探訪に変わってきている。新婚旅行にいたっては九〇%以上が海外である。日本の国土にハネムーンの夢をかきたてる魅力がなくなっているということである。

荒廃する国土

日本の地価は世界一で、広大なアメリカの五倍と言われている。私の計算では東京都の地価だけでアメリカ全土の二倍であるから、この五倍という数字は当たらずといえども遠からずである。この意味では、国土庁はこの持てる資源の価値を最大化したのだから、誉められてしかるべきかもしれない。しかし一方では持たざる者、これから社会に出てくる若者たちに満足な住居さえ与えられなくしてしまった、という重大な過失をおかしたことも間違いない。

日本の国土庁の思考方法は建設省とよく似ているし、また農地確保のために次々と湖沼を埋めていった農水省にも似ている。国土にはハードな面とソフトな面があることを考えれば、私は国土庁の役割をもっとソフトな方向に振る、つまり住みよい環境づくりの方向に振る必要があると思う。この意味で、後述のように、国土庁は環境庁と統合される必要があると思うのである。またハード面を担当する大都市整備局や地方振興局などは、国レベルでやる必要がないので地方自治体（道州）にこれを移管する必要がある。

いずれにしても大規模プロジェクト中心の開発は依然として進行しており、緑あふれる国土は、次々と破壊・侵食されている。戦後の復興期においては、最低限の社会基盤を整備するために、国家レベルでの地域開発が確かに必要であったかもしれない。佐久間ダム、東名高速道路、そして東海道新幹線はその機能を十分に果たした。しかしGNPで世界をリードしている今日、国民が求めているものは、全国一律に蔓延しているゴルフ場やテニスコートの付いたマルチ化したワンパターンのリゾート施設ではない。山梨県とも島根県とも違った、特色のある県であり街である。今のような中央主導の国土開発方式をとり続ける限りは、地域の個性は引き出せない。

一方、地方は財源と権限に乏しいので、中央政府の計画に乗り遅れまいと、いつまでも手を上げる準備をするしか能がない。結局、日本列島は金太郎飴と化し、さらには利用者不在の開発をつづけ、これが後には廃墟となっていく運命をたどってしまう。つまり、税金はつぎ込まれても、同じような殺風景な荒れ野が増えるだけである。このままでは、二一世紀の子孫に対して、醜い破壊のツメ痕と均一化された国土しか残せないことになる。

戦後の食糧難を背景に、昭和三八年に、宍道湖・中海の干拓事業が開始された。昭和四三年に余剰米が出始め、昭和四五年に減反政策が開始されると、この全国一律の減反は八郎潟にも及んだ。しかし、宍道湖の干拓を中止するための直接のきっかけとなったのは環境破壊の恐れが顕著になったからである。ただし、これは昭和四七年に当時の環境庁長官の大石武一氏が〝自然保護と農業のために考え直してみたい〟と発言して以来、昭和六三年六月に、島根・鳥取両県の知事が、〝水質保全などの観点から淡水化は当分の間延期するのが適当だ〟と共同声明を出して、翌月農水省が淡水化延期を正式決定するまで、まる一六年もかかっている。もし、淡水化に環境問題が発生しなかったら、おそらくこのプロジェクトは今でも継続していたにちがいない。

宍道湖・中海の干拓事業の失敗は、農水省の時代錯誤な農地（=権力）拡大指向にもとづくものである。各省庁の上に立って開発を評価・監視する組織が存在しなかったために、中止あるい

穴道湖・中海の干拓事業の失敗は、まさに農水省の時代錯誤な農地（＝権力）拡大指向に基づくもの…総合的評価機能をもった組織が存在しなかったために止めることができなかった「国土破壊」と「税の浪費」の一例として捉えられる

穴道湖・中海干拓事業—大規模プロジェクトによる国土破壊例

事業計画

当初計画

昭和 38 年開始
〃 48 年終了
総事業費
165 億

変更後

昭和 67 年終了
総事業費
990 億

干拓事業の 3 つの柱

干拓

中海の約 1/4 に当たる、5 地区 2500 ha の干拓・農地化

淡水化

中浦水門を設けて海水を遮断し両湖の塩分濃度を 200 ppm以下におさえる

灌漑

淡水化した湖水を干拓地や周辺市町に農業用水として供給する

環境変化

- 余剰米（昭和 43 年）
- 減反政策（昭和 45 年）
- 環境破壊の危惧
  …児島湖の豊栄養化
- 完全に閘門を遮断しない限り 200 ppmは達成不可能

出典：朝日、毎日新聞

取った行動／取ることができた行動

取ることができた

- 再評価による早期中止
- 景観破壊の停止

実際に取った

- 720 億（昭和 62 年末）の浪費
- 景観破壊
- 水質汚濁の進行

図 1

は方向転換することができなかった〝国土の破壊〟と〝税金のムダ遣い〟の一例にすぎない。国土庁が機能していなかった好例である（**図1**）。結局、昭和六三年七月に実質的な事業の中止となったが、すでに七二〇億円の税が無駄に費やされた上、既干拓地の利用も決まっていない。しかし無責任な地方から言えば、七二〇億円のカネで工事はしたのだから雇用の創出もできたし、業者も潤ったのである。残ったのは国土破壊と納税者の割り切れなさである。このような行政の暴走に対して責任者が処分されたということは聞かない。一〇〇万円のワイロ着服で大騒ぎをする大新聞も、息の長い行政の無駄遣いには無頓着である。建設省や国土庁が昔の成長期のままの姿勢でいるということは、われわれの国土に次々と赤土のツメ痕を残すことだと知るべきなのである。

一方、中央政府が掲げた計画に全県がこぞって手をあげ、同じ方向に走って開発を始めたが、最初のいくつかは成功しても、後は過当競争で失敗あるいは最初の目的と違ってしまったという例もある。全国各地で工場誘致のための臨海開発が進んでいるが、その大半は今、ペンペン草が生えている。運輸省が認可した新潟港の埋め立て地（昭和六一年竣工）は、県が工業用地として整備したにもかかわらず、現在ゴルフ場となっている。新潟県北蒲原聖籠町に、日本石油が石油コンビナート用地として購入した一四七ヘクタールは現在二七ホールのゴルフ場となり、協定では平成七年までの使用となっている。そして今、雨後の竹の子のように現れているリゾート開発も、おそらく同じ運命をたどるにちがいない。

一方、個人生活の視点から国土を眺めてみても、〝醜さ〟と〝不便さ〟は相変わらず解消されていない。街を少し歩いてみただけでも、電柱、電線そして看板は街の美観を壊しており、高速道路のコンクリートのかたまりは都市生活者に圧迫感を与え、さらにそこいらじゅうに林立する歩道橋の中には不便で使用されていないものもある。また水に触れようと川を捜せば、親水性を拒むコンクリートの三面張りの護岸を見せられ、砂浜に遊ぼうとすれば、高速道路は慢性化した自然渋滞で到着までに時間がかかり、やっと砂浜に着けばテトラポットがごろごろしている。そこで生活している人間の効用に、どれだけ貢献しているのか理解できないものが多すぎる。

このような個人の満足感を著しく低下させる原因も、もとをただせば、一度走り出したら修正のききにくい大規模プロジェクトや、マクロ的統合感に欠ける都市計画が今なお続いていることだ。たとえば、テトラポットのごろごろする海岸線は、上流ダム群による水資源開発に端を発している。排砂を考慮しないダム群の開発は、下流への土砂の供給を減らし、砂州などを形成する河口近くの堆砂を減少させる。そうすると、海浜流による浜辺への砂の供給量が減るので、海岸線の侵食が進むのである。事実、黒部川河口の入善町では、年間一～二メートル近く海岸線が後退しているという。そこで、テトラポット等による護岸が必要となり、海岸の景観を台無しにしてしまうことになる。しかし、これ以外に解決策がないかというとそうではない。ダムに排砂トンネルを設ければよいのだ。実例第一号は、昭和六〇年七月に完成した、黒部川中流宇奈月町につくられた〝出し平ダム〟（堤長一三六メートル、高さ七六・七メートル、貯水能力九〇〇万立方メートル、出力一二・四万キロワット）である。やる気になれば、いくらでも改善できるのである。

現状の国土庁であれば不要

日本経済は昭和三〇年代後半から四〇年代にわたり、年率一〇%を超える驚異的な高度成長を遂げた。しかし、こうした急激な成長は、人口・産業の大都市への集中や地域格差を拡大し、社会のひずみを増幅していった。

それらを背景として、新全国総合開発計画（新全総）が昭和四四年に策定された。整備新幹線を核とする交通ネットワークと大規模工業基地建設を二つの軸とする、大型プロジェクト開発方式である。しかしながらこの新全総は、地域的特色を無視した上、全国ベースでのゾーニングも行なわなかったため、建設省主体のもとでの全国的な乱開発に終始した。苫小牧東部、むつ小川原などの自然は次々と破壊され、また、政治家と癒着した土地転がしにより全国的地価の高騰を招いたのである。

そこで登場したのが、昭和四九年発足の国土庁である。日本列島改造論によって巻き起こされた土地問題の解決を主要任務として、〝国土行政を総合的に推進する〟ための企画・調整官庁として位置づけられた。言い換えれば、各省庁別に個別・分散的に進められて非効率な国土行政を、できるだけ一元化して整合性を取ろうとして設立されたのである。

現在、国土庁の主要使命は、次の四つである。

(1)　国土の適正利用
(2)　健康で文化的生活環境の確保
(3)　国土の均衡ある発展
(4)　豊かで住みよい地域社会の形成

これらの使命のもとに六つの担当部門がそれぞれの活動を行なっている。

- ●計画・調整局……国土の利用に関する政策、計画の企画・立案・推進・調整
- ●大都市圏整備局……大都市圏の整備
- ●地方振興局……地方の振興・整備
- ●防災局……災害対策の推進
- ●土地局……総合的土地対策の推進
- ●長官官房水資源部…総合的水資源対策の推進

しかし、現実には、国土庁内の意思決定はすべて省庁間の根回しを前提として行なわれる上、各省庁の寄せ集め集団であるため、本来意図された企画機能は作動しておらず、たんなる実施省庁間の事後調整に終始している。したがって、大多数の国民のニーズを汲み取って福祉の向上を図るという本来の目的のためには機能していないと言ってよい。

使命上の問題からみてみよう。まず、計画・調整局を検討してみる。主要活動内容は四全総であるが、各省庁の意向を総括的に組み込んだもので、国土計画としての一貫した方向性が欠如している。役に立っていることがあるとすれば、各省庁の予算取りの際に、大義名分がたつということぐらいで、なくても何ら支障がない。

四全総は昭和六二年に策定されたもので、新全総を受け継ぐ横軸ネットワークの展開と、三全総の定住圏構想の交流による、全国拠点づくりを基本概念とするものである。計画・調整局計画課の解説によれば、四全総は二〇の構想より成っている（**図2**）。

たとえば、交流ネットワーク構想は、

(1) 高速交通体系の全国展開による、全国主要都市間が日帰り可能な、全国一日交通圏

図2

四全総の20のポイント

1 交流ネットワーク構想と多極分散型国土
2 東京一極集中の是正策
3 地域人口の目標
4 一千兆円の国土基盤投資額
5 国民参加の森林づくり
6 水と緑のネットワークの形成
7 沿岸域の総合的な利用計画
8 自然環境の体系的保全とふれあいの増進
9 個性形成事業
10 マルチハビテーション
11 農林水産業の多様な展開と地域の活性化
12 新しい産業の分散、再配置
13 産業・技術ネットワークの形成
14 リゾート地域
15 全国一日交通圏
16 高規格幹線道路網
17 コミューター航空
18 ランダムアクセス情報圏
19 インターブロック交流圏
20 戦略プロジェクト

（資料：「人と国土」1987.11）

の確立

(2) 高度な情報通信体系の全国展開と、長距離通信コストの低減

(3) 都市と農村の広域的交流、地域間での共通イベント

定住と交流の場となる地域づくりの推進や、人流・物流・情報流の円滑化、文化・スポーツ・産業・経済にわたる多様な交流機会の形成を図ろうとするものである。具体的には、高規格幹線道路や空港空白地域の解消により、全国の主要都市が三時間以内で移動可能と謳っている、リニアモーターカーも含まれている。これによれば、確かに、日本国中網の目のような交通網が達成されるだろう。しかし、必要とされる膨大な投資に対して、果たして効果はどうなのか。国民の交通に関する福祉をこれで最大化することができるのかということには応えていない。

ロンドン交通（London Transport）では利用者の福祉目的関数を、交通機関利用者の移動距離の最大化に設定している。もし、こうした利用者を代表する目的関数を考えているならば、単なる日本国中均一な総延長距離の最大化といった発想は出てこないはずである。こうした交流ネットワーク構想の根底には、地域的特色を育成しながら、それぞれの地域住民にとっても魅力ある国土づくりを推進しようという発想はみられない。ただ税金をばらまいて、すべてを混合、均一化した個性のない国土に変えようとする意図が現れているだけである。

それは、一極集中の是正と多極分散型国土の構想にしてもしかりである。東京問題を、〝国土の均衡ある発展〟の口実のもとに地方振興の問題にすり替えており、真の東京問題から逃避して

いる。たとえば、①工場の分散・再配置計画、②中央官庁・政府機関の一部移転、③新設文化・研究組織の東京外立地、④遷都の検討の続行などにより、全国を均一化しようともくろみながら、東京問題から遠ざかろうと意図している。大規模プロジェクトベースの開発計画の失敗や、筑波学園都市計画の教訓から何も学んでいない。本当に、東京の問題を東京で解決はできないのか。山手線内の都市再開発が困難だからといって、地方の開発を促進すれば解決するというのか。また、取り残されている首都圏三〇〇〇万人の福祉は放置したままでよいのか。第一、東京の総合化された文化の一部分を移転させようとしても失敗するだけである。多摩地区へ移転したために学生の質が落ちたり、また、それを見て計画半ばで移転断念した私立大学もある。

さらに、マルチ・ハビテーション計画にいたっては、荒唐無稽な構想以外の何ものでもない。これは、地価高騰で都心近辺の住宅購入は困難になった労働者に、農山村、あるいは土地の安い郊外に家族用住宅を購入させ、週日は都心のアパート、マンションから会社に通い、週末だけ家族とともにすごさせようという計画である。都内にワンルームすら購入できないサラリーマンに、都心と郊外に複数の住宅を持てるわけがない。もし実現可能な労働者がいるとしたら、それは高級官僚である。さもなくばその条件とは、都心に低家賃の住宅を借りることができ、ウィークデイは夜半まで残業し、週末のみ家族と顔を合わせることである。マルチ・ハビテーション計画は、都市政策の失敗を国民になすりつけた上、家庭生活をも否定する反社会的発想にもとづくものである。

要するに四全総とは、旧態依然の産業の保護・発展を中心としたプロジェクトベースの開発を行なえば、ＧＮＰを拡大、国民福祉も向上するものとの錯覚にもとづいている。これではとても、個人生活の効用を上げるのに必要な社会資本・環境の向上が図られるものではない。全国総合開発計画の名のもとに国家レベルで開発を行なう時代は、すでに終わっている。

次に土地局はどうだろうか。土地局は、国土庁発足に当たって、最も重要な使命を任された。それは、昭和四〇年代後半の異常な地価高騰と、土地利用の混乱を背景として制定された国土利用計画法（昭和四九年制定）の運用である。

国土利用計画法とは、土地取引きの動向監視を通して、①投機的土地取引による地価上昇が認められた場合、取引きを規制区域での許可制とする、②届出時の相当な価格に比べて適正を欠く場合、全国対象の届出勧告制を実施して適正な地価を保つ、という内容である。

しかし、この国土利用計画法は、法律自体の問題と運用システム上の問題を有しており、昭和六〇年の都心の地価急騰に端を発した地価狂乱時に、まったく鎮静機能を果たさなかった。

まず、法律自体の問題であるが、このような強制措置は自由主義経済のもとでは経済活動の歪みを招く。地価というのは、それぞれの利用形態における経済活動が決定するものである。したがって、ゾーニングを明確にした都市計画や相続税、所得税、商法などの、土地にかかわる税制改革をともなわなければ、およそ解決策とはなり得ない。また、たとえ悪法であっても、それをうまく機能させることはできたはずである。しかしこの国土利用法は運用システム上の問題から機能しないのである。というのは、この法律がそもそも議員立法で体系がザルになっているため、法律運用の判断基準が明確でない。たとえば、何％の地価上昇が生じたら処置をとるのか、適正価格の判断基準は何か、といったことが不明であり、迅速な処置がとれない。地価上昇の事実を積み上げて手遅れになった段階に達しなければ、伝家の宝刀は抜けないのである。

さらには、都道府県知事がイニシアティブをもって法を適用できるように推進・調整するだけの権限を、国土庁が持っていない。こうした法律は、運用システムが自動的に機能するように体系づけられて初めて効果が出るのであって、もし地価高騰の期待を事前に抑制することができなければ、すでに手遅れで、役に立たないものだ。地価が天井をついた時点で発動して上昇率を抑えても、現在の価格では一般サラリーマンには一生手が届かない。つまり、現在の国土利用計画法というのは百害あって一利もないのである。

防災局は災害対策の推進を使命とするが、緊急災害時は総理を筆頭として、各省庁一丸となった救援システムがすでに確立されており、国土庁の防災局自身が機能しているわけではない。また、平常時は、全体的所管は国土庁の防災局となっているが、消防庁や県の消防防災課といった手足となる組織を持っていないため、実際の防災活動から乖離している。その結果、防災局の主任務は、自治省との間での主導権争いということになる。

さらに地方の振興に関しては、それぞれがプロジェクトごとに進行するうえに、各省庁がバラバラに入り込んでの開発となっており、無駄が多く、地方振興局はそれを調整しきれていない。たとえば、バスの路線は運輸省であり、道路は建設省、そして病院は厚生省という具合だ。村に病院を建ててバスで通うためには、最低でも三省庁が協力し合わなければ不便この上ない病院となってしまう。

このように、国土庁の各部局の使命自体にかなり根本的問題があることは明らかになったが、それを支える組織自体にも欠陥があるのである。

国土庁は、設立が昭和四九年と若く、プロパーの職員採用は、建築、都市工学、経済等の専門の卒業生を中心に、昭和五四年から始まったばかりである。現在、事務次官以下職員は約四五〇名ほどだが、八五％以上が他の省庁からの出向者である。設立当時は、各省とも自分の縄張りを確立するために、エース級の人材を投入した。しかし、一度縄張りが確立されると、それ以降は、可もなく不可もない人間を送り込んでいる。出向者は、経済企画庁、自治省、大蔵省、労働省、総理府、林野庁などの一九省庁から成り、二年で交替する。また、次官は大蔵省と建設省との間で交替する。したがってまず、使命を遂行しようという責任感が低い上、各省庁間のセクショナリズムがはびこってもいて、企画・計画に必要なスキルを蓄積していく構造になっていない。また、組織上は企画・調整という施策実行段階での上部に位置づけられながらも、実質的権限を持たないため、トップ・ダウン的に企画を推進することができない。たとえば、実事業費の枠が小さく（昭和六三年で約二〇〇〇億円、そのうち国土総合開発関連は一〇〇億円）、許認可権もなく、さらには行政指導権もないに等しい。

したがって、現状の国土庁は、使命上の問題および組織上の問題から国民のために〝国土行政を総合的に推進〟する機能をまったく果たしておらず、一部必要機能は各省庁、自治体へ移管すれば、国土庁を廃止することも可能である。

国土保全を使命とする組織

現状の国土庁など不要である、というよりも、あるがために、全国均一の開発によって国土の破壊が加速されることが明らかになった。一方、国土の侵食・破壊は依然として進行している。自然の海岸線は失われ、急峻な山には土石流防止のコンクリートが打ち込まれてゆく。その原因は、つきつめれば、国家サイドからの〝国土の均衡ある発展〟という題目のもとでの、全国均一な大規模プロジェクトの供給と、こま切れになっている都道府県サイドからの、地方振興のための需要創出ニーズとが、悪循環（ハレーション）を引き起こしているからである。したがって、この構造的問題の解決がなされなければ、真の国土の発展にはつながらない。それには、次のようなことが第一に必要となる。

(1) 地域的特色を生かした開発を可能にする、地域の拡がりの単位を明らかにする。

(2) その地域単位レベルで必要な開発機能と、国家レベルで必要な国土開発機能を峻別・明確化する。

アメリカ、西ドイツそしてイギリスには、国家レベルでの開発計画庁も開発計画もない。各州あるいは地域ごとに、地域経済社会の自律的成長を目ざすための計画が策定されている。一方、中央集権的色彩の濃いフランスでは、DATARという国土開発庁がある。しかしこれとても、ラングデシオンのような南部のリゾート開発では力を発揮したが、ミッテラン政権以降、地方の分権化が進められており、都市計画の策定権限は大幅に市町村レベルの自治体へ権限委譲されている。地方をまたがるような計画のみ国家レベルで調整すればよいのである。

まず、地域の単位としては、経済的および地勢的観点より、現在の地方レベルの区分を考える。開発計画は特に、河川計画や道路計画といった地勢によって制約を受ける場合が多いが、たとえば、東北、関東地方というくくりを想定すれば、その中での閉じた行政管理が十分に可能である。これは本書の他のところでも必然的に出てくる道州レベルが最適、ということである。

次に、国家と地方による開発機能の分担であるが、開発を促進するために、国家レベルによる開発機能は必要最小限なものにとどめ、道州レベルへの開発機能の大幅な委譲を行なうことが望ましい（**図3**）。

国土整備局の設置

国家レベルで必要となる最小限の機能は、次の三つである、これ以上の機能を国家が有した場合は、前述のように特色ある地域開発を促進するための弊害が生ずるため、この三つに限ることが特に重要である。

(1)　長期的にみて国家戦略上必要となる計画の立案――放射性廃棄物の処理施設等。

(2) 地方をまたがる計画の企画・調整——総合的水資源開発計画等。
(3) 人間の基本的生活にかかわる国土保全基準の立案と策定——土地税制に関する基本的フレームワークや地域別ゾーニングのカテゴリー化を図る。ただし、適用・実施は地方に委ねる。

これらの機能は、現在、国土庁、環境庁、水資源公団等に分散しており、国土整備局を設けて、ここに一元化する必要がある。さらに実行するために必要な組織を特徴づけると次のようになる。

(1) 総理大臣直轄の国家機関（bureau）とする。
(2) 三〇～四〇名程度の少数精鋭グループとする。
(3) プロジェクトごとにタスクを編成し、民間人・学者をタスクチームに入れる。
(4) 予算はプロジェクトベースで単年度制としない。
(5) 外部グループによる定期的なミッションの見直しを行なう。

地方開発庁の設置

地方レベルでの開発計画を一貫して執行する組織である。道州単位での行政を前提とするため、機能としては現在の国土庁、建設省、農水省、通産省等の地方局の持つ計画・実施機能を吸収するが、国家からはまったく独立した地方の一組織である。その機能としては、次のようなも

国土整備局の機能と現体制からの機能移管

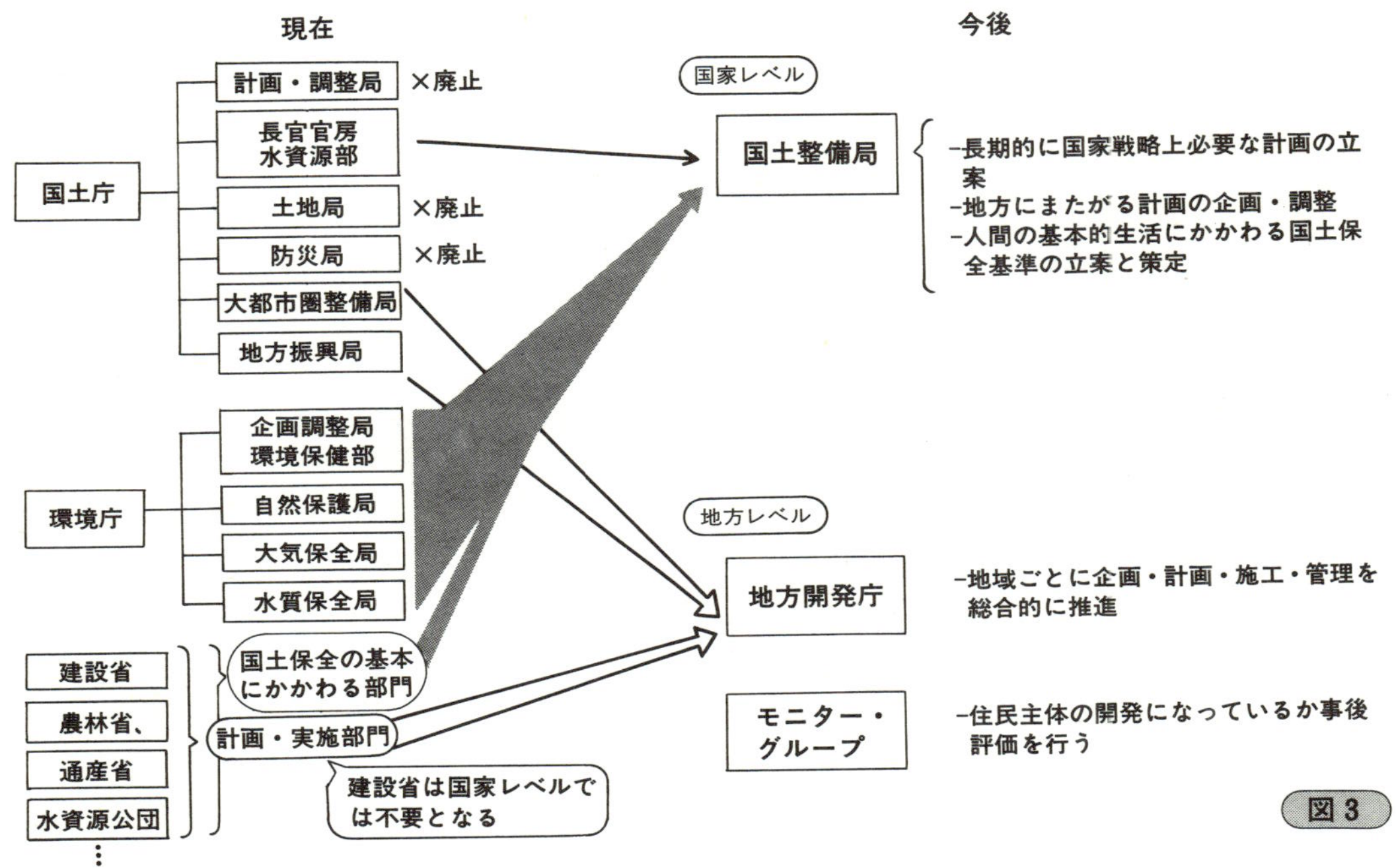

図3

のがある。

(1) 地域ごとに企画、計画、施行、管理までを総合的に執行する。これによって、今まで各省庁ごとにばらばらに計画・実施されていたものを、各地域ごとに整合性のとれた住民本位の開発へと転換することが可能となる。

(2) ただし、本当に住民本位な開発になっているかを事後評価するため、地方直轄のモニター・グループが必要となる。これにより、地方利権団体との癒着・腐敗を防止する。

このような組織を設立するには、地方の人材だけではまかないきれないために、省庁の人材を含めた人的資源の再配分が必要となる。まず、国土庁、建設省、農水省、通産省、運輸省、水資源公団、道路公団等の計画実施部門を解体する。次に、これらの人材を地方へ分配し、地方自治体の人材とともに参勤交代制度とし、それぞれの地方に、適正配分を行なう。これを、地方開発庁として地方単位（道州）の中に設置する。実際の仕事はその下にある各種の地方整備公団が行なってもよい。

第六章　文部省

　戦後、日本経済がハード面を中心とした急速な発展を遂げたのは、毎年、大学より大量に輩出されてきた理科系エンジニアたちと、国際的にみても優秀な労働力によるところが大きかった。この意味において、工学部教育を重要視し、すべての人にある程度の知識水準を保証する文部省のカリキュラムは、非常によくできたものであり、その果たした功績は大きい。また、世の教師や親たちも、高い学歴を持つことと幸福になるということとを同義語と考えるようになり、子供を少しでもよい学校に入れるべく受験ゲームに突入していった。

　しかし、国と親たちの二人三脚により達成されたかにみえる、この一見効率のよい教育に問題がなかったかといえば、そんなことはない。たとえば戦後、世界に冠たる日本企業をつくってきたリーダーたちの中には、松下幸之助、本田宗一郎などの例をみてもわかるように高学歴の人は少ない。またバリバリ仕事をこなし、好きな車に乗り、うまいものを食って、週末はスポーツクラブで二キロ泳ぐといった活きのよい人たちには、早くから社会に出て商売を身につけた人のほうが多い。逆に、一流大学を卒業していても、タクシーの領収書をちょろまかすようなプライドのない人や、英語で商談の一つもできないというなさけない人たちがいかに大勢いることだろう。

このように日本の教育というのは、方向の決まったがんばリズムの社会に対しては、おとなしくて良質な人材を産出（アウトプット）してきたのであるが、社会が大きく変化しつつある近年、今のままの均一化した教育では、むしろ変革への障害になってきているように思われる。また、世界の中で通用する人材はほとんど出てきていない、というのが現状である。そこでいささか乱暴であるかもしれないが、現在の社会人を、教育という工場から産出された商品とみて、教育問題を考えてみる。そしてこの商品の問題点を探るとともに、これを製造するラインから商品設計、研究開発の段階にまでさかのぼって、そのさまざまな課題を抽出し、最後には、文部省がそれらの課題に対し組織的にどのように対応すべきなのかという代替案を提示してみたい。

教育の目的

企業の新製品の開発は、商品をどのような狙いでつくり、誰に対して売っていくのかという、全体コンセプト（商品の目的性）の設定から始まる。教育でいえば、そもそも教育は何のために必要なのかという教育自体の目的がこれに当たる。教育の目的として、教育基本法には「人格の完成を目ざし、平和的な国家および社会の形成者として真理と正義を愛し、個人の価値を尊び、勤労と責任を重んじ、自主的精神に満ちた心身ともに健康な国民の育成を期して行なわれる」といったことが記されている。しかし、これは車の商品コンセプトとして「安全性を目ざし、社会の輸送機関としての役割を果たす、乗り心地のよい自動車」などと唱えているようなものであり、あまりにも当たり前で、教育の目的というよりは社会的常識を言っているにすぎない。

教育の目的として必要なのはもっと具体的なものである。それは、子供たちはいったい何のために何年間も学校に行かなくてはならないのか、という設問の答えとなるべきものである。将来、食いはぐれないためなのか、個々人の頭をよくするためなのか、実社会のニーズにあった人間になるためなのか。あるいは、大人たちが昼間働いたり好きなことができるように、子供たちをひとまとめにして管理するためなのか、それとも、これら複数の目的のためなのか。市場では商品の目的性が明確でないとその商品は認められないが、教育のほうは、文部省が市場を独占しているのと、文句を言わないおとなしい消費者（親たち）のおかげで（このような消費者も、実は文部省の教育によって育てられたのだが）、このレベルの議論なしに行なわれてきた。

しかし、目的関数をはっきりさせないで教育を行なうのは、大変に無意味なことで、また危険なことでもある。たとえば、現在の教育制度は戦後の混乱時、何とか国民の生活レベルを上げようとする当時の担当者たちによって、経済の生産性の向上を目的として設計されたものである。またその底流には明治の富国強兵がある。この考え方の根底にあるのは、人は国の目的に従ってつくり出されるというものである。この考え方があったからこそ、戦後の工業化社会においては、（よくできる割りには）黙ってよく働く人々が大量生産されてきた。しかし、今後ますます生産性の向上が予想される現在の社会においては、効率的に大量のモノをつくるよりも、いかに余暇を有効に活用していくかということや、暇な老人をボケさせないためにどのように頭を使わせるかといったことを教育の基本目的としたほうが、ひょっとしたらよいのかもしれない。教育は子供に行なうものという固定観念も捨てたほうがよいだろう。社会の変化を無視し、旧態然とした教育で、「勤労と責任を重んじる国民」を育てつづけていると、文部省がよかれと思って行なっていることが、実は世界経済の中での日本の独善を促し、引いては日本の孤立の要因になってしまわないとも限らないのである。

しかしわが国においては、政府も教師も親も、この種の議論を怠ってきた。鳴りもの入りで始まった臨時教育審議会（総理府管轄）では、広く有識者を集めたにもかかわらず、教育の目的を、①ひろい心、すこやかな体、ゆたかな創造力、②自由・自律と公共の精神、③世界の中の日本人、などといった常識的なことしか言っていないし、結論として出てきたものが、学校の週休二日制や九月新学期制では、あまりにも寂しい。大学入試の日取りや手順のようにさして重要でないことのみが、いつまでも新聞紙面をにぎわしているのである。

文部省の通常業務にしても同じことである。六二年にほぼ一〇年ぶりに行なわれた、教育指導要領の改訂のために組織された教育課程審議会においても、その教育課程改善の狙いは「豊かな心をもち、たくましく生きる人間の育成」、「個性を生かす教育」、「国際理解を深め、わが国の文化と伝統を尊重する態度の育成」といった、あくまでもお題目中心のものであって、なぜこのようなものが必要なのかについてはほとんど議論されていない。

教育現場の代表である教師たちにしても、本当に何を目的に教育をすべきかという発想は持ち合わせていない。日教組の過去十年間の基本闘争事項をみても、彼らの興味の大部分は「反核・軍縮」、「憲法改正の反対」といった、何か七〇年代をほうふつさせるアナクロニズムに満ちたイデオロギー的なものか、さもなければ賃上げ、教師の定員の増員などといった、自分たちの待遇をよくする労働条件の改善についてなどにかたよっている（**図1**）。

確かに、日教組は毎年、「民主教育の実現」ということもその基本闘争事項には入れている。しかしこの内容も、たとえば一九八八年のものをみてみると、教育に関しての目標は「臨教審路線と対決し、憲法・教育基本法に基づく草の根教育改革運動を発展させ、教育荒廃を克服し、子供の人権保障をめざす民主教育の確立をすすめます」などといった、教育の本来の目的という次元からはかけ離れたものであり、これを達成するための具体的な方法も「臨教審の教育改革の動きに対する反対」、「学校五日制、入試改善、三五人学級実現などを重点項目とした草の根運動」、「指導要領の改悪（日教組では改正と言わず改悪と言う）をチェックし、教育の国家統制と新国家主義の導入を許さない取り組み」といったもので、基本的には政府・文部省に対立するというだけの内容でしかない。教育の本当の意義は何なのか、自分たちは子供たちを何とみているのか、という視点がまったくない。だから現在社会的にはどのような教育が必要なのか、日本が国際社会において孤立せずに、他国と友好的なパートナーシップをつくるためにはどのような子供

日教組の活動は直接教育と関係のないものが大部分

80年代に入ってからの日教組の基本闘争事項*　　●…主な闘争項目

大型間接税の反対	憲法改正の反対	反核・軍縮活動の推進	社会保障・福祉の確立	産業別統一闘争の推進	スト権の奪回	日教組の団結	臨調・行革の反対	公務員制度合理化の反対	男女差別の撤廃	既得権の擁護	退職金問題	定年制問題	労働時間の短縮	定員の増員	賃上げ	民主教育の実現	
		●	●		●	●		●			●	●			●	●	80
	●	●	●	●	●	●		●			●	●			●	●	81
	●	●		●		●	●							●	●	●	82
	●	●				●	●	●		●			●	●	●	●	83
	●	●			●	●	●		●	●			●	●	●	●	84
	●	●		●		●			●	●					●	●	85
	●	●		●		●	●		●						●	●	87
●	●	●		●		●	●		●						●	●	88

＊日教組定期大会のたたかいの方針による

資料：日教組 40 年資料集、日教組のたたかい 1987、1988

図 1

を育てるべきなのか、などといったことについては少しも触れていない。

日教組の自己中心的な活動を見ていると、彼らは「教え子を再び戦場へ送らないために」などといって、いかにも教え子のことを考えているようなポーズをとっているが、実はそんなことよりも、本当は自分たちの私利私欲や政治的目標の達成を目ざしているにすぎないことがよくわかる。そしてこのような日教組の姿勢は、何か子供をだしに使ってカネを巻き上げる詐欺師や、発展途上国で「子供」に観光客へのたかりをやらせて、実は子供の犠牲の上に生活している大人たちを連想させられるのである。

さて、このように日本では、そもそも教育の結果として何を期待するのかということを、政府も文部省も日教組もあまり考えていないのである。しかし、だからといって教育関係者を集め、教育の目的を議論すればよいかといえば、そんなことはない。必要なのは教育を個別に議論することではなく、経済、政治、社会環境などの世の中の多様な動きの中で、その目的を位置づけていくことである。そうでないといつまでたっても、教育のための教育という現在の状況からは抜け出せないのである。

教える内容

商品開発において、製品のコンセプト（教育の目的）の次に行なわれるのは、その目標とするコンセプトを達成させるには商品にどのような機能を持たせ、重量や大きさはいったいどのくらいにするのかという、具体的な商品スペックの抽出である。教育の場合だと、何を教えるべきなのかという教育の内容がこれに当たる。前節で述べたように、現在は教育の目的というものを議論する機関がないので、現在の日本の教育制度は、教える内容、つまり教育指導要領を決めるところから始まる。しかしこの教育内容を決定していく組織・過程にも、受益者である子供たちに良質のサービスを提供することを阻害するいくつかの問題点が存在する。

まず、教育指導要領がどのように作成されているのかを簡単に説明してみよう。はじめに、教育指導要領を改訂するに当たって、文部大臣が教育課程審議会に対して諮問を提出し、審議会はこの諮問を受けて、幼稚園から高校までの教育課程の基準の改善についての答申をまとめる。この答申を受けた文部省は、その内容をほとんど変更せずに、各担当部署が指導要領を改訂し告示することになる。このように、文部省はその職務の非常に重要な部分をかなり人まかせにしてしまっていると言えるのだが、いずれにしろ教育課程審議会の答申が大変重要だということが理解されると思う。

しかし、この指導要領の改訂についてみると、この世の中の変化が激しい時代にもかかわらず、ほぼ一〇年に一回しか行なわれていない。しかも教育課程審議会が諮問を受けてから、その改訂が完全実施されるまでには約七年かかるので、最悪の場合は、一七年も前に作成された教育内容を中学生は教わることになる（**図2**）。これは最近話題になった「奴隷海岸」や「ブッシュマン」、「ホッテントット」という差別用語が、今日まで削除されていなかったことと無関係ではない。

10 年に 1 度の改定……

学習指導要領改訂経過

学校									
小学校	47 一般編（試案）	4 年→	51 改訂	7 年→	58 全面改訂	10 年→	68 全面改訂	9 年→	77 全面改訂
中学校	47 一般編（試案）	4 年→	51 改訂	7 年→	58 全面改訂	11 年→	69 全面改訂	8 年→	77 全面改訂
高校	47 一般編 補遺	9 年→	56 一部改訂	4 年→	60 全面改訂	10 年→	70 全面改訂	8 年→	78 全面改訂

遅い移行

中学校学習指導要領改訂の経過例

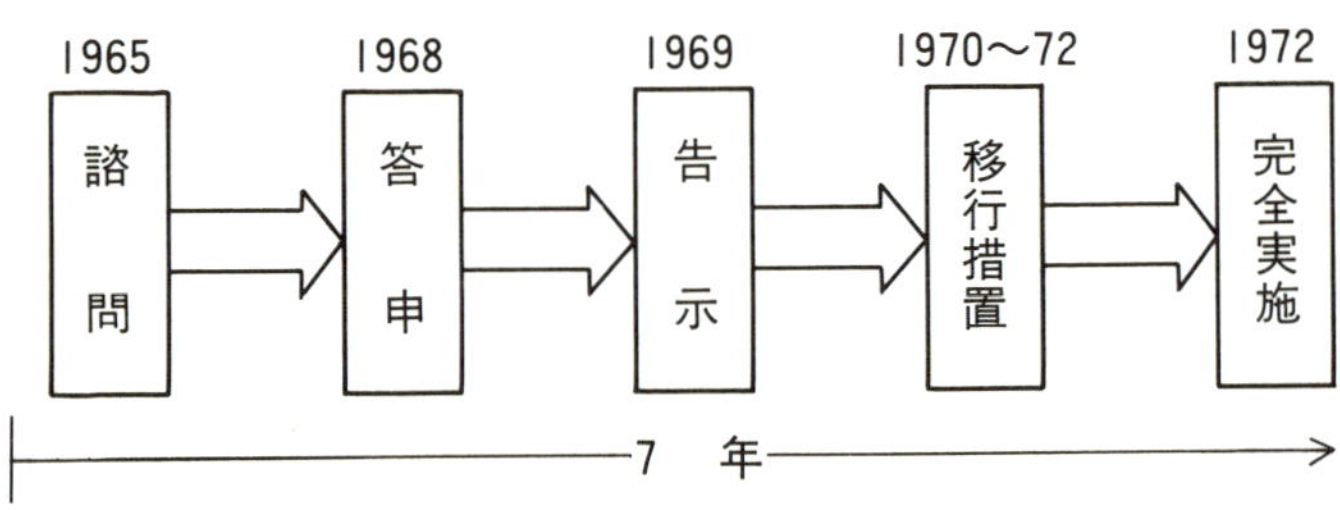

図 2

教育課程審議会のメンバーはほとんど教育専門家で占められている

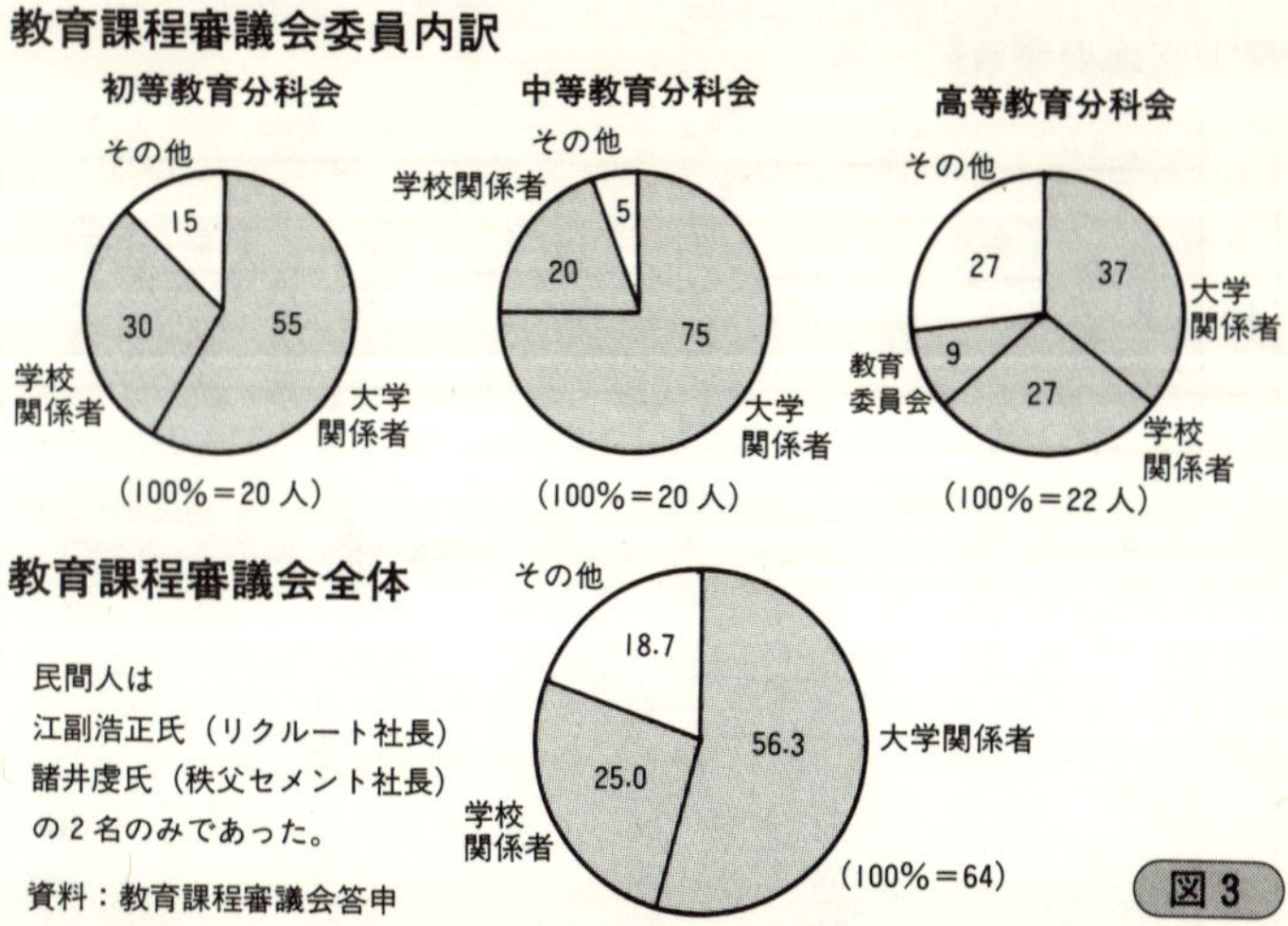

図3

そして、一七年前を基準にした教育を行なっていることも問題だが、さらに、果たして一七年前、指導要領がその時代のニーズを正確にとらえて、きちんと教えるべきことを示していたかといえば、これもはなはだ疑問である。まず教育課程審議会の構成員に問題がある。たとえば一昨年（昭和六二年）、答申を出した審議会のメンバーをみてみると、その八割以上は大学教員や学校の教師などの教育関係者で占められており、純粋な民間人はリクルートの江副浩正氏と秩父セメントの諸井虔氏のたった二人しかいなかった。なぜこの二人が入ってきたのかは新聞報道から類推する他ない。だが、文部省が外部の意見を聴こうと素直に考えた人選でないことは、今日になってみれば明らかであろう。つまりカリキュラムはお手盛りなのである（図3）。

問題は、学校で何を教えるかを学校関係者

すなわち提供者の論理主体に決めてもよいのか、という点である。これは言うなれば、企業の販売においてセールスマンに勝手に営業先を決めさせるのと同じことである。自分の営業先を決めたセールスマンは話をしやすい中小ユーザーのところにばかり行きたがり、肝心の大口顧客は開拓しないので業績は上がらないということがよくある。審議会も、教えるべきことを決めるのではなく、教師たちが教えやすいことを決めるという甘えの態勢をつくり出しているのではなかろうか。

さらにもっと技術的なことを言えば、学校関係者だけで、教えるべき必要性のあることは何なのかが本当にわかるのだろうか。変化の激しい今日の社会においては、基礎知識として持ってなければいけないことが大変な勢いで増大しているし、変化もしている。たとえば、ワープロの発達・普及により、これからは漢字の書き方はもう覚える必要がなく、読み方といくつかの候補の中から選ぶことさえできればよいことになるのかもしれない。また、これだけ一般投資家の株式投資が増えている現状では、事故を起こさないためにも株式売買の基礎知識くらいは誰もが持っていてもよいかもしれない。しかしこれらの社会状況の変化を一番よく知っているのは、家電メーカー、証券会社などの実社会の人たちであり、浮世離れしているといわれている学校関係者ではない。それにもかかわらずたった二人の民間人しか入れず、勝手に教育内容を決められたのでは、はじめから役に立つものができそうもないのは自明の理である。

事実、教育課程審議会の答申をみてみると、これはあまり効果の上がらないものだと思えてくる。教えることの内容は、新たに自動車免許取得を高校のカリキュラムに入れるとか、小学校から英語を教えるなどといった大幅な変化はほとんどなく、従来の指導要領にもとづいたマイナーチェンジでしかない。そしてそのマイナーチェンジでさえも、改善の具体的内容は乏しい。一例をあげると、高校の英語では「リーディングは、読むことの言語活動を一層深めて行うよう内容を構成し、ライティングは、書くことの言語活動を一層深めて行うよう内容を構成する」とある。これはインド哲学の専門家がつくった文章ではないかとさえ思えてくる。こんなことで、本当に英語力がつくのであろうか。さらに「聞くこと、話すこと、読むこと及び書くことの言語活動の指導を総合的に行う内容を構成する」などといった、非常に当たり前で、具体的行動を連想させるものがなく、あまり役に立ちそうもない内容ばかりになっている。

結論として言えるのは、文部省が策定している教育内容は一〇年に一回しか見直されないために時代遅れになるばかりではなく、その決定機関は構造的に現在の社会ニーズをとらえにくい組織となっている、ということだ。そして、このようなことを改善する努力もせずに、何を学べばよいのかを判断する力のない子供に対し、このように役にも立たないことを、強制的に義務教育で九年間、高校まで入れると一二年間も教え続ける。この国家的無駄に対して、文部省はもう少し責任を感じてもよいのではないだろうか。

教育のカリキュラム

具体的にどのような物を商品化するのかというスペックが決まったら、次に企業はその商品を生産するために何が必要で、どのような製造ラインが効率的であるかという生産技術の開発を行なう。教育でいえば教えるべき内容をいかにうまく効率的に教えるかという、教育の方法・カリキュラムの設定がこれに当たる。

しかし、製造業において技術開発の発展が著しいのに対し、教育の方法の技術はほとんど進歩していない。たとえば、教材にしても学校で使う文部省検定の教科書は本当に無味乾燥で面白くない。また面白くなくとも、教科書だけは一生懸命がまんして勉強すればよいかと言えば、さにあらず、そんなことをしていたらとても非効率で、行きたい学校に入学するためには人の何倍もの時間勉強しなければならなくなってしまう。学校サイドもそれを知っているから、進学校では、公立の学校でさえ市販の参考書を生徒に半ば強制的に購入させ、それを試験範囲として指定することになる。そもそも公立の学校に通っているにもかかわらず、市販の参考書や問題集を強制的に買わせられることに、親たちは疑問を持たないのだろうか。授業も中学生になれば退屈きわまりなく、居眠りしてしまうか、好きな本でも読んでいるのが関の山で、「学校は友達と遊ぶところ、勉強は家に帰ってから」という構図をつくり上げてしまう。

この点、受験という偏狭な分野の中でだが、学校間の競争が激しい予備校などでは、教育方法の研究開発が大いに行なわれてきた。予備校では教科書も、受験に必要なものを必要なだけ効率的に学べるよう構成されているし、授業も各予備校の名物教師をみてもわかるように、生徒たちの興味を引きつけるものになっている。そして年間を通し、どの時期に何を学習するのが最も効果的かを研究し、また習ったことは毎週ごとのテストで忘れないうちにすぐ身につけさせるとい

教師を通さない教育に対しても積極的であり、たとえば河合塾ではCATVを使用した授業や、キャプテンシステムを使用した教育プログラムも実施している。また代々木ゼミナールなどでは、教育のためのニューメディア開発に年間一〇億円以上もの投資を行なっている。このように教育方法に対し、たゆみない研究開発を行なっている予備校と、それを行なっていない普通の学校をみてみると、われわれは、「高校時代は思いきり遊んで、浪人して一年間勉強して、好きな大学へ行く」などと言っている現在の高校生の姿勢を真面目でないと怒ることはできなくなる。むしろ、最小努力で最大効率を得ようとする彼らの判断力のよさを誉めてやるべきかもしれない。

この教育方法の研究開発は、近年の社会の変化によりますます重要になってきている。テレビ、本、雑誌、ファミコン、マンガなどの種々のメディアの発達により、子供も大人と同じようにさまざまな情報に自由にアクセスできるようになってきた。昔は子供たちの情報源が非常に限られていたので、知識を段階的に教えてゆくことができたが、現在は科学の基礎知識などなくとも、テレビで見て、いきなりフロンガスによるオゾンホールや温室効果、スポーツ選手のドーピングといったことについて、子供たちは世の普通の大人並の知識を持ってしまうのである。そして子供にとっては、この学校以外の学習のほうが自分たちの好きな情報を勝手に入手できるので面白く、自分の興味のあることについては世間の大人以上に精通してしまうのである。事実、かたいところではAI、DAT、やわらかいものではヤッピー、スピルバーグなどということに関しては、先生よりも生徒のほうがよほどよく知っている（**図4**）。

先生より生徒の方が新しいことを知っている

教師および子供の知識レベル*
(%、N＝教師 57、生徒 226)

*よく知っていると答えた人の割合

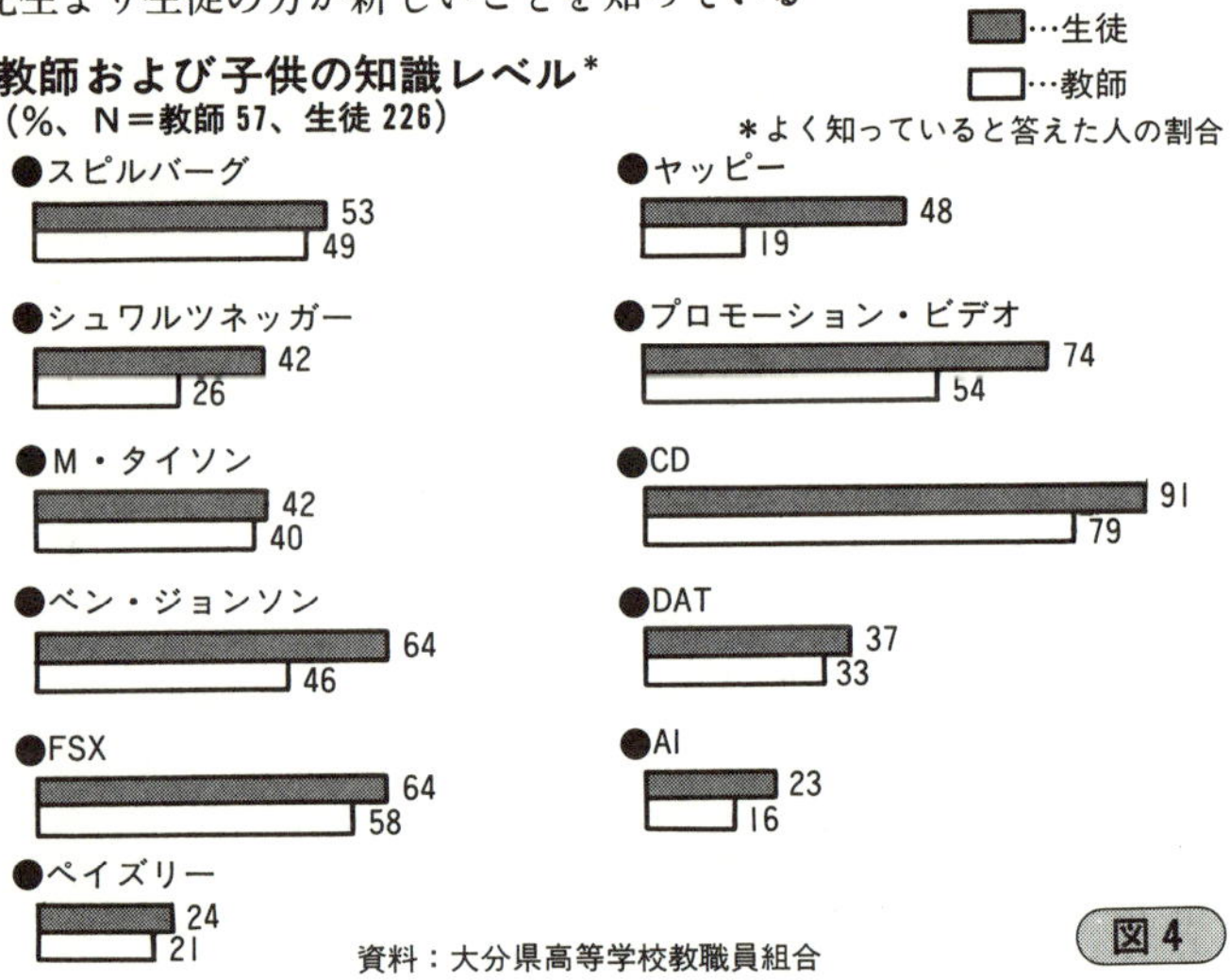

資料：大分県高等学校教職員組合

図 4

このように、感度のよい子供のほうが、教えている教師より高度な知識を持つことが日常的である情報社会の中で、相も変わらず子供に対し、昔どおり基礎的なものから順々に教えているのは、いらない物を強制的に売りつける押し売りと同じではないだろうか。動物の世界では、まわりの状況に素早く反応していく者が適者となって生存していくが、現在の教育の世界では、柔軟性がなく、先生の言うことをよく聞く〝実力はないが努力はする〟子供が幅をきかせることになってしまう。こんなことでは文部省の唱えている「創造性豊かな子供」はとても育たない。私の次男は小学校三年生であるが、マンガとファミコンで、中国の六〇〇〇年の歴史をすでに私よりよく知っているし、また父親に向かって〝ロリータ・コンプレックス〟とか〝おかま〟〝ヘンタイ〟なんて言葉を平気で使う。二〇年前の指導要領ではダメなことは明らかである。

六・三・三制というカリキュラムもまた問題である。六・三・三制は六年、三年、三年に分けて子供を教育するのが子供にとって一番よいという理由よりも、戦後アメリカの教育使節団が自国の制度をもとに（アメリカでは州により八・四、六・三・三、六・六制など多様であるが）、ただつくっていったものにすぎない。教育のカリキュラムも本来は何歳のときにどういう教育を行ない、何を教えるのが最も効果的かということを調査した上で、その教育機関の入れ物としての学校を考えるのが筋であろう。しかし現行の体制は、教育課程審議会の小・中・高の分科会でそれぞれの教育段階の教育内容を決めているのをみてもわかるように、先にカリキュラムがあって後からそこで何を教えようかと考えている。こんな具合だから、小学校で古代から現代までの歴史を習い、また中学でもう少し詳しく習い、挙げ句のはては、また高校で世界史か日本史をもう一回勉強させられるといった、ピントはずれな重複が起こるのである。円周率にいたっては犬に芸を教えているのかと疑いたくなる手順である（**図5**）。

この、繰り返し繰り返し同じようなことを教えるというのは歴史に限ったことではなく、数学、理科など他教科についても、ほぼ同じようなことが言える。昭和二〇年代、高校の進学率が五〇％に届いてなく、義務教育しか受けなかった人が多かった時代には、中学までにひととおりのことを教えてしまわなければいけないという発想はあっただろうが、現在のように九五％の学生が高校まで進学する時代に、そのようなことを考える必要性はまったくない。また、頭が十分発育していない幼いうちはやさしいことを教え、その概念をつかませてから徐々に高度な内容に

6年、3年、3年という枠には何の必然性もないのに教育課程が小学校、中学校、高校という枠の中で決定されるため、同じようなことを何回も習う事態も起こる

教育課程審議官の答申提出手順

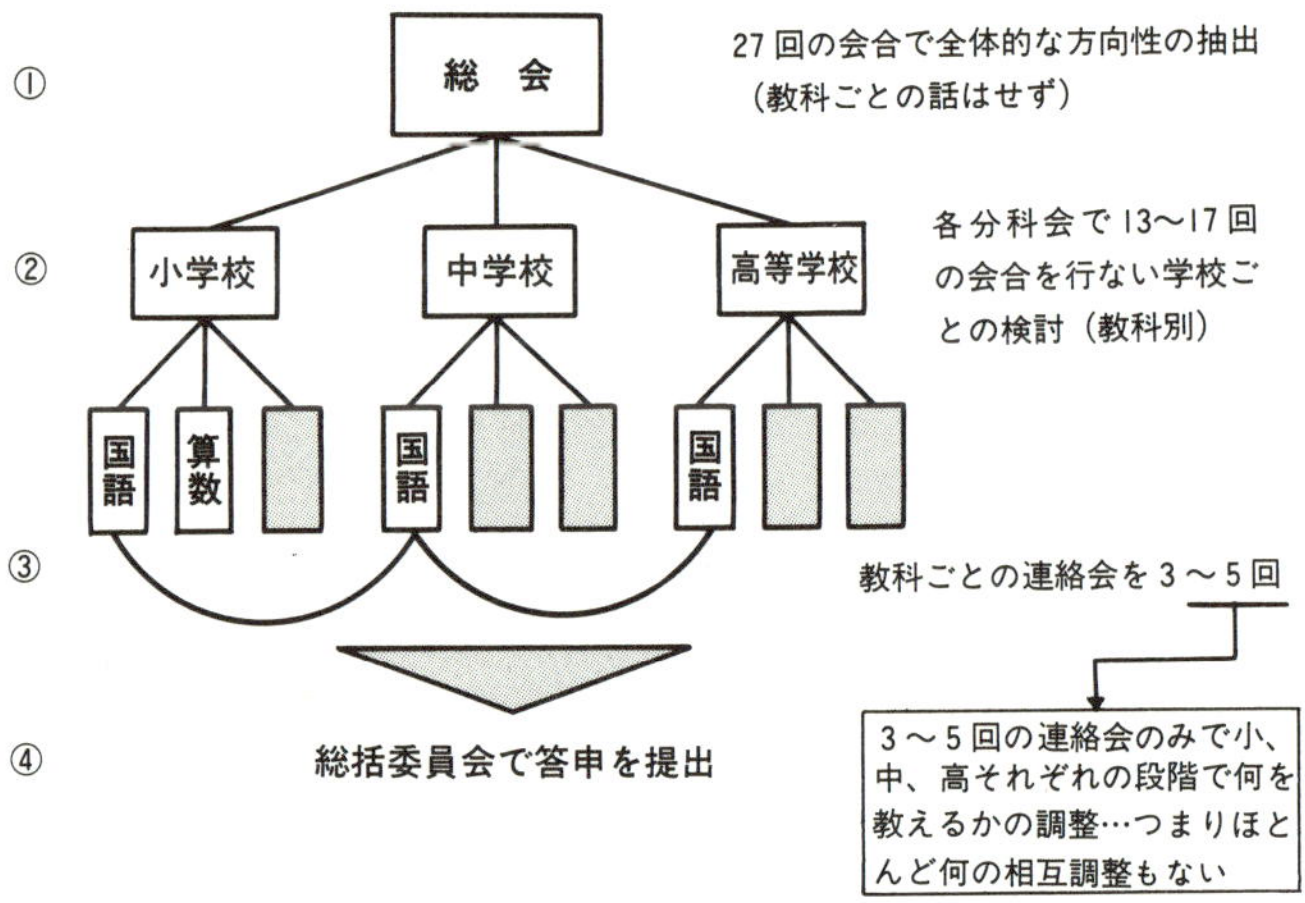

教育内容の重複（例示）

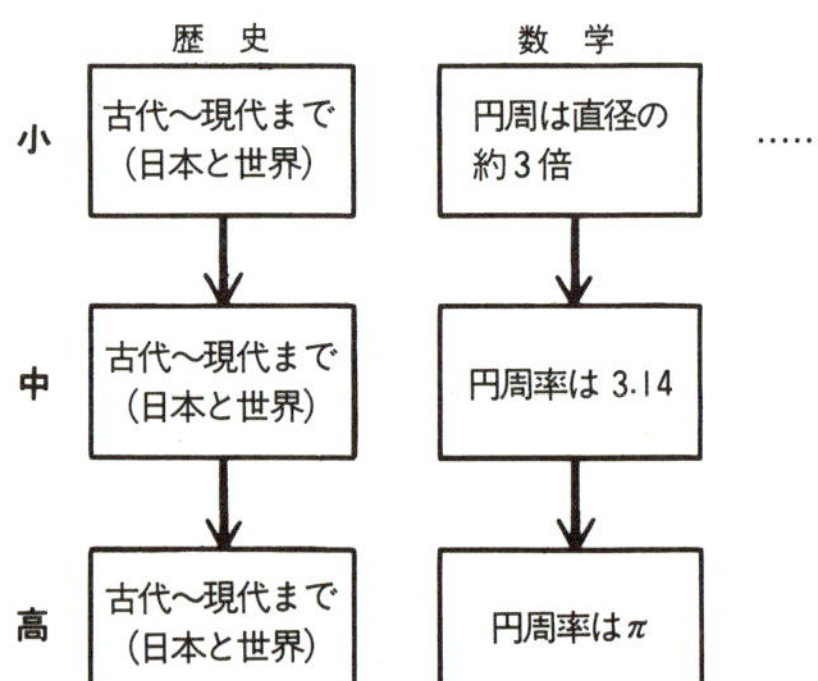

資料：文部省

図5

していくという考え方もあるかもしれないが、そういう人たちは、アメリカなどにいる一四歳くらいで大学生になってしまう知能を持った子供が日本にはいないと確信しているのだろうか。結局、現在のような繰り返しの教育は、それを教えられる教師がいて学校があるからそれを行なっている、というにすぎない。

こうした、子供のためではなく学校のため、教師のための教育をやめ、小・中・高間の重複をなくした教育方法の研究開発を行ない、教育の目的に合ったカリキュラムをつくれば、現在教えているような内容は（その内容が正しいかどうかは当然、別の議論だが）、今よりかなり短期間で教えられるだろう。現在の社会では、このあまった時間に学ばなければいけないことは他にも山ほどあるだろうし、もしないというのであれば子供たちを遊ばせてあげればよいのである。文部省の勢力維持や、教師たちの失業対策のために子供を長時間拘束する必要はまったくない。

学校と教師

製造業では生産技術の開発の次に、工場の規模、必要施設、働く工員の人数、必要技術レベル等の具体的な生産体制の立案、およびその生産体制で必要となる製造コストの計算を行なう。教育においては実際に教育を行なう教師、学校などの体制づくり、および教育にかかわって発生する費用がこれに当たる。教育におけるこの部分のいくつかの大きな問題点を順に見ていきたい。

まず、生産の担当者である教師をみてみると、現在の教員制度はさまざまな意味において安定志向型の人間を集めるものとなっている。これは他の公務員についてもほぼ同じことが言えるが、第一にその評価給与体系、および昇進体系が非常に固定的である。たとえば都道府県によって多少の差はあるが、東京都における教員（教頭・校長にならなければ）の昇給について言えば、教員論文などで功績のあった場合でも、同期で入った者に比べて昇給がたった三ヵ月早まるだけである。日々非常に努力して教え方のうまい教師も、自分本位のつまらなくてわかりにくい授業を行なう教師も、ほぼ同じ給与なのである。これでは一生懸命教えている教師が報われないし、あまりにも教師の善意を信じているとしか思えない。現在の日本の教育制度では、東京都の中にさえソ連の官僚制度が息づいているのかと見まがうほどである。この点、たとえばフランスでは、日々の勤務評定および適性試験などの資格などによって教師を評価し、上位から二〇%、五〇%、三〇%に分けて、それぞれ昇給期間を二・五年、三・五年、四・五年として、教師のやる気を高めている。

次に昇進にしても同じことで、一般企業ではポストが係長・課長代理・課長・副部長・部長・取締役・常務取締役・専務取締役・副社長・社長など、実に一〇段階以上あり、それぞれ社員が切磋琢磨しながら出世レースを行なうのに対し、一般的な教師は教頭、校長と二段階の昇進しかない。ちなみに東京都の小学校の教頭、校長の平均昇進年齢はそれぞれ平均五〇・四歳と五四・六歳であり、大学を卒業してからほぼ二五年以上、なんの制度的なインセンティブもなしに教員生活を送ることになる。このように現在の教員という職業は、給与面からも昇進の面からも競争のない安定型なものであり、血の気の多い若い頃からこのような職場を自分の一生の仕事と決めてしまうような人たちを集める構造をつくっている。そして、このおとなしい一般社会の競争から逃避したような教師たちを集めた集団が、現在の学校教育のさまざまな問題の遠因になっていると考えることができる。もちろん教師の中には安定的な職場に惹かれたのではなく、本当に子供の教育ということに情熱を燃やしてこの職場を選択した人たちも大勢いるだろうが、そのような人たちは逆に職場からはじき出されやすいのである。

教員の免許制度というものも、教師の教えやすいことを教えるという事態の原因となっていると言える。現在の免許制度では周知のとおり、一度教員免許を取得してしまうと、刑事事件でも起こさない限り教師の資格は基本的にずっと定年退職まで保持することができる。しかしこれは妙な話で、運転免許ですら、一回免許を取得しても、スピード違反や飲酒運転などで運転に不適格ということになれば、免許を停止させられたり、取り上げられてしまう。教員はいくら教えるのが下手でも、酒を飲んで授業を行なっても教員免許を取り上げられない。

また、技量のレベルアップに関しても、運転免許の場合は三年に一度書き換えるとともに講習を受けなければならないのに対し、教師のほうは別に法的には研修などを受ける義務はない（研修を受ける機会は与えられなければならないが受ける必要はない）。事実、文部省が直接行なっている研修は、たとえば小学校においては、全国四〇万人以上の教師の中からたった六百余名の先生に対してのみ教育課程運営改善講座を行なうなどといった、およそ効果が疑われるようなものである。今年から本格的に開始される初任者研修制度にしても、その目玉ともいえる洋上研修で出席者の二割以上が船酔いで講義を欠席したなどと聞くと、これも本当に役に立つのかと心配してしまう。また初任者研修にしても、本当に必要なのは、このような大学を卒業したばかりの教師の教育よりも、何十年も前の教育内容や教育方法しか知らないベテラン教師に対する再教育ではないのか。そうした再教育の制度が確立していないので、結果として新しいことを生徒に教えたくても、教える側にその技量をつけさせることすらできないということになる。「必要なことを教えるのではなく、教えやすいことを教える」といった現状は、起こるべくして起こっているのである。教師のための教育制度という現状を基本的に考え直すことによってこそ、子供たちが本当に必要とすることが教えられるような制度が生まれてくるのである。

また、製造過程のコストに匹敵する教育関連費用を見てみても、国民は文部行政の不備により多大なる無駄な支出を強いられている。たとえば塾、家庭教師、通信教育などに対する支出は、それぞれ年間一兆四五〇〇億円、四〇〇〇億円、一九六〇億円あるが（文部省統計、東海銀行資料により推定）、これは学校教育が充実していれば本来いらない、不必要なカネと言えよう。参考書も同じことで、文部省検定の教科書がそれだけでわかりやすければ必要ないものであって、参考書市場の年間四五〇億円（出版指標年報）も無駄な出費である。次に大学に入るための浪人について考えれば、浪人とは結局前年度の浪人たちのために生じるものであり、もしかりに浪人を禁止してしまっても、大多数の受験生にとって入学できる大学のレベルは変わらないであろう。このように本来必要のないものをなくす工夫をしないのは文部省の怠慢さでしかなく、予備校生一四万五〇〇〇人が一人当たり平均九八万円支払っている総額一四〇〇億円あまりの予備校費も（オリファ総研調査）、まったくの不必要金である。さらに貴重な若い労働力を一年間遊ばせるのも大きな社会的損失である。実際、高校卒の平均初任給と浪人の数を掛け合わせると約四三〇〇億円（文部省、労働省統計より算出）という数字になるのである。一方、大学生を生活コストの高い都市圏に集中させる必然性は何もなく、文部省が地方においても学生にとって満足な大学教育・環境を提供できれば、地方出身の都市圏（東京、神奈川、大阪、京都、愛知地区）に住む子供たち四五万人（文部省統計より推定）の平均約六〇万円（「毎日新聞」）の無駄な生活費、総額二七〇〇億円も不必要になるのである。また、単身赴任の理由として実に九〇%以上もの人たちが子供の教育・進学をあげている（「朝日新聞」一九八五年五月五日）。しかし、これもまったく不合理な話で、文部省が子供がどこへ行っても同レベルの教育を受けられるシステムをつくれば、教育のために単身赴任を強いられている一六万五〇〇〇人（労働省）、年間余分生活費一二〇万円（安田信託銀行）、総額約二〇〇〇億円のカネがいらなくなる。このような、文部行政の不備のために支払われている無駄なカネを積み上げてゆくと、実に年間三兆円を超える額となり、これを一般的な子供のいる家庭に換算すれば、文部省のおかげで年間二〇万円あまりの余分な支出をこうむっている計算となる（**図6**）。しかし、これさえも表面的な数字でしかなく、子供たちが必要のないことを学ぶ時間の損失、および有益なことを習わなかったことによって起こる機会損失、受験生や浪人生や親たちの余分な精神的負担など、表に出てこないものも考え合わせると、文部行政の不備のために起こる損失は莫大なものとなる。そしてしかも、行政はこのような事態を前に何の手も打っていない。自律神経失調の文部省や先生たちに自己改革はできない。この改革は外からやらなくてはならないのである。

文部行政が不備なために発生する無駄な支出は、３兆円にものぼる

行政の不備のための社会的支出

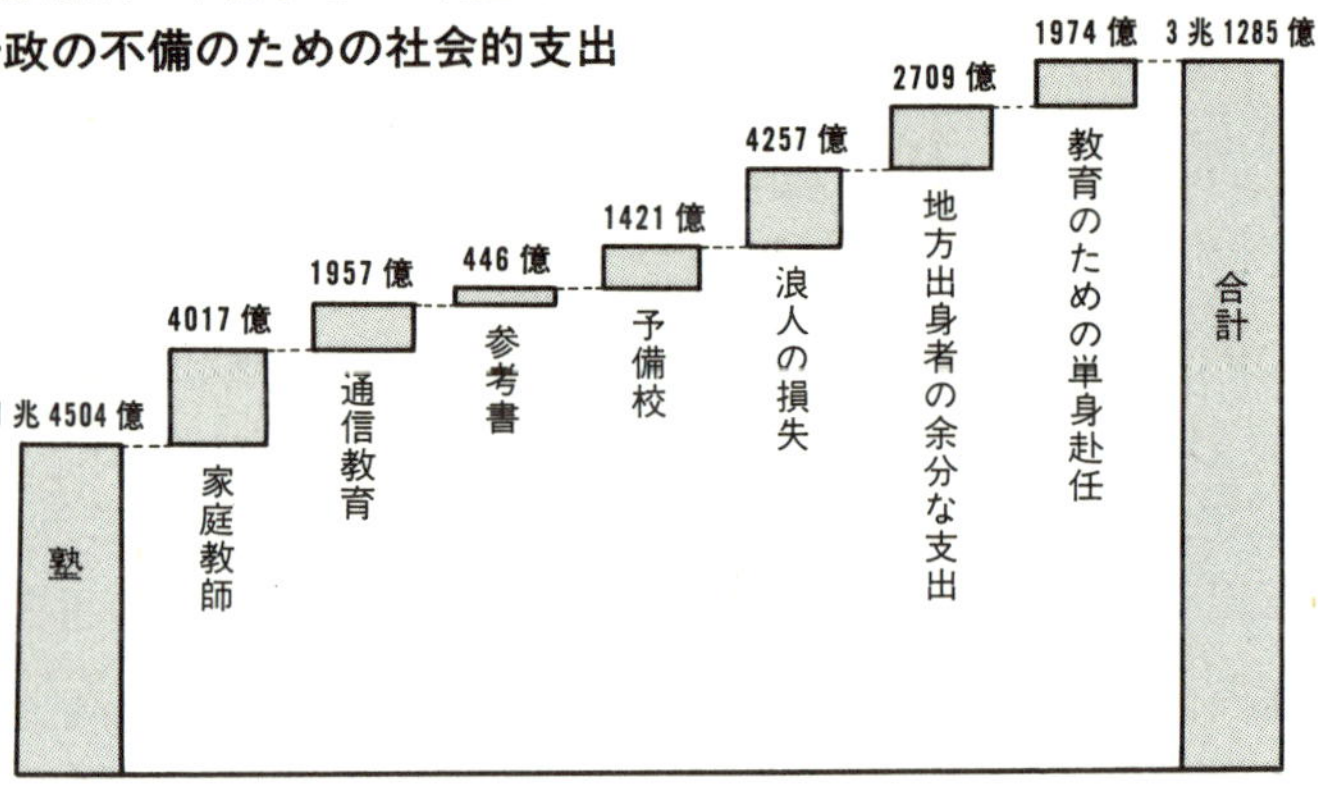

3兆1285億÷2434.5万人＝12.9万円
（全生徒学生数）

12.9万円×1.81人＝23.3万円（標準世帯当たり年間の無駄な支出）
（1世帯当たりの子供数）

図６

改善の方向

現在求められている教育とは何なのだろうか。

現在までの教育は、「黙々と勤勉に働く均質な労働力」を育ててきた。しかし内外の社会情勢の変化により、従来型の教育の必要性（ニーズ）は低下しつつあり、求められる人間像も教育方法も変化している。たとえば、日本をとりまく社会状況の変化には次のようなことがあげられる。

●日本の国力および日本人の生活レベルの向上――生きていくために最低限必要な衣食住は昔に比べ、はるかに充足している。

●世界の中の日本のプレゼンスの拡大――日本が世界のリーダーたることを求められて

いる時代が到来している。

●各種テクノロジーの発達、生産性の向上——物を「造る」ことより、新しい物を「創る」ことが重要な時代である。

●社会生活の高度化、複雑化——ソフト面、ハード面両方において、従来の知識のみでは住み難い社会環境となっている。

それでは教育そのものの目的は何なのかといえば、それは「現在のようなグローバル時代に、人生を楽しく、有益に送れるような人間を育てる」ということになろう。では、現在の社会情勢を踏まえて、具体的に求められる人間像（今の日本人に欠けている点）とは何か、その要素をあげてみると次のようなものになる。

●世界のリーダーとしての自覚——日本を他国間との関係で見られるグローバル感覚、および語学力などの、国際人としての基礎スキル。

●公徳心、他人に対する思いやり——社会やコミュニティに対する奉仕の精神、社会生活を損得ではなく善悪でとらえるモラル。

●創造力——知識を頭に入れるのではなく、自分で物を考えるという習慣および思考回路。

●日常生活に必要な基本的スキル——証券、クレジットカード、コンピュータなど、社会の進歩にともない新たに必要となった日常的基礎知識。

しかし現在の画一的な知識詰め込み型の文部省教育では上記のようなスペックの人は育てられない。いったいどのようにすれば前記のような社会に求められている人間を育てることができるのか。そのための具体的な教育改革案を大きく四つの面から提示してみたい。

(1)　教育制度・学校制度

●カリキュラムの弾力化、学校の選択制の導入――現在の文部省による単一の指導要領を廃止し、各学校がいくつかのオプションの中からカリキュラムを選べるようにする。また、それと同時に学区制ももっと弾力的なものにし、生徒にも学校を選べることができるようにし、各自が自分の習いたいカリキュラムが設定してある学校に行けるような制度にする。

●中学、高校の一貫教育による効率化――前述のとおり現在の教育は教える内容の重複が著しい。中・高を一貫化することにより重複をなくし、中・高六年を五年に短縮することも可能である。

●年齢による学年制度の廃止（飛び級の復活）――できる子も、できない子も同スピードで進級させて行くのは平等というよりは双方にとって不幸なことである。米国のように飛び級をとり入れることにより、年齢別ではなく、知識レベルや能力別の学年体制の導入が必要とされる。

●国立大学、私立大学の統合――現在のように国立大学でも私立大学でも同じことを教えているにもかかわらず、国立、私立の間で、国の補助額、学生の学費が違うのは不合理である。昔のような、国がエリートを育成しなければならない時代が終わった今日、国立大学も私立大学も同じ扱いにするのが平等である。本書における私の提案は、人材育成の実施責任は道州にあり、としているので、国立大学は当然廃止され、地方大学か私立大学のみということになる。私立大学は全国ベースで自分たちのカラーに合った学生を募集すればよい。道立大学はその地方の産業基盤の育成に必要な人材を確保するため、特色のあるものが出てくることになる。教育に関する国の補助はなくなる。私大は、道州、個人、企業、卒業生などの寄付で経営することになる。高校以下の私立学校は、義務教育の一環なので、公立とまったく同じ扱いで道州の財政援助が受けられるようにすべきである。

(2) 教育方法

●多様な教育メディアの導入——ファミコン、マンガ、テレビ、パソコン等技術の発達によって生まれたメディアをどんどん導入する。教師と教科書による寺子屋方式だけでは時代遅れとなっている。

●クラスという固定概念からの脱却——子供を毎日教室に集めて教える、教室を通じてのみの教育を見直す。たとえば週一日、土曜日はファミコン通信を使っての自宅学習でもよいし、アルバイト等の社会体験も教育課程の中に取り込んでもよい。教室以外の場での教育も重要視する必要がある。

●語学教育の早期化——語学は中学まで教えるのを待つ必要性はまったくない。外人教師を積極的にとり入れ、小学校低学年より、まずしゃべることを重視した英語教育を実施する。

●集団生活を通じた教育——現在の子供は集団生活の体験をすることが少ない。サマーキャンプ、ウィンターキャンプ等の制度を設け、ミニコミュニティの一員としての生活を体験させる機会を与える。

(3)　教育内容

●教育内容の見直し——社会生活が高度化してきた現在、普通の人が常識として知らなければならないことが増えてきた。たとえば、自動車の運転の仕方や、バランスシートの見方、クレジットカードの怖さなどを知っていた方が、ピタゴラスの定理を知っているよりよほど実生活に役立つ。このように皆が教育を受けなければならない事柄は増えており、一方今の教育の中で不必要なものもたくさんあるので、教育内容の見直しが求められる。

●コミュニティに対する奉仕活動の導入——兵役がなくなった今、社会奉仕という考え方が希薄になってきている。たとえば、中・高一貫教育により節約された一年分の時間を、中学では週一日、高校では週二日といった具合に地域の区役所、病院、警察署、老人施設などで働くことに当て、それによりコミュニティの一員としての公徳心を育てることもできる。

(4)　教員

●教員免許を持たない人による教育——前述したように現在、新たに生徒が知らなければならない事柄が増えている。その中で、たとえばバランスシートの読み方は商店主が、クレジットカードについては銀行員が、といったように教員免許を持たない人も教壇に立てるよう制度を改革すべきである。

●教員免許制度の見直し——一度、取ってしまったら終わりという現在のぬるま湯的免許制度ではなく、教育内容の変更、教師の実績等に合わせた免許の書き換え制度導入により、教師の質のレベルの向上を目ざす。

●教員選択制度——サービスの受益者であるべき親や子供が、担任が誰になるかで一喜一憂するのはまったく不合理な話である。親や子に教師の選択権を与えるとともに、教師の給与もその生徒獲得数や教え子のパフォーマンス成績によって差をつけるなどといった、教師を駆り立てる仕組みを導入する。

解決のための組織と方法

最後に、今まで述べてきた教育の目的から品質管理までのさまざまな問題を解決するための、文部省の組織および具体的な施策の一例を提示してみたい。

文部省はそもそも国政の中では衰退省庁であり、しかもその予算は年々硬直的な人件費に圧迫されている（**図7**）。この状況からみると、放っておけば文部省は発言力維持のために今の状況を続けることに固執するようになるだろう。それを解決するためには、文部省の存在意義を定義し直し、組織もまたゼロベースで組み直さなくてはならない。まず現行の文部省の組織図をみると、初等中等教育局、高等教育局などといった組織割りでわかるように、基本的に管理する学校や機関別のものとなっている。この組織体は文部省には学校を管理しやすいものとしているのだ

文部省の国政におけるポジションが低下している

文部省予算*／国家予算

＊文部省一般会計より国立学校特別会計への繰入金を除外したもの

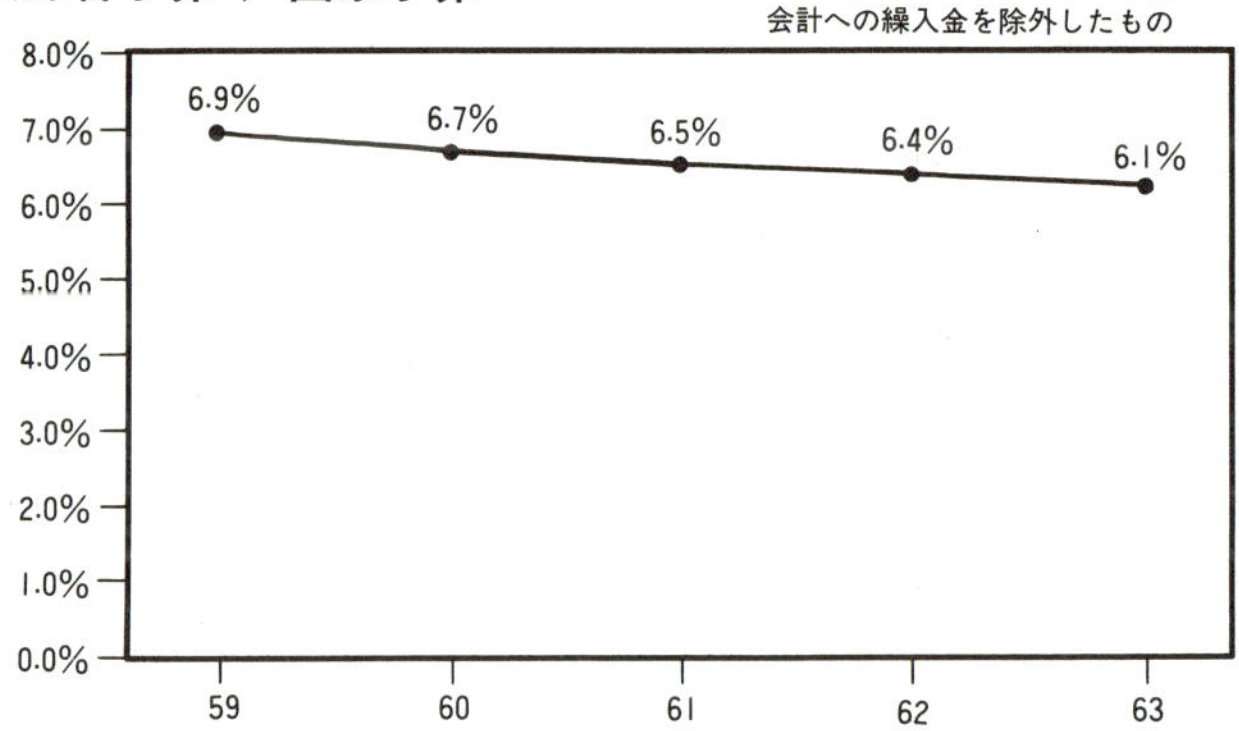

教員の人件費が占める割合は増えており、文部省としては発言の維持のためにこの予算はカットしにくい状態にある

文部省一般会計内訳

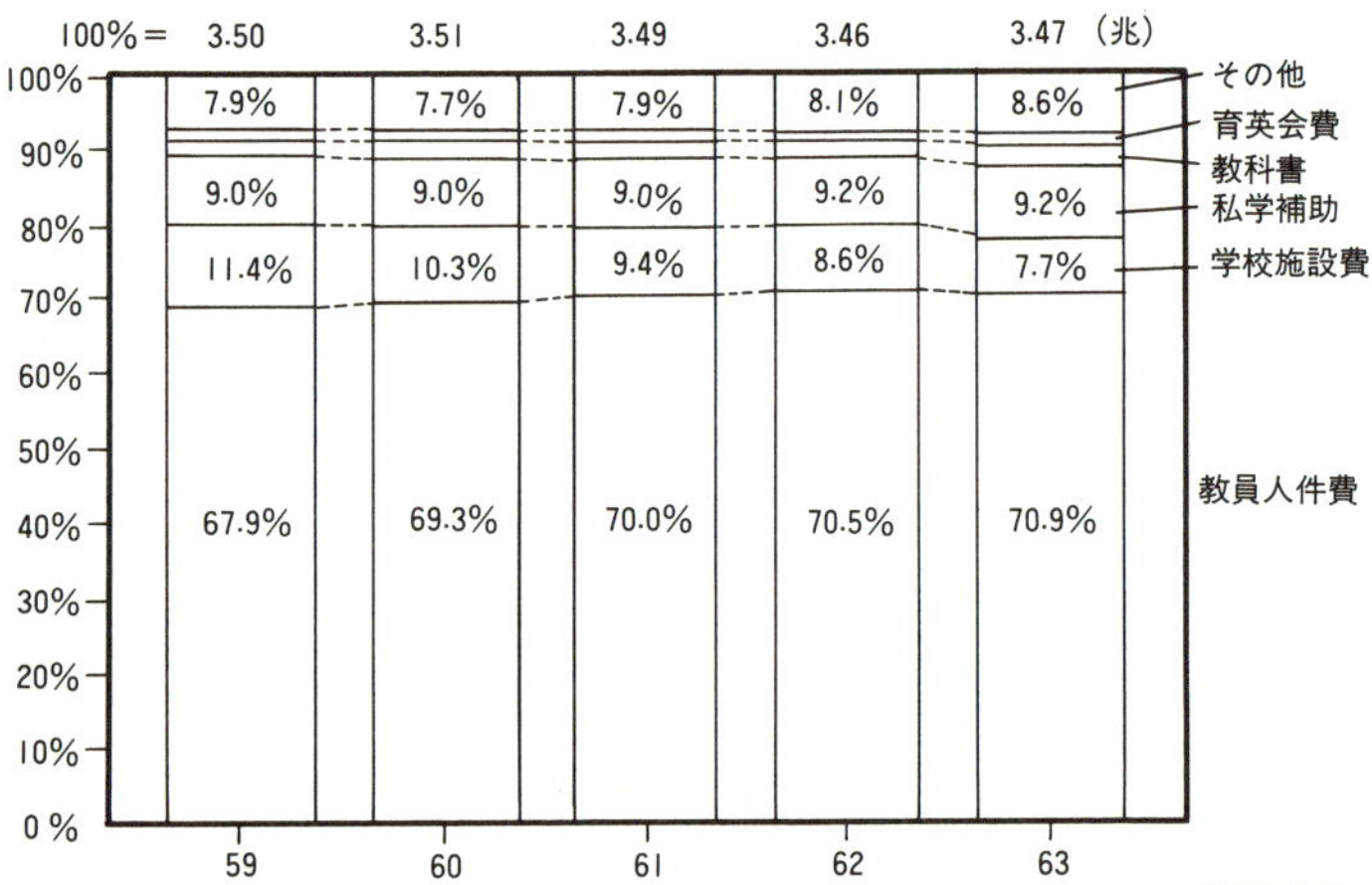

資料：我が国の文教施策

図7

ろうが、彼らの〝顧客〟である生徒や学生たちに対して本当の意味のサービスを行ないやすいものには決してなっていない。

それでは、いったい、顧客のニーズに合った教育を行なうための文部省の新しい組織は、どのような形態になるのだろうか。一番はじめに、教育の具体的な目的を議論、決定する機関を設置する必要がある。ここではまず、今後一〇年から二〇年間の世界および日本の経済、産業、生活、社会など、社会構造を多面的に読み、その意味合いを引き出し、そこからその社会に適応した教育の目的を抽出する。ここで出される結論は、たとえば今後の社会をコンピュータの発達した情報化社会と読むと、その意味合いは知識の無用化であり、教育の目的の一つは、「知識を自ら蓄えるのではなく、機械に蓄積された知識への効率的なアクセスを行えるようにすることである」といったものになるであろう。このように、この機関は今後の起こり得る技術・社会変化を正確に知っていると同時に、それに付随して起こる変化も読む使命があるので、構成メンバーにはなるべく教育関係者は避け、さまざまな分野の先進的な人、発想が柔軟な人を広く日本国内外より集めることが必要であろう。

次にこの教育の目的を受け、実際にその目的を達成するためには、何を考えたらよいのか、あるいは国民全員が知っておいたほうがよいことは何で、それぞれ専門的に習ったほうがよいものは何か、といった教育の内容・範囲を決定する機関が必要である。たとえば先ほどの、「知識を自ら蓄えるのではなく機械に蓄積された知識への効率的なアクセスを行える」という目的からは、「漢字を書ける能力ではなく、正しい漢字をワープロのいくつかの候補から選ばせる能力」

だとか、「コンピュータの基本論理思想」などといったものを、全生徒あるいは何人の人が知るべきであるというようなことが、教育の内容・範囲として規定される。この内容・範囲を決定する機関のメンバーも実社会の動きを知っている必要性があるので、目的を決める機関と同様、教育関係者よりも各界の専門家主導で運営されるべきであろう。

教育の内容が決定したら、それをいかにうまく効率的に教えるのかという教育方法の研究開発・決定を行なう組織が必要となる。ここでは大きく二つに分けて、英語は小学生のうちに教えてしまうといったような、何歳までに何を教えるのが効率的なのかという時期的な問題と、教える媒体は教師なのか、それともマンガ、ファミコン、テレビ、パソコンを使用したほうがよいのかといった教育方式の問題の二つを中心に考えていく必要がある。教育は教師によって行なわれるものなどという固定観念は捨て去るべきであろうし、子供に流入してくる情報を制御できない現状では、単位制を小学校のうちからとり入れるといった大胆な発想が求められるだろう。つまり、単位を取れるならいくらでもいつでも先に進める、あるいは遊べる、という制度である。この教育方式研究開発機関の構成員は、大学の教育学研究者や現場の優秀な教師などにかたよらず、企業の教育担当者や予備校の教師なども加えるようにすれば、発想の幅も拡がるだろう。

教育の内容およびその方法が決定した後、初めてその教育を効果的にするための入れ物である学校の形態、必要学校数、求められる教師のスキルおよび教師数が決まることになる。学校の形態は、具体的には教育方法の二つ、教育時期と教育媒体の両方をみて、それぞれグループ化することによって決定するほうが効果的であろう。またここで教育担当者である教師の教員免許および評価制度も見直す必要があろう。現在のように、どんな教師もほぼ皆同じ待遇、教員免許も一回取得してしまったらそれで終わりというのではなく、たとえば五年に一度、その技量を客観テストやその教師が教えた子供のパフォーマンスなどで多面的に評価・チェックする制度を設け、できる教師とできない教師との間に給与、昇進などで差をつけるようにする。また、学校事務職と教師とのジョブローテーションをとり入れることによっても教員を活性化することが可能であろう。

最後に、この教育の一連の活動がそれぞれの段階でうまく機能しているかをチェックするための、今まで述べてきた組織体とはまったく別の文部業務を検査する組織が必要である。このチェック機関のメンバーは子供たちの親、学校を卒業して間もない社会人や学生といった、別の視点を持った人たちで構成すれば、そのチェック機能を有効に働かせることができるはずである。今まであげてきたような教育の改革は、現在の硬直的な文部省の組織で実行するのは困難であり、文部省の抜本的な組織改革が必要となる。

そこで組織改革のための基本的考え方（目的）をみてみよう。

●教師や、文部省自体のための文部省という構造を断つ——大幅な教育改革が行なわれないのは、文部省自体がそれを妨げる自己防衛構造を持っているからである。教科書検定の廃止が実現困難なのも、六〇人の検定員を抱えている文部省が反対しているからである。また、教育の合理化は文教予算の削減につながるので実行されにくい。免許を取った教員を失業させずに、大きな教育改革を行なうのは困難である。以上のことからみても、自己目的の体質を持った構造そのものを打ち壊すことが必要とされる。

●社会のニーズに合った人間を育てる組織体制づくりを目ざす——現状の教育は社会ニーズと遊離している。これは広く社会情勢をとらえた上でどういう人間を育てるのか、何を教えるのかを議論する場がないからである。新組織においてはこのような機能を設ける必要があるだろう。

●競争原理を導入することで、教育の活性化を図る——学校間や教師間で（特に公立学校において）、競争のないぬるま湯的現状を是正し、学校、教師間の競争体制をつくり、また親や子供に選択の自由を与えることによって、教育の全般的な質の向上を目指すのである。

文部省の新組織は主にこれら三つの事項の改善を目的とするべきであろう。

現在の文部省の組織は主に、「教育全般の計画立案」、「文教施設の整備」、「教育に関する費用の助成」、「学術活動の振興」、「社会教育の振興」といった機能を持っている。

ここで新組織（図8）では、このうち、教育の計画立案機能のみを独立させ、教育開発部を新設する。また、文教施設の整備機能は廃止し、教育に関する費用の助成もこれまでの目的別助成（教職員費、施設費など）は廃止し、私学も公立もすべて生徒一人当たりいくらという方式に統一し、あとのカネの遣い道は各々の学校の裁量に任せるようにする。学術活動の振興は科学技術局に移管し、社会教育の振興は、社会学術部を別途設立し、移管する。

個々に詳しくみていくと次のような組織になる。

(1)　教育局

〈狙い〉　現在、斬新な教育改革が行なわれにくいのは、教育の計画者と実行者が文部省という同一組織にいるためである。ここで教育の計画サイドのみを独立させることにより、真に求められている教育（内容、カリキュラム）を、教育の提供者（教師、文部省内の実務担当者）からのノイズなしに設計することができるようになる。また名称も文部省から教育局に変え、その主責任が教育にあることが誰にでもわかるようにする。

〈構造〉　現文部省の初等中等教育局、高等教育局の教育内容作成業務が主となるが、その組織構造は旧来の小学校課、中学校課といった、行政が管理しやすい学校単位のものをやめ、数学課、国語課といった機能別の組織単位に改編することにより、各科目のトータル・ビジョンにもとづいた生涯教育を設計する。学校における教育は一課程にすぎない。

〈主業務〉

●求められる人間像のビジョン策定――教科、科目を超え、現在の社会の動きを読みながら実社会で求められる人間像を策定する。これは教育開発部の人間や教育関係者はなるべく避け、社会情勢に詳しい各界の有識者を集め、委員会形式で検討するようにする。

●各科目別指導内容及びカリキュラムの策定――各科目ごとにカリキュラムを、絶対教えなければいけない基礎部分、いくつかのオプションの中から各学校が選択できる部分、まったく各学

文部省組織図と新体制組織図（主要部）

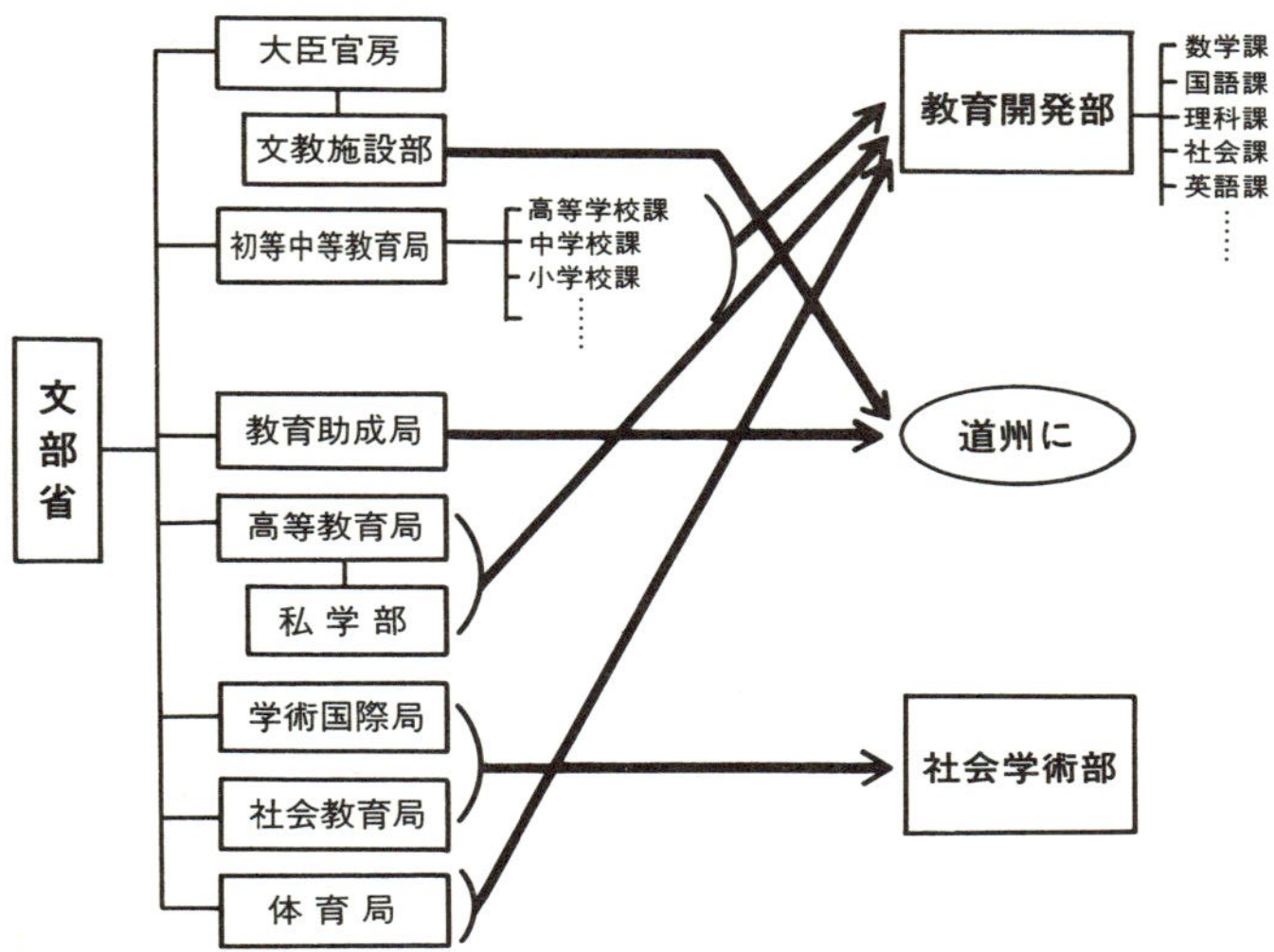

ポイント

-計画と実行の分離
-求められる人間像の策定
-課目別教育ビジョンの策定
-多様なカリキュラムの策定

-学校間の競争原理を働かせるため、学生１人当りの補助金を定め、各学校の学生獲得数により助成

-現学術国際局、社会教育局の業務の引き継ぎ

図8

校の自由裁量で何を教えてもよい部分の三つに分け、オプション、自由裁量部分を全体の六～七割にすることにより、各学校の個性化を目ざす（各校の自由裁量部分は、教員免許を保持していない人に教壇に立ってもらってもよいし、極端な話、まったく休みにしてもかまわない）。

(2) 各学校の役割（学校の半民営化による競争原理の導入）

各学校は小学校から大学まで、校長や学長が社長の小企業の形態をとり、学区制等を廃止することにより学生各々が行きたい学校を選択できるようにする。各学校に対する国や地方自治体からの助成金は獲得生徒一人当たりいくらということで一律規定する（公立学校の校長の評価も獲得生徒数による）。そしてそのカネを何に使用するかはまったく各校の自由とする。ある学校は教員の人件費に多くを遣い、優秀な教師をそろえることで生徒を集めてもよいし、ある学校は教育施設の充実で差別化しても構わない。またある学校は短期留学等をカリキュラムに組み入れて特色を出してもよい。このように各校は客である生徒を確保するため、サービスレベル向上を絶えず考えることにより、教育の個性化、レベルの向上を目ざす。

まとめ

● ここで提案した解決案はあくまでもたたき台であって、今後いろいろな議論に揉まれなければ実用的にはならないであろう。

● 現状の文部省は、文部省自体の勢力拡大および教師たちの利益を守る組織として機能してい

西独ではカリキュラムに多様性を持たせている

西独の教育システム

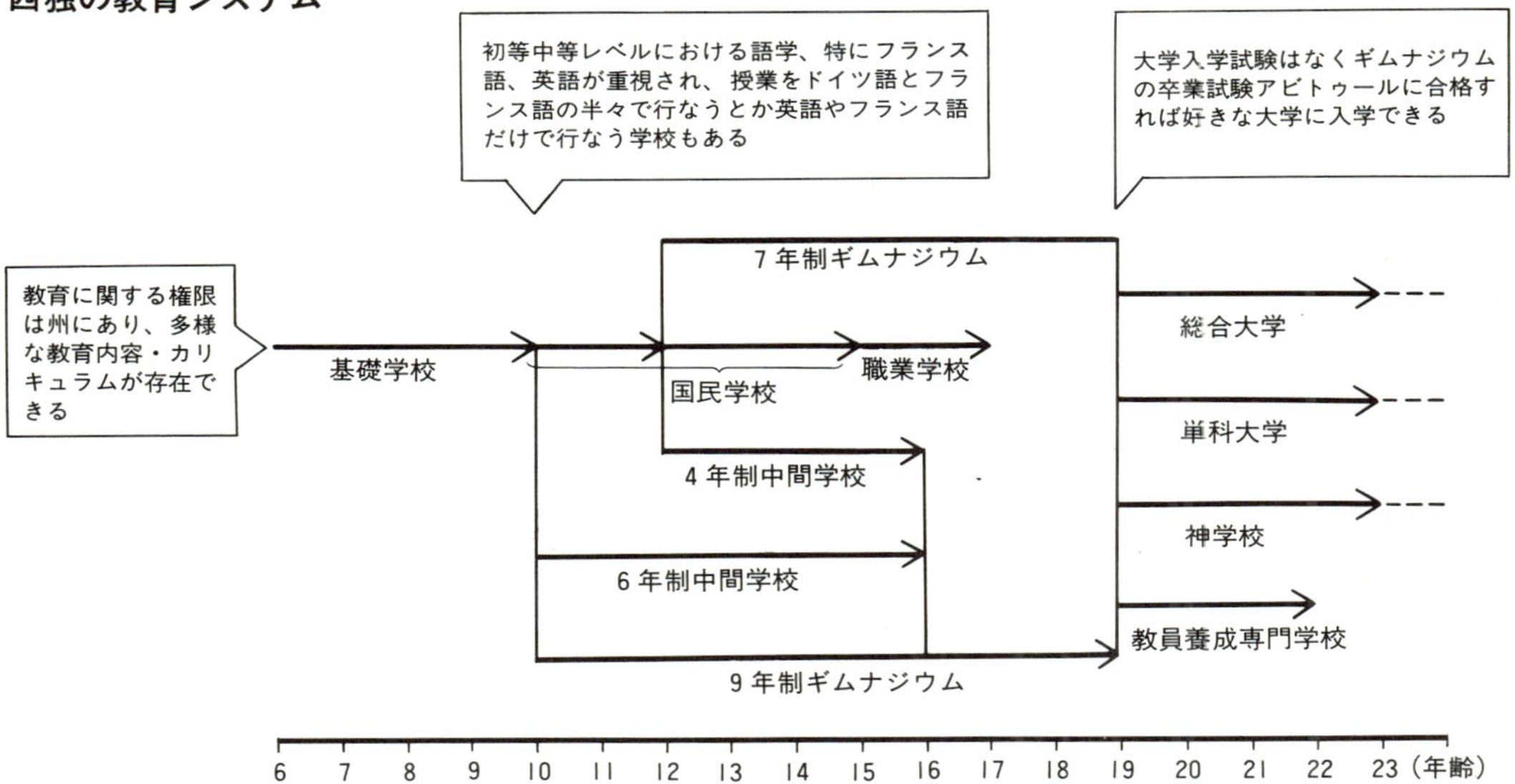

資料：国際教育辞典、文部省

図9

る。

●このように文部省と日教組は実は同じ目的関数を持っている。

●今一度、文部省は本来何のために存在しているのか考え直し、本当にサービスを提供しなければならない子供たち、および社会のニーズに応える工夫をする必要があることを自覚すべきである。

●学校も自由に選べるようにし、全員が大学卒などという面白味のない社会にはならないようにすることが肝要である。大学から有名ブランドをはずしてしまったドイツのような考え方も一つの参考になろう（**図9**）。国立大学は当然廃止し、教育は地方の責任とすべきである。国は教育の水準決定や教え方の開発研究にその主力を注ぐべきである。

第七章　厚生省

前述したように、膠（にかわ）のように硬化した今の日本の諸制度や仕組みは、部分的な手直しが不可能である。厚生省をめぐる問題も例外ではない。たとえば、医療制度にお金がかかるのは薬代のせいだ、ということで薬価の切り下げを行なったら、今度は検査項目が増えて風邪をひいたぐらいで血液検査までするようになってしまった。日本の医療制度は医者や病院の収入（法外に高い）を一定に保つようにできているので、小手先では何も変わらない。薬づけが検査づけになるだけである。検査を圧迫すれば今度は入院づけにされることは目に見えている。すでに日本では大病院が外来部門を「赤字でも正当化されるマーケティング事業」と位置づけ、外来で入院患者（カモ）をみつけて入院部門でもうける仕組みができ上がっている。同じ病気になったときの日本での入院日数の長さは、アメリカなどに比較して二～三倍にもなる。

こうしたことは、厚生省には改革することができない。主として開業医のための強固な地域カルテルと化している医師会との決定的対決は、厚生省にはできないからである。また〝長いものには巻かれろ〟式の考え方に浸ってしまっている国民も、移行期間中に起きるであろうさまざまなトラブルを想定し、まあ健康保険の利いている間は直接出費も少ないということで、波風をたてないようにしている。この複合汚染がいかにわれわれの体質の中に組み込まれているかをみるために、ガンの問題を一つの例として分析してみよう。ガンという医療の問題が、医者の論理とかなり複雑な社会的習慣の中にガッチリ組み込まれていることがわかる。

情況は「今や革命あるのみ」

よく知られているように、日本では患者当人にガンを宣告しないのが普通である。しかし当然、家族にはこれが知らされる。これによって家族にはこのとき、本人が死んでもしかたない、という覚悟が生まれる。つまりこの瞬間、医者にとっては最も安全な仕組みになってしまうのである。また、これが医者の論理だということはオクビにも出さないから、家族の側の反応は「本人にだけは知らせたくない」という社会的風潮となって現れてくる。本人に知らせれば生きる望みがなくなる、という過保護的心配症である。

しかし、本人がガンと知らなければ、どうして生きる努力をすることができようか？　日本でも、あるいは諸外国でも、ガンを告知されたあと生きる努力を必死になって行ない、ついにこうした病気を克服した、という例は枚挙にいとまがない。日本では本人に告知しない以上、放射線や化学療法が行ないにくい。つまり世界的にまったく例がないほど、日本の治療法は免疫療法主流なのである。私の同僚でこの五年間に奥さんがガンだと告知された者が四人もいる。このうちドイツ人は食餌療法で、スイス人は化学療法で、アメリカ人は放射線で、いずれも今のところほとんど完治している。残る一人のオランダ人は状況が思わしくないが、世界中のあらゆる権威を同僚が探しまわり、やりたかったこと、会いたかった人にすべて会って、少なくとも本人と家族および友人、同僚には、これ以上悔いはまったくないというくらい、この一年間にいろいろ手を尽くした。告知して生きる望みを失ったらいけないから、というのは甘えた考え方だし、また治療に全力を尽くせないという意味でも患者のためにならない。

日本でこのような倒錯が行なわれるのは免疫療法がもうかるからである。今日製薬会社の最大の収益源はほとんどの場合制ガン剤、ということになっている。しかし、これらの制ガン剤が本当に効くのかということになると、いずれも説得力に欠ける。またこれらの免疫療法の制ガン剤は、日本以外ではほとんど売られていないシロモノなのである。死を告知されている家族には、一日でも長く生きてほしいという切ない望みがある。そのためにはいくらでも出す、という心境にもなっている。本人は知らないのだから、治療法について選択の余地もない。結局このようにして、死ぬまでの長い間毎日飲み続ける薬が、もうかる薬なのである。思いきった治療をして失敗すれば訴訟されるかもしれないし、うらまれるかもしれない。医者にとっては今のやり方が最ももうかり、かつ安全なのである。

さて、問題の根は複合汚染なのでもっと深く、難しいのだが、状況の記述をこのくらいにして、解決策について考えてみよう。まず一つの解決策として、患者に告知して治療法を選択させる、ということが考えられる。しかし人々は、お涙頂戴のテレビや小説などでガン告知の恐ろしさに耐えられないように、幾重にも教育されているので、急に実行すればむしろ自殺などが増えたり、医者との間でトラブルが起こることになる。また、かりに告知された患者が治療法について選択したとして、日本では患者が医者を選べないようになっている。カルテ一つ、医者の間で融通しない。つまり今の医師の閉鎖性がある限り、医療法に合致した医者を選ぶことは難しい。もちろん大学病院などでそのような融通をきかせてくれるところもたまにはあるが、一般にはこれが困難である。

この問題は医師会のカルテル性に起因するものと、もう一つ、薬事法にもとづくおカネの問題がからんでいる。すなわち、患者を他の医師に紹介しても自分の収入にならない仕組みになっているので、なるべくすべての医療行為を自分のところで自己完結的にやらなければ、病院の経営は成り立たないのである。おカネのことについてもう一つ付け加えれば、今の点数制度でみる限り、医者はもうかる治療方法を選ぶのが当然で、それがたまたまガンでいえば免疫療法になっている、ということである。試しにクレスチンやフトラフールをビタミン剤並の値段にしてしまえば、ほとんどの医師は免疫療法をやめて困難な化学療法などに切り換えてしまうだろう。つまり今の日本の制度では、患者に対する治療方法が〝医師の収入を最大化する〟ように選択されがちなのである。

当然その根源となる薬価を決めているのは厚生省お抱えの薬事審議会ということになる。ここに提出される資料は、たとえ諸外国ですでに製品化されている薬の場合でも、日本の臨床試験データが新たに必要ということになっている。これらの臨床データは製薬メーカーが協力して作成するわけであるが、大学病院などの先生方にとってはこれが貴重なアルバイトになっている。つまり臨床データをとってもらう代価はメーカーが支払うのであるが、これが有償、無償いろいろあって、勤務医であっても開業医に劣らぬ生活レベルが維持できる仕組みがここに隠されているのだ。だから、万が一にも、一流国の臨床データをそのまま薬事審議会が使うようになってしまえば、勤務医の給与体系そのものを見直さなくてはならなくなる。また日本で発表される論文の数も激減し、医師の外国旅行も減るであろう。不当な出費が減るので薬品メーカーの経常外収支(医師に対するもろもろの対策金は、たいていのメーカーの場合、使途をさぐられたくないため課税経費に入れている)は大幅に改善するかわりに、なれ合いがなくなって薬価が下がり、長期的にはメーカーの経常収支は悪化することになろう。すなわち、ガンの問題はガンの問題ではないのである。

医者の大半は真剣に医療と取り組んでいるのだから、ある面では彼らも今のでき上がったシステムの犠牲者なのである。話をしてみると、厚生省や医師会の人々でさえ、ほとんどは決して今のままでいいとは思っていない。メーカーも患者もいらだってはいるが、誰がどう動こうと、すべてが同時にパッと変わらなくては何も変わらない。加害者と被害者の区別さえできないのである。戦後四〇年、制度の上に金欲を幾重にもぬりたくった仕組みができ上がっているのである。

小手先だけの改善は醜婆の厚化粧となるだけなのである。

先日、大阪に出張したとき時間があったので、私は歯垢(しこう)をとってもらいに近くの歯医者に行った。下の歯だけ終わって、「あとは次に」と言うので、「出張中なので上もやってくれ」と言ったが、ダメなのである。「保険ではできない」と言うので、「じゃ、現金で払うから」と言ったら、それでも医師会の取り決めがあると言う。患者の通院を平準化する必要があるのかと聞いたら、いやそれだけでなく、一回の治療代が大きいと税務署や保険組合の審査で疑われる、と言うのだ。

つまり、歯医者が虫歯一つ治すのを何回にも分けてやってくれる日本独特のあの〝親切丁寧さ〟は、今や保険機構や税務署ともからんでいるので、たとえベン・ケーシーが突如として一人出てきても、まわりからタタキのめされるだけなのだ。こんな簡単なことでも部分改善は困難、革命あるのみという状況に、今の日本の医療制度は陥っている。

まったく同じような膠着化現象は、厚生省管轄の他の分野、たとえば年金などでも起こっている。医療の問題が患者不在の論理の中で起こっているのに比較して、年金の問題は受益者側のエゴが政治的に利用され、歯止めのきかなくなっている好例である。厚生省にとっては、年金を充実させていくことが大義名分であるにちがいない。しかし誰がどのように負担するのかという議論がなければ、これは安易なタレ流し行政となる。集票機構の方便である。よく知られているように日本では年金などの社会福祉が遅れているという認識が広く浸透している。しかし欧米に追いつき追い越せと、いろいろな特色を盛り込んでいった結果、今日では完全に欧米を追い越してしまった。けれども日本におけるＧＮＰに対する租税負担率はアメリカ並の二五％でヨーロッパの五〇％にははるかに及ばないから、このままいけば、社会福祉が国家行政の最大圧迫要因になることは目に見えている。しかし選挙ともなると、他に目ぼしい好材料がなければ必ずこれが目玉にされてしまうし、自省の勢力拡大につながるので厚生省はこれに反対しない。中央省庁としての厚生省は、歳入機構まで総合的に勘案した制度をつくるべきであるのに、政治家に押されてしまっている。ここでもまた厚生省は自律神経失調症になっているのである。

このような背景から、厚生省という行政機構について、今までの貢献、現状の問題点、解決への抜本策という順序で見直してみよう。

高度経済成長期までの厚生省

無医村、医師不足問題、伝染病問題、社会不安などを抱え、戦禍からの復興、そして高度経済成長へと向かう時代、貧しかった日本において厚生省に求められたレゾンデートルとは何であったろうか。現在の私たちが当然のように希求する〝健康で、豊かで、安心できる生活を〟という普遍的な問題ではなく、それ以前の問題が当時の社会に数多く存在したはずである。もっと切迫した問題、つまり、〝一人でも多くの医師がほしい、一つでも多くの村に医師がほしい、国民すべてが最低限の医療サービスを受けたい、伝染病の感染率を抑えたい〟等、最も基本的なサービスの期待が厚生省に求められていた。

当時の厚生省の政策を分析してみると、かなりの部分で適切な作業をしていたことがわかる。厚生省がリーダーシップを取り、各大学に医学部を新設し、病院を近代化し、予防注射を徹底して伝染病と戦い、薬品会社を育てて国民に安心できる薬品の提供を進め、さまざまな手段により迅速に医療保険の制度の確立をはかり、一人でも多くの人に年金への加入を呼びかけた。そして現在、国民一人当たりの医師数とベッド数で世界有数のレベルを達成し、伝染病を日本全土からほぼ撲滅した。また世界にも通用する薬品会社をつくり、医療機器の技術においては世界ナンバーワンである。また国民皆保険、皆年金を達成した。幼児死亡率が減少し、寿命も男女とも世界最長国家の仲間入りをした。

つまり日本は医療・年金ともに欧米先進国に追いつき、結果として世界ナンバーワンとなった。これはひとえに、厚生省のとった政策のおかげであり、厚生行政は当時の国民の期待に完全に応えたといってよい。戦後二、三十年間の厚生省の成績は、役所としてはほぼ満点ということができよう。

成熟期に入って

日本の役所は大概、数の勝負に強い。厚生省も国民皆保険や医師不足の解消では大いに力を発揮したが、今や数から質が要求される時代になってその存在価値が急激にプラスからマイナスになろうとしている。すなわち現在の医療や保険制度の改革は、厚生省があるがゆえに解決が一層難しくなってきていると言っても過言ではない。言い換えれば数の供給が急務であった提供者側の論理で今日の医療システムができ上がっており、それを打破する力が現在の当事者である厚生省、医師会、薬事審議会、保険審議会、大学医学部などからは出てこない、ということである。

たとえば、

●大学病院や有名病院の待合室は長蛇の列だが、町の診療所はカンコ鳥が鳴いている。

——強気の病院では、待ち時間が三時間で診療時間が三分というところも珍しくない。

——カンコ鳥の鳴く診療所でもつぶれない。

●病院間の融通がほとんどない。

——同じ病気でも別な病院に行くたびに初診料をとられる。

——ある病院で検査をしても別な病院に行くときにカルテをくれない。カルテが誰の資産なのか、カネを払った以上は患者のものなのか、医師の備忘録なのか、法的根拠さえはっきりしていない。私の敬愛してやまなかったニューヨークのアンテノウチ博士が亡くなられたときは、遺族が患者一人一人にそのカルテを送り返している。これは、カルテは医者が一時的に預かってはいるが〝患者のもの〟という考えが徹底しているからであろう。

●医は仁術とばかり、病院経営は医者でなくてはできないことになっている。

——このためほとんどの病院は経営力がなく、近代化が自力でできない状況になっている。

——患者をユーザー、消費者とみたてて、提供されるサービスを正確に伝えるマーケティングなどという機能がまったく整っていない。ファミコンで株式情報が得られ、銀行決算やショッピングもオンライン、二四時間営業のスーパーが雨後の竹の子のようにできているこのご時勢に、夜間、休日まるでダメ、ユーザーリスト不在、サービス改善計画まるでなしという旧態依然たる状況である。

――経営の近代化は病院の論理ではなくユーザー（患者の利便性）に根ざしたものでなくてはならないのに、今のところ、大病院ではオンライン化なども点数計算など業務効率改善が中心で、銀行でいえば一五年から二〇年前に終わった〝業務効率改善〟程度の古い概念のものである。

●点数制でしばられているためにサービスの多様化ができない。

――在宅検査や治療が一向に進まない。いまだに通院するか入院するかという、二者択一を迫られる。私はアレルギーを治すために減感作療法というやり方をとったが、一週間に一度、一年間にわたって通院しないといけないと言われた。とてもそんなことはできないのでアメリカのアレルギー専門医に相談したら、自分で打てる安全な注射器をたくさんくれた。そして自分の前で二、三回打たせてみてから薬液を数ヵ月分くれた。こうして私は在宅治療をすることができ、今ではアレルギーが完治した。

――収入・保険料に応じて受けられるサービスのレベルが変えられない。ゆっくりとした問診、時間予約、健康相談など、点数と関係ないことはほとんどやってくれない。差額ベッドなどの収入源には力を入れる。

——医者が画一化し、点数にないことをやろうとすれば保険医ではなくなるが、同時に社会的信用が落ちて、日陰者のように見られる。

●提供者側の論理ですべてが組み立てられている。

——家族の大手術のためある医者を紹介してもらったら、手術に二〇万円つつみなさいと言われた。大学病院の医師はこれを当然のごとく受け取ったが、こちらは領収書ももらえず経費にもできない。当然受け取ったほうは税金の申告もしないだろう。手術は毎日何回となく行なわれていることを考えると、リクルート事件の方がよほどクリーンに見える。

——配膳係の都合で、四時半頃に冷たい夕食を持ってくる。こうすれば六時にはあとかたづけして帰宅できる。

制度の問題

よく言われるように、アメリカでは医療はビジネスである。アメリカに住んでみて一番驚くのはこの点である。住宅を購入し住民登録をした途端に、保険会社と近所の病院からそれぞれ一〇通くらい、自分のところのサービスに加入しなさいという勧誘の手紙がポストに舞い込む。各病院とも美しいパンフレットをつくっており、いかに自分のところが顧客を重視したサービス態度をとっているか、写真入りで説明している。このようにして引越し先でもまた、ファミリー・ドクターやファミリー・ホスピタルがユーザー側の選択によって決められてゆくのである。

保険についてもメディケアやメディケイドの最低保障の制度はあるが、たいていの人は自分の責任で、自分のランクに合った保険を買わなくてはならない。これに対して日本のシステムは、給料から天引きされ、しかも収入に比例して負担しなくてはならない。しかし受益は平等であるから、国民皆保険は高額所得者の低受益甘受によって成り立っていると言うことができる。これも、平等ということが大切であった戦後の一時期には適切な制度であったと思うが、今や国民の多様化したニーズにもとづいてサービスの多様化を図ろうとすれば、当然再検討されなくてはならない点である。すなわち、日本の保険、医療報酬請求システムには二つの大きな前提があると思われる。第一は、国民に安心して必要な医療を平等に受けさせなくてはならない、というシビルミニマム（憲法上の最低サービスレベル）の考え方、第二にその任に当たる医師を性善説に立ってみている、ということである。すでに何回も述べたようにこの二つの前提は少なくとも一〇年は古い。今や新しい前提が必要となってきている。

この新しい前提とは何だろうか。それはユーザー（患者）側の論理に立ったものである。

(1) 医療も産業の一つである。

したがって通常の開業医や病院を商法や会社法によって管理する。ただし、シビルミニマムのために地域ごとに最低限の公的医療機関を設置する。これによって医師優遇制度はなくなる。また医療行為は医師が行なうが、経営は会社が行なってよい。「暮らしの手帖」のようなメディアがユーザー重視の病院のランキングを公表して、彼らの利潤動機の行きすぎを監視する。

(2)　価格を自由化する。

薬価、検査代はもとより技術料もすべて自由化する。これによって病院は何でもうけてもかまわない。しかし患者のふところ具合をみて料金を勝手に決めないように、当然病院それぞれに価格を公表させる。公的医療機関については従来どおり価格を決定するが、原則は入札制とする。すなわち薬や検査のように購入するものは入札とし、内部のものについては原価とする。原価が放漫経営で高くならないようにするために、公的機関については第三者から成る監査機構を設ける。

(3)　患者に選択権を与える。

カルテや患者に関するデータはすべて患者に帰属するものとし、したがって医療機関間の移動や選択は、基本データを失うことなく自由にできる。また薬についても当然医薬分業を選択できる。今は薬剤師がいないと買えないが、薬もどこでも買えるようにする。また自宅で治療や検査もできるようにする。こうすることによって、今のように医者に収入が発生する形でしか医療行為が発生しない制度を、抜本的に改める。患者に最も都合のよい場所で、安全な検査と治療ができる技術が、これによって開発される。

厚生省の組織

今の厚生省は、保険や医療のいずれをとっても供給サイドの立場に立っている。そのため、予算からみると、多ければ多いほどよいことになって歯止めがかからない。もう一つの問題点は、組織が縦割りとなっており、医師や看護婦の供給、薬、保険、病院などが機能別担当になっていることだ。また、それぞれの局が企画、実施、管理に責任を持っているという点である。言い換えれば、作文を書いた人が添削するという、日本の行政機構独特のひとりよがりになりやすい組織になっているのである。したがって組織上の代替案としては、まず全体を福祉と健康の二つの局に分け、それぞれをさらに行政全般についてＰＬＡＮ（企画）、ＤＯ（実施）、ＳＥＥ（管理、監査）の三つの部門に分けることが賢明と思われる。すなわち**図1**にあるように、企画と監視は全国レベルで行なう課をつくることだ。

しかし実施の実態は地方（道州）にまかせ、国のレベルではその基準づくりだけとする。ただし医師などは、どこの地方に行っても開業できるように、資格取得は国家試験にする必要があるので、これは国のレベルで実施する。またいくつかの国で与えられた医師免許は、そのまま日本でも通用するようにする。これによりインドや中国の安い医師が大量に入ってこられるようになる。薬の検査、登録も国のレベルで行なうが、値段は決めない。使用してよいか否かの審査だけである。

監視課は公正な厚生行政の恩恵を皆が受けているかどうか、病院や福祉施設の経営が適正に行なわれているかどうか、専門家の技術レベルが適切かなどについて、国民の立場に立って監視をするところである。ここでは作業のかなりの部分を地方に委譲してもよいが、一方憲法で保証されている「健康で安心して営める生活」については国の責任であるので、最低レベルが保たれて

厚生省の代替組織（案）

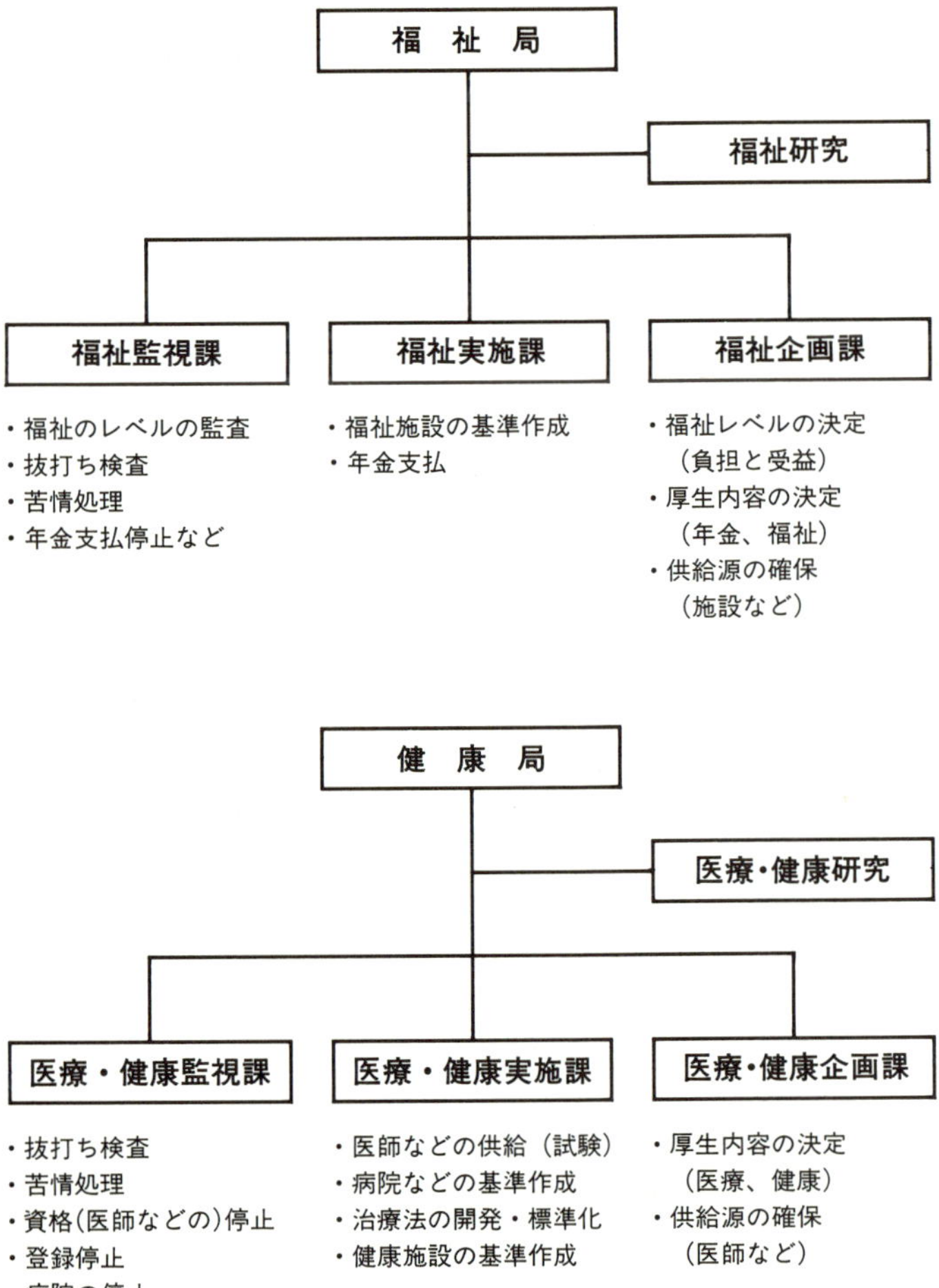

図1

いるかどうか監視し、保たれていない人からの直訴に応えられるような仕組みが必要である。今のような大学―医師会―病院という一連の供給側の系列化は、この組織では完全に断たれる。医師会は医療研究や治療開発の研修といった実務団体とならざるを得ない。病院経営は自由化されるので、実力のある医師を抱えたところが栄えるようになる。

年金などが国民の租税負担能力を超えて増大しないように、福祉局は歳入と歳出の両方について責任を持つ。つまり負担と受益を同一の省の責任とするのである。また重要なことは、健康局など中央の局は基準をつくるところであって、カルテルを助長するところではないという点だ。今のすべての制度は、供給が大幅に不足していた時代を反映して病院や医師の論理でき上がっているので、これを逆転すべく法体系をゼロベースで書き直さなくてはならない。たとえば現在では、カゼ薬一つにしても薬局でないと売れない。それは、薬剤師のいないところではたとえ大衆薬といえども売ってはいけないからである。しかし現実には、スーパーが薬剤師の肩書きだけ借りてきて売ったり、薬局が結局経営不振となって化粧品を売ったりしていて、この原則は大きく崩れてしまっている。昔のようにトンプクを調合しながら売っていたときには薬剤師も必要であったが、今では薬局の店頭での薬の調合はほとんどない。薬など勝手に混ぜられたら危くて服めない、というのが実態であろう。そこで大衆薬はどこででも売れるように自由化してしまうのである。そうすれば夜、腹痛やゼンソクが起こっても、二四時間営業のコンビニエンス・ストアで何とか間に合うということになる。時代が変わりコンビニエンス・ストアがいくらできても、依然として白衣を着た薬剤師がいなければ売薬一つ買えないという不都合とは、この際おさらばということである。同じく、病院の選択を患者がする、すなわち大きな病気になったら治療法の入札をいくつかの病院にさせる、ということも可能になる。自宅で治療を受けることも可能となる。つまり、受益者側の論理で厚生行政のすべてがつくり直される、というのが本提案の骨子である。

第八章　郵政省

郵便局はどこの町にもある。全国で二万三〇〇〇局を数え、われわれの生活には欠くことのできないものである。郵便局では、郵便、小包はもちろん、貯金や郵便為替を当然のこととして扱っている。郵便局は銀行の役目も果たしているのである。

しかし、この当たり前の郵便局だが、すべて国が自らこれをやっていかなくてはならないのか、という疑問がある。郵便局員二八万は、すべて郵政省に属する国家公務員なのである。他の公共サービス、たとえば電気、電話、ガス等はほとんど民間でやっている。国鉄も分割・民営化された。郵便事業は残された最大の国営事業である。

果たして郵政省はこの郵便事業を自ら行なう必要があるのだろうか。過去の国鉄がそうであったように、郵便事業に非効率はないのであろうか。

電話やファックスが郵便にとって代わり、いたるところに銀行ができ、宅配便が発達して品物が郵便小包より早く確実に送れる今日、郵政省が今までどおりに、郵便事業、貯蓄、簡易保険事業を行なう必要があるのだろうか。国が行なうことによる、企画立案者イコール実施者、という自己充足的な矛盾は起きないのだろうか。提供者側の論理で動かされることはないのだろうか。こうしたことを中心に郵政省をみてみよう

過去の役割と〝ひずみ〟

郵政省が過去に果たしてきた役割は大きい。郵便は人と人を結ぶ廉価なコミュニケーションとして、長い間重要な役割を果たしてきた。自らそのネットワークを築き上げ、国民の生活を支えてきたのが今の郵政省である。銀行がこれほどに発達していなかった時代、郵便貯蓄は個人がどこに住んでいても利用できる重要な金融機関であった。簡易保険にしてもしかりである。郵政省はいまだに明治時代のイメージのまま生き残ろうとしているようである。

しかしながら、世の中は大きく変わった。技術の進歩によりコミュニケーションの手段は飛躍的に変化した。郵便はわれわれにとって、この多様化したコミュニケーション手段の一つにすぎなくなった。電話、ファックス、宅配便、バイク便のような他のサービスとの比較においてメリットがある場合にのみ、郵便が利用されるのだ。郵便もワン・オブ・ゼムの通信サービスと言えよう。ましてや我が家に郵便で送られてくるのはダイレクトメールばかり。毎日見もしない分厚

い封筒やハガキで郵便受けが一杯になっているのを見ると、これは国営の郵政省が自らやるサービスなのであろうかと考えたくもなる。

郵政省が自ら事業を行なうことによるひずみも大きい。つまり、国が企画し、事業を行ない、さらに自らその効果、効率をチェックするのだから、他の国営事業にもみられるように、どうしてもそのチェックが甘くなる。そのため、親方日の丸の非効率的な事業になるし、それを税金で補塡すれば、国民に対しても大きな損害を与えることになる。また途上国などで、もともと民間に事業をやる力がない場合は別であるが、先進国において国が自ら事業を行なうことは、民間に対して圧迫を加えることにもなりかねない。なぜなら、国が自分でやっている事業は、どうしても守る姿勢になり、ひいては国と民間が競争するということにもなりかねないからである。

ここに小包取り扱いに関するデータがある。現在、小包の取り扱い数は年間六億個であるが、そのうち四億個は民間の宅配便業者によるものである。しかも、この四億個は一九八〇年以降に増えたものであり、宅配便の顧客本位のサービスによって新たに開拓された市場である。値段は郵便小包に比べて必ずしも安くはない。しかし全国二〇万に達する引受け店と、確実にしかも早く届くという安心感、そしてゴルフ、スキーや保冷物まで送れるという利便性がサービスの高付加価値を生み、顧客に受け入れられているのである。今までの郵政省は手紙を小包に入れてはいけないとか、本の包み方はこうしろとか、大きさは何センチまでなどと配達する側の都合ばかり消費者に押しつけて、独占を謳歌してきた。公正取引委員会が独禁法によって取り締まるべきは、まさに国そのものなのではなかろうか。

宅配便が付加価値の高いサービス提供を可能にするためには、民間企業ならではの創意工夫がなされている。特注の小型トラックとコンピュータ管理による輸送は、郵便局の集荷、配達効率をはるかに上回っている。当然、収益性も民間と郵便局とでは大きく異なる。民間の宅配業務が黒字であるのに対して、現在、郵便局の小包業務は九七〇億円の年間売上げに対して約三〇〇億円の赤字を出していると言われている。もちろん、郵便には民間がカバーしないような僻地までカバーしなければならないという非効率さはある。しかし、郵便の小包業務には、民間を見習い、業務効率上改善しなければいけない点も多い。

同じように、通常の郵便でも、もっと効率化しなければならない問題は残されている。たとえばアメリカの郵便と比較しても、日本はどうみても割高である。郵便においても、最近話題になった航空運賃と同じく「日本発」のほうがはるかに割高、というのがまかり通っている。いや実態は航空運賃以上だと言ってもよい。たとえば日本からアメリカへ出すエアメールは最低で一〇〇円、アメリカから日本へは四〇セント、つまり約五五円である。国内の封書も日本では最低六〇円、アメリカ国内は二五セント、つまり三〇円である。円高の影響を差し引いて、本当の購買力を反映した為替レートで計算したとしても、まだ日本は割高である。アメリカのほうが国土が格段に広く、それをカバーする郵便はアメリカのほうがはるかに効率が悪そうなのに、である。

もう一つ今、郵便事業に大きく欠けているものがある。「国際化」の視点である。世の中はグローバリゼーションの時代である。人、物、金、情報すべての意味で国境がなくなりつつある。郵便も国内外分けへだてなく、グローバルネットワークを構築する時代である。ヤマト運輸はアメリカのUPS（United Parcel Service）と業務提携した。日本の一企業がアメリカの民間郵便事業と一緒にサービスを提供しようというのである。アメリカで輸送業務に一躍大変革をもたらしたフェデラル・エキスプレスも、日本での展開を狙って太平洋線に強いフライング・タイガー社や日本の中堅運輸会社を買収している。今や郵便も国内外を一緒に考えていかないとまったく時代遅れの産物になりかねない。「ふるさと小包」も結構であるが、もっと世界を見ながらサービスを考える必要があるのではないだろうか。さらに皮肉なことに、郵政省が自ら郵便局をかかえているために、国内業者や外資がサービスの改善やグローバル料金の改訂をしようと思っても認可しないという不都合が起こってくる。ことに郵政省は、その監督すべき業者が自らの競争相手でもある。

このように考えてくると、どうも郵便事業の国営という概念そのものが根本的に時代遅れになってきているようだ。つまり、国が行なうべき事業として郵便業務をとらえることは、無理のある状況になってきているのだ。私の提案はきわめて簡単で、国がやることは基本政策の立案と監査のみ、というものである。つまり郵政省は、自らの行政業務として郵便事業の高度化、効率化とグローバルネットワーク構築に関し、国としての基準をつくってゆくことに専念すべきなのである。そして配達などの郵便実務は切り離し、民間企業として地域分割し独立させる。この際、重要なことは、郵政省は、切り離した郵便会社を他の会社とまったく同等に取り扱うことである。それによってフェアな競争が市場に導入され、効率的な事業と顧客本位のサービスが実現されるのである。事実、数年前にヤマト運輸の都築社長が次のように語っている（『東洋経済月報』昭和六二年八月号）。

「私の夢は郵政事業への進出にある。小包の例でもわかるとおり、国民のサービスを第一に考えれば、郵政事業も民営化すべきである」

「正確・速く・安くは最も得意とするところで、我々が郵便事業に参加すれば現行の四〇円のハガキを二〇円で配達することもできる」

「年賀状だって一二月の初めから書かなくっても、紅白歌合戦を見ながらでも間に合うようになるだろう」

郵政省が国としてやるべきことは、このような自由競争を促しながら、郵便が国民のために一層便利でかつ効率的に運営されるように、一段高いところから監督することである。つまり、次の三つが主な仕事になろう。

(1)　郵便業務の高度化のために必要な施策を打つ。
(2)　グローバルネットワークをつくるために諸外国との調整窓口になる。
(3)　郵便料金が国民にとってフェアな状態で決定されているか、サービスレベルは十分かなどを常にチェックする。

繰り返し言うが、郵便事業はもはや国がやるべき仕事ではない。国としては民間がやるための基準づくりとその監視で十分である。

郵便貯金

郵便貯金にしても同様のことが言える。発足した当時から大蔵省と郵政省の論争の火種になっている郵貯が、ここにきてその本来の目的から大きくはずれた奇妙なシステムになってきている。すなわち、銀行等の金融機関の目覚ましい発展により、そもそものレゾンデートル（存立意義）が失われてきている。にもかかわらず、定額預金という採算を度外視した商品で顧客を集めて、郵政省自身の勢力拡大のために自己増殖を図っているのである。定額預金は、金利、流動性ともに、民間金融機関が提供できない好条件を持っている。したがって一般個人にとっては非常に魅力のある商品となり、その結果、現在国内で郵貯が個人預貯金に占めるシェアは三二％にも達している。郵貯に限ってみれば、この定額預金がその九〇％を占める。しかし金融の世界では結果は冷徹なものであって、このような出血サービスのため、郵貯特別会計は巨額の赤字を出している。またマル優などの免税分を考慮に入れれば、国の損失は五〇〇〇億円を下らないと推測される。

こうなってくると、民間金融機関を補充し、あまねく個人に貯金の機会を与えるという郵便貯金の本来の目的を大きく逸脱してしまう。もともと銀行の発達していない地域の人のためのものであったものが、商品のこの特殊な優位性から、実際には都会の金持ちのためのものになってしまっている。

外国で郵便貯金を実施している国では、その市場占有率ははるかに低い。イギリスで三・八%、西ドイツで四・七%であり、あくまで民間金融機関の補充という姿勢を保っている。これに比べ、日本の郵貯のシェアが三二%という数字は明らかに異常である。

このような形で郵便貯金が肥大化することは、民間金融機関にとって大きな脅威である。今後さらに広まる金利の自由化においても、採算を度外視した郵貯がプライスリーダーとなって、市場メカニズムによる金利決定の阻害要因となる。郵貯特別会計の赤字は、将来国民の税負担を増加させる危険さえも含んでおり、国家予算や金融政策にも支障をきたすであろう。

かくして、現在の郵政事業には時代の推移とともに、大きなひずみが出てきているのである。ここで今一度、世の中の変化を確認し、利用者のニーズをとらえて、郵便貯金の本来あるべき姿に戻る必要がある。

そこで考えられる最も簡単な解決策は、郵貯の、郵政省からの切り離しと大蔵省への移管である。厳正中立、透明度の要求されるコミュニケーションを担うべき郵政省に、金融機関が入っているのがそもそもおかしく、このような問題が起こるのであるから、あるべきところに戻してやればよい。僻地などで、郵便局で金融業務をやることが依然として必要な場合は、個別に民間の金融機関が（民営となった）郵便局に業務委託をして頼めばよいだろう。先進国では、同じような理由からすでにこうした動きが出ている。アメリカとカナダではそれぞれ一九六一年に郵貯を廃止している。イギリスは一九七一年に郵貯の監督官庁を郵政から大蔵に移している。またスウェーデン、オーストリア、ノルウェーは国民銀行に転換してしまった。日本においても、郵政省がこのまま後生大事に金融機関の機能を持ち続けるのは、国民全体からみて何の利益もない。

電気通信

郵政省の仕事は、郵便、郵貯、簡易保険等の郵政事業を行なうことばかりではもちろんない。高度情報社会の政策官庁として、昨今の郵政省の活躍ぶりは、以前の狸穴村の二等官庁とは思えない。これというのも、ニューメディア時代というブームに乗って、電気通信や放送が脚光を浴びてきたからである。その間、通信の自由化も実現され、郵政省は最も注目を受ける省の仲間入りをした。それまで電気通信にかかわる権限を電電公社に握られ、細々と電波免許の管理だけをやっていた官庁が、自由化、NTTの民営化とともに大きく力を持つという不思議な現象が起きたのである。

この通信の自由化は、電気通信の分野に競争原理を導入し、新しいサービスを廉価で提供するものである。消費者にとっては、いたって好ましいことなのであるが、どうも日本の場合はそう単純にはいっていないようである。

というのも、規制緩和が新たな規制を生んでいるからである。NTTが民営化され、新たな電気通信事業者の参入が許される一方、郵政省は許認可権限という大きな利権を持つことになったのである。皮肉なことに、NTTが一社独占していれば、許認可権限など郵政省に発生しなかったのだ。日本型自由化とは、ある決められた枠組みの中での自由でしかないのである。そこには新たな規制があり、場合によっては以前よりも複雑なルールが存在する。新規参入の電気通信業者も手足を抑えられたような状態の中での自由化に、一種の戸惑いを示しながら事業を始めているのである。

そもそも、NTTや第二電電等のコモンキャリア、つまり第一種電気通信事業者の業務の目的は、限りなく透明に近いネットワークを、最も効率よく提供し、さらにそのネットワークをグローバル化していくことである。そしてそれを国の立場で促進することが郵政省の責務なのだ。しかしながら、現実には、郵政省はあまりに制限を設けすぎている。新規参入も自動車電話、地域電話会社、長距離電話会社、第二KDDとあらゆるネットワークがタテ割り分断され、効率性などあったものではない。ネットワークを分断する、という考え方はネットワークの本質を理解していない人間のすることで、やはり郵政省の限界を示している。長期的に最も弊害が多いのは、国の内外でネットワークを分けていることであろう。今やネットワークというのは、グローバル化していることが、絶対条件である。東京にいながらニューヨークに直通電話がかけられず、かけても請求書が二枚、支払う先も別々などという不便さは、国際化を目ざす日本にまったく相応しないものだ。このようなシステムは諸外国でも稀である。

また衛星通信会社サテライト・ジャパンのケースでは、通信の自由化とは名ばかりであることを見せつけられた。ソニーを中心として参入を表明した電気通信会社は、郵政省の「業者の乱立による共倒れを防ぐ」という説明の前に、ついに事業開始の許可をもらえなかったのである。

自由化とは、競争原理の導入であって、その中で姿を消すものがあって当然である。民間企業にとって当然のリスクが、郵政省にはわかっていないらしい。これでは、自分の許認可権限という利権を守るために動いていると思われてもしかたがあるまい。もともと今回のリクルート事件NTTルートのような問題がなぜ起きたのか、ということを考えてみる必要がある。NTTの管理職がなぜ自分の給料の一部を八億円近くもプールしていたのかといえば、運輸省の天下り先が一挙に増えたJR方式の地域分割にあやかって、NTTが分割されることを恐れていたからであろう。郵政族や郵政省が本当にはその気がなくても、アメリカ方式の地域分割論を持ち出せば、NTTからのロビー活動が活発になることは目に見えている。本書の冒頭でも述べたように日本の利権構造の典型がここに見られるのである。今の許認可権や監督官庁といった、負のイメージがなくならない限り、NTT分割のような大切な議論は郵政省がやるべきではない。まったく利害の関係のない、受益者たる国民も含んだ第三者が審議しなくては、この利権構造から抜け出られないだろう。自動車電話の新規参入問題や第二KDD問題も同様である。

アメリカの通信自由化は、実コストを反映して必ずしもローカルコールの料金は下がってはいないが、しかし長距離電話の料金は明らかに下がった。それはAT&Tに対抗してMCIやGTEスプリントという新規業者が続々と参入し、多彩なサービスを展開したからである。料金やサービスメニューもはるかに自由に設定でき、各社の間で激しい料金値下げ競争が起こった。日本のように、料金の決定も新しいサービスもすべて郵政省の認可制ということはまったくないのである。

通信自由化の前後に誕生した郵政省関連の外部団体の数は多い。そして当然のように郵政省OBがその幹部の座につく。新規参入業者への天下り人事も急増し、日本における通信自由化とは官による産業界への支配を一層強める手段であったのだ、と今になってようやくわかるのである。

第一種、第二種電気通信事業者の定義も非常に奇妙である。設備を自ら持っている事業者が第一種、他から借りているのが第二種とは、通信の本質とはまったく無関係な話である。本来あるべき定義は、無色透明のネットワークを提供するのが第一種であり、ネットワークに付加価値を付けて加工するのが第二種である。アメリカでは、コモンキャリア同士の回線の貸借が頻繁に行なわれている。それでこそ、効率的なネットワークの構築も可能になるのである。そして効率的なネットワーク、廉価なサービスこそ、利用者の求めているものなのである。郵政省は、つまらない定義や区分にこだわったやたら複雑な法律を一度全廃し、ものごとの本質を見すえた本格的な「ネットワーク局」に脱皮すべきなのではないか。

また通信自由化の名のもとに、認可権限を拡大させ、外部団体を増やし、産業界への影響力を強めていこうとする今の郵政省の姿には、国民不在の官庁間の縄張り争いが見え隠れする。本来自由化になれば、規制も少なくなり、スモールガバメントが生まれるはずである。今の自由化はこれに逆行としていると言っても過言ではない。

郵政省は国としての本来の姿に戻るべきである。最も効率的でグローバルなネットワークを低コストで実現することを目ざして、民間の企業に自由に競争させる。後は、通信の質と料金の正当性をチェックし独占を排除しながら、各社の事業展開をみていけばよいのである。弱肉強食は世の常である。せっかくつくった第二電電や第二ＫＤＤをつぶすまいとして余計な干渉はすべきではない。一定期間の資金援助ならともかく、競争を制限するような細則は全廃すべきである。また民間企業で手に負えないような大規模な設備投資や技術革新については、国が予算をとってバックアップしてやればよいだろう。そしてそのとき、各社公平に取り扱うべきことは言うまでもない。ＮＴＴもまた民間会社として、株主に責任をとれる体制で仕事を進めていく必要があること、これも言うまでもない。

放送行政

郵政省にはもう一つ、放送事業を監督する業務があるが、これもその内容がよくわからないものである。本来、有限の資源である電波を効率よく使用し、混乱なく放送事業を行なうために放送行政局はつくられた。しかし、一度電波を渡して放送局を開局させてしまえば、その仕事は極端に少なくなるはずである。放送行政局（九〇人）という大がかりな組織が必要だとは思えない。ここにも、郵政省の利権確保、天下り先確保の姿が見える。

ＮＨＫの運営形態は、視聴者が直接料金を支払うという世界でも類例のない仕組みになっている。このためＮＨＫは、外国でよく〝政府の放送局〟という言い方で誤解されることが多いが、実際には国民の一人一人が出資している〝国民放送局〟である。政府はカネを出していない。しかし口は出すのである。なぜなら郵政大臣の監督下にある特殊法人であるからだ。現在のような制度的基盤は、報道機関としてのＮＨＫに政府からの無用な圧力を加えることにもなりかねない。

国は、放送に対して技術的な発展を促進する資金的な援助はしても、決して口を出すべきではない。アメリカの公共テレビの全国ネットワーク（ＰＢＳ）は、その財源の約六〇％を連邦および州政府の補助によっており、残りは民間からの寄付によってまかなっているが、政府・寄付者からは完全に独立した放送を行なっている。放送内容については有識者から成る独立した機関が監査しているからである。

世界的にみても、公共放送を政府から独立して運営しようとする動きは多い。それに対して、日本の郵政省とＮＨＫの関係は「口は出すがカネは出さない」の関係である。先進国の中でも最も進んだシステム、視聴者が直接料金を支払って共同経営するＮＨＫという仕組みが、今の行政下ではうまく生かされていない。

新聞・雑誌

放送行政の責務を、メディアの高度化、効率化ととらえるならば、郵政省から一つの大きな業務が抜けていることがわかる。新聞の取り扱いである。放送は新聞と一体となってメディアを形成するもので、どちらか一方だけでは議論にならない。ましてや、新聞が広告宣伝の減少と配送コストの増大の中で苦しい状態にあるとき、健全なるメディアの発展を確保することは、コミュニケーションを管轄する郵政省の重要な役割のはずである。現に今の在京のテレビ局は、すべて印刷メディアと不可分である。すなわち、日本テレビ＝読売新聞、ＴＢＳテレビ＝毎日新聞、フジテレビ＝サンケイ新聞、テレビ朝日＝朝日新聞、テレビ東京＝日経新聞。程度の差こそあれニュースについては新聞とテレビは一心同体ということができる。

このように、放送行政局をメディア課と改め、放送、新聞、ＣＡＴＶ等これから広まるすべてのメディアを総合的にみるところとするほうが、行政府としての任務が明確になると思われる。ただし、メディアの送るべき内容についてはその管轄部門を別途設定しなくてはならない。メディア局はネットワークの質と量の拡充にのみ責任を持つのである。

情報ネットワーク省への変革

このように、郵政省の現状を見、その対策を考えてくると、郵政省の本来あるべき姿をここで抜本的に考え直す時期が来ているように思われる。

非効率で民間サービスを阻害する可能性のある郵便事業、レゾンデートルを失った郵便貯金、電気通信の中途半端な自由化、片手落ちの放送行政。これらの問題について言えることは、郵政省が、郵便、テレコム、マスメディアの三大ネットワークの高度化と効率化、グローバル化に向け、その機能を発揮すべきだということである。これにともない郵政省という名前も、今や不適当となる。情報の流通のためのインフラストラクチャーを扱うのであるから、さしずめ「情報ネットワーク省」が適当なところであろう。

郵政省は、郵務、テレコム、メディアの三大ネットワーク行政を行なう〝情報ネットワーク省〟として位置づける。郵便局は民営化し、貯金局・簡易保検局は他省へ移管することにより、人員は総勢約4000人にすることが可能である。

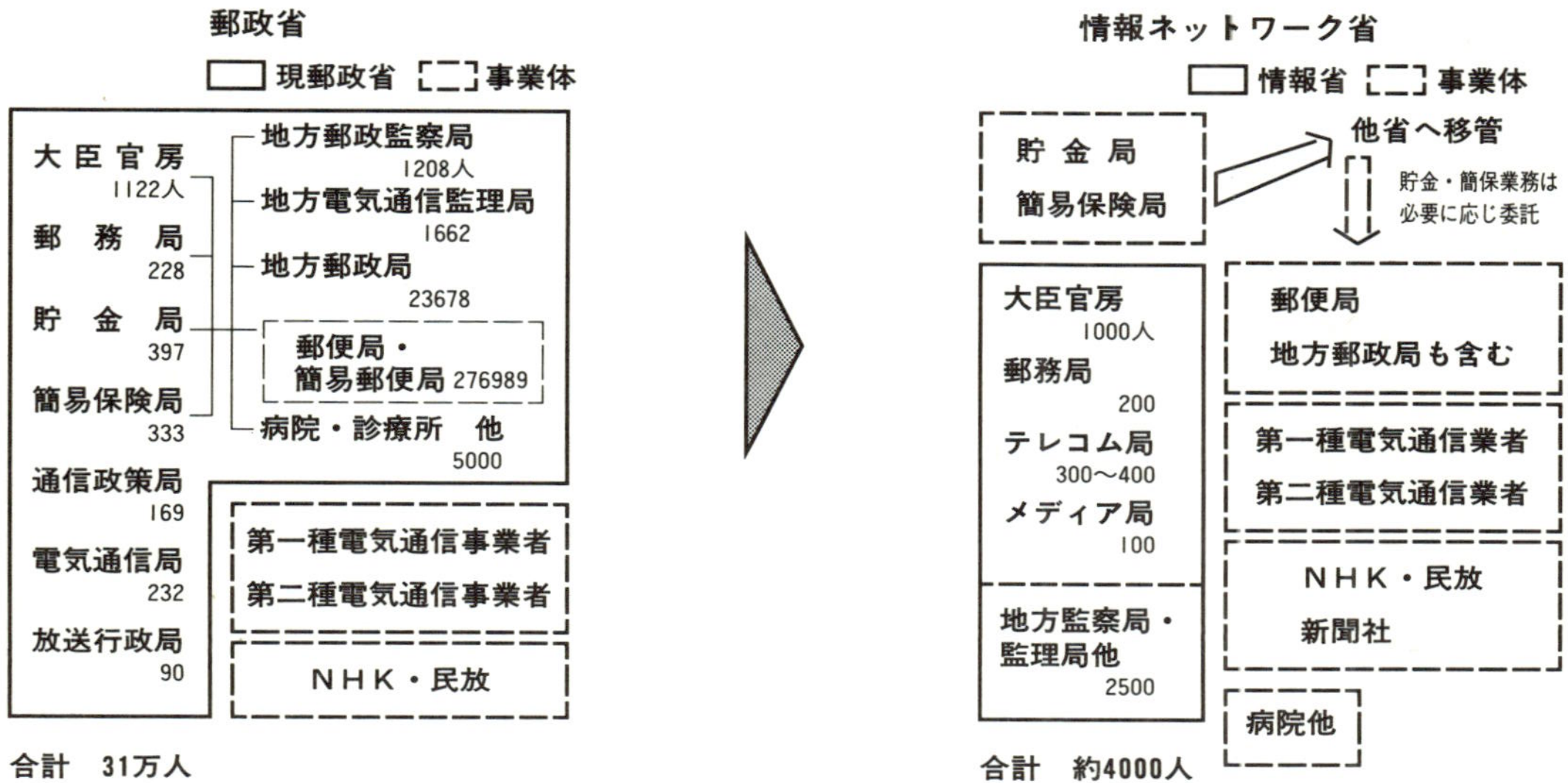

図１

そしてPLAN、DO、SEEのうち、DO（事業者としての役割）を切り離し、PLANおよびSEEを行なう行政機関として、国民の利益を最大化させることがその主要任務となるべきである。

郵便、郵貯、簡易保険の郵政三事業はこれを行政から完全に切り離す。郵便業務は郵務局の監督下におくが、民間事業として自由競争をさせる。郵貯、簡易保険は前述のように郵政がやる理由はまったくなくなってきているので、たとえば大蔵省のような他官庁へ移管する。電気通信と放送については、一層の規制緩和を指向する情報省として総合的な見地から行政を行なう。そのときに日本の国のインフラストラクチャーとして保証しなくてはいけないシビルミニマムを設定し、その部分に限り国庫補助をする。たとえば離島などにおける電話や放送受信がこれに当たる。後は民間企業に自由に競争させる。もちろん、そのインフラストラクチャーは国内外の分けへだてなく、情報の流通が円滑に行なえるようにする。それらの条件さえ満たされていれば、口出しはしない。許認可も最小限にする。明らかな違反行為があれば、法的根拠不明の行政指導ではなく裁判に持ち込む。

大きな技術の変化や投資上の問題があり、個々の企業では対応できないような場合には、国家レベルの予算をつけて研究開発や設備投資に援助をする。しかし、その際も企業間のフェアな競争が維持されることを十分に念頭に置いて、機会均等で実施すべきである。

このような機構改革を行なった上で、国民の立場に立ち、各事業をチェックしていけばよい。料金が不当に請求されていないか、ユーザーはサービスレベルに十分に満足しているか、世界的にみて遅れていないか、国際社会とのインターフェイスが十分にとれているか、などである。

このようにすれば、郵政省は今の郵便配達から完全に脱皮できる。そして名実ともに約四〇〇〇人程度の情報ネット・ワークに関する政策官庁となる。政府全体からみても、これで三〇万以上の人員削減ができるので、スモール・ガバメントとなる（図1）。またその役割がはっきりしない地方の監察局や監理局もこれに応じて道州に移すか廃止してしまえば、わずか一五〇〇人のエリート省庁となる。このようにしてはじめて国民の税金を無駄遣いすることもなく、国民の納得のいく情報行政ができるようになるのである。

第九章　運輸省

およそ日本の運輸業ほど、競争力を欠く業界はないのではなかろうか。運輸業の分類には、海運業（内航船、外航船）、陸運業（鉄道、バス、トラック）、航空業があり、いずれの業界も近年の物流合理化と国際化の流れの中で、構造的な弱点を露呈している。これは、運輸業の公共性を重視して運輸省がこれまで行なってきた、参入規制や価格調整などの、業界に対するさまざまな保護的政策が、運輸業各社に企業体として当然行なうべき経営の自助努力を怠らせたことによる。その結果として、今日きわめて脆弱な産業を大量育成してしまったのである。

現在の運輸省の政策目的も、本来あるべきわが国の交通政策の推進というよりは、独立企業としては本来存続していけない、ほとんど赤字の運輸業界に従事している約二一五万人の雇用維持に向けられているというのが実態となりつつある（**図1**）。六二年度の運輸省の重要施策に振り分けられた予算を見ても、その六二％は債務返済や雇用対策といった後ろ向きの費用となっている（**図2**）。

さらに補助金のみならず、運輸省が安全性や公共性の名のもとに許認可や行政指導という形で、きわめてあいまいかつ恣意的に関連業界に介入することが、運輸コストを不透明かつ肥大化させているのである。

脆弱な運輸産業と高い運輸コストを生む保護的行政

たとえば、宅配便等の合理的な物流業者が登場すると、道路運送法を盾に、「全国三万七〇〇〇のトラック業界のほとんどは零細企業なので、保護するのは務め」とばかり、トラック免許の発行をしぶる。しかし、このように競争力のない企業を参入規制で保護することは、割高な運賃を生み、結果的に地域住民に見えざる負担を強要していることになる。あるいは国内航空の路線の割当てにしても、採算性の悪いローカル路線の就航をドル箱路線の就航認可と抱き合わせで行なう。これなども、ローカル線のコストをドル箱路線の運賃に転嫁させているわけで、結局は見えない形で、公共コストの負担を乗客がさせられていることになる。

つまりは、配下の業界の範囲内で調整を行なうことで、本来は税金でまかなうべき公共・福祉のコストをあいまいにしたままで、負担能力があるか、またはおとなしい消費者に価格転嫁しているのである。さらに、役所は規制や指導を行使することで、業界へのヘゲモニーを確保してい

運輸は低収益産業

運輸業種別比較（昭和60年）

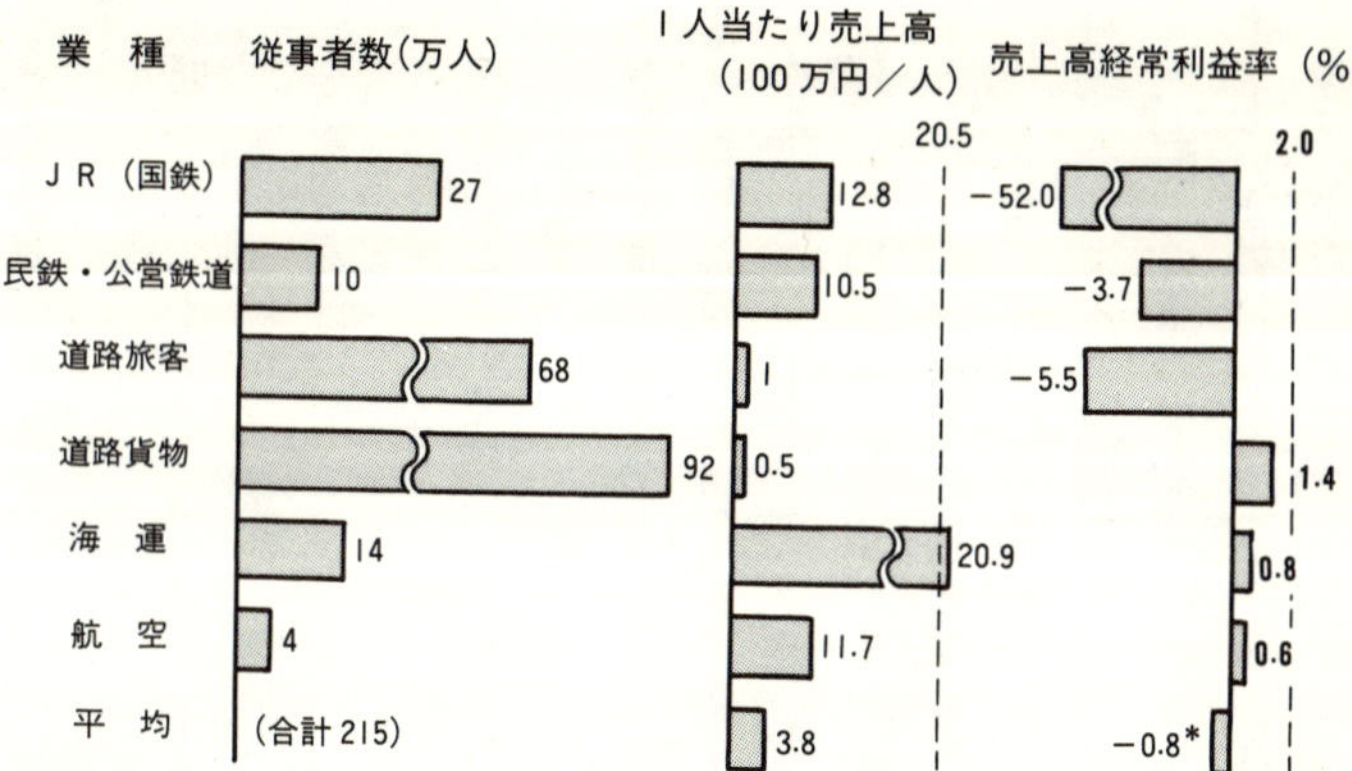

*国鉄を除く

資料：国勢調査、運輸白書、日銀資料

図1

運輸関連予算の62%は、後ろ向きの債務返済と補助金

運輸省重要施策の予算内訳（昭和63年、100%＝3兆4500億円）

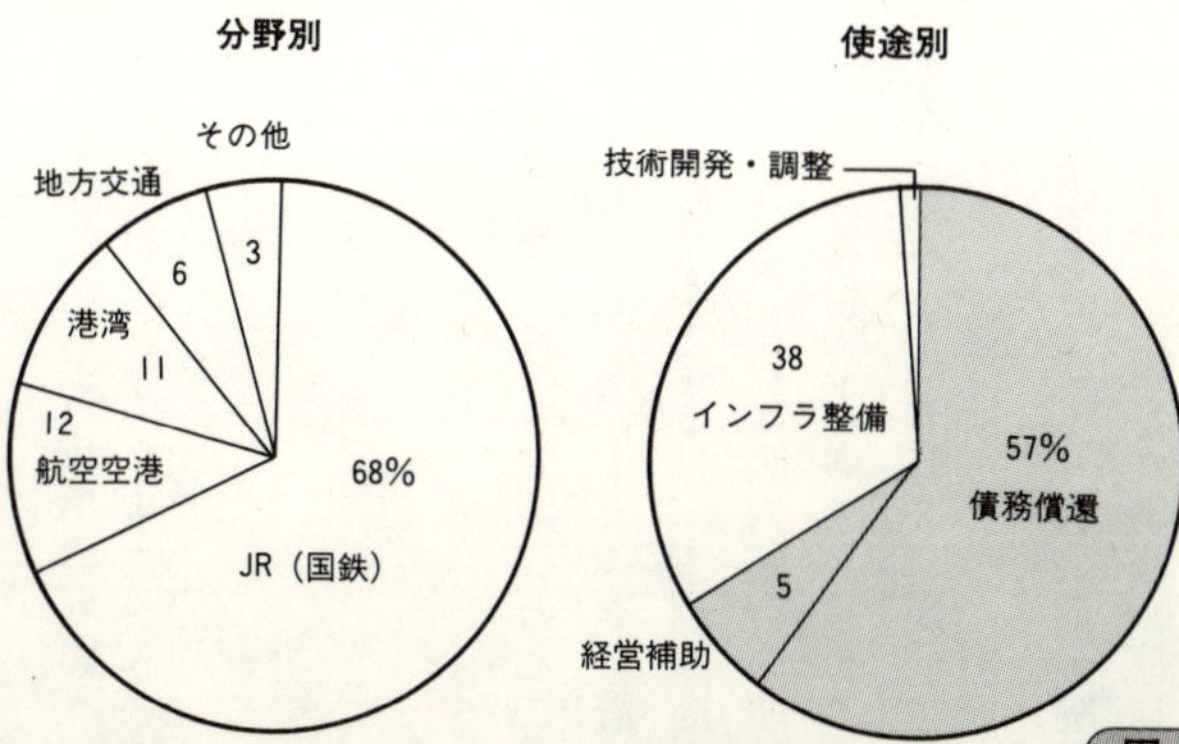

図2

るのが実態である。本来、公共福祉のためのコストは、プールされた税金を他の使途と比較吟味した上で、相応に配分することによりまかなわれるべき性質のものである。したがって、かりに財源が不足するとしたら、議論を尽くした上で増税を行なうべきであり、明確にそのコストを国民に示すべきなのである。

陳腐化した硬直的な公共福祉・安全政策

これまでの日本における交通政策の立案は、なによりも公共性が優先され、またその執行に当たっては未熟な企業モラルや技術レベルを補う経営補助・安全指導が中心であった。しかし、経済レベルの向上と科学技術の進歩により、このような運輸政策の機軸は陳腐化し、今や行政介入や権益確保のための大義名分になり下がってしまっている。したがって、国民にとっての交通の便益を考えた上で、国としての運輸行政と地方業者の経営補助や安全指導などを思いきって分離することが必要である。これらの機能を切り離してしまうと、たとえば地方における交通が衰退したり、あるいは輸送の安全性が損われることを危惧する人もいることと思うが、一度そのような方向に大きく振り子を振らない限り、現在の膠着した現状からは抜け出せない。

米国の航空業は、一九七八年の規制緩和により企業活動の自由度と企業間競争が高まり、利用者のニーズに合わせたきめ細かなサービスが提供されるようになった（価格に敏感な学生や観光客には出発時刻は不確定だが運賃を割引き、ビジネス客には確実な予約の保証や高級な機内サービスなどが提供される）のはよく知られている。一方、安全性の向上も重要なサービスであるため、企業も努力をした結果、一九七八〜八三年の定期航空会社の死亡事故率は従来の半分に低下した。アメリカにおける安全性の行政管理は、国家安全運輸委員会（ＦＡＡ）という第三者的な委員会で行なわれている。また、小都市への航空サービスについても、規制緩和当初は懸念されたが、コミューター企業が積極的に参入したことにより、それも杞憂に終わったのだった。かたや、日本におけるコミューター事業が、有視界飛行の義務づけという時代錯誤的安全規制や、空港への離発着について大手航空会社を優先するといった差別的行政によって青息吐息なのとは、なんとも対照的である。最近のイースタン航空やコンチネンタル航空の経営破綻に見られるように、力のないところは落伍してゆく。アメリカの航空会社ではサービスが低下し、さらにストライキも続発しているから、日本ではアメリカのような規制活動をやるべきではないという意見を聞くが、これも表面的な観察である。カール・アイカーンによるＴＷＡの買収やテキサスエアーによるイースタンやコンチネンタルの買収の例でもわかるように、経営の荒廃は規制緩和によるものではなく、企業の売買（Ｍ＆Ａ）にみられるような経営土壌の荒廃からきている。アメリカン航空などのように経営のしっかりしているところは、むしろ業績とサービスを向上させている。また、一時二〇〇社近い参入があったが、今は淘汰されて全体で八〇社ぐらいに落ち着いてきている。料金が下がったことにより、旅客も飛躍的に増えた。すなわち、業界は落ち着きを取り戻し、今や再びサービス向上に向けて競いはじめたのである。

ひるがえって日本をみてみると、国際化と物流合理化の流れに対し、市場の開放と企業競争の導入が行なわれていない。現在のところ交通政策と雇用対策的な福祉行政とを混同しており、これが行政の膠着をもたらしている。同様に過剰な安全行政は、競合する交通手段に対する保護措置の裏返しともなり、結局は利用者のコストにはね返っているのである。よく知られているように日本では鉄道交通が中心であったために空と車の発展が遅れた。しかし今では近距離は自動車、長距離は飛行機、という旅客移動のパターンが定着化している。ところがこうした中にあって、車はステイタスシンボルという幻想が依然として行政の根底にあり、これが車の維持費、運行費を法外なものにしている（**図3**）。また、自動車維持費を総合的に安くするためにはドライバーの立場に立って考える行政が必要であるのに、いたずらに各省庁が乱立しているためにそこまで及ばない。このため業者と省庁が、好きなように自分の担当のところで分捕り合戦するので、車の年間維持費が一〇〇万円という巨額になってしまう。これは今や国民の足となった自動車の業界側につくだけで、ユーザー側に立って主要経費を下げる努力をしてくれる省庁が不在だからである。運輸省は本来これが主な仕事のはずなのだが、型式認定や車検などの許認可行政に忙殺されて、ドライバーのことをすっかり忘れてしまっている。それどころか、業者とグルになってユーザーを搾取する構造を自らつくりあげてしまっているのだ（**図4**）。

見直すべき全国一律主義

地方へのアクセス整備というと、運輸省には、全国一律にジェット機が飛べる空港を整備する

これまでわが国の運輸行政は、鉄道・バスに代表される公共交通機関の整備に力を注いできており、自家用車に代表されるより個人的な輸送ニーズへの対策はできていない

乗物別移動コスト比較（円／km）

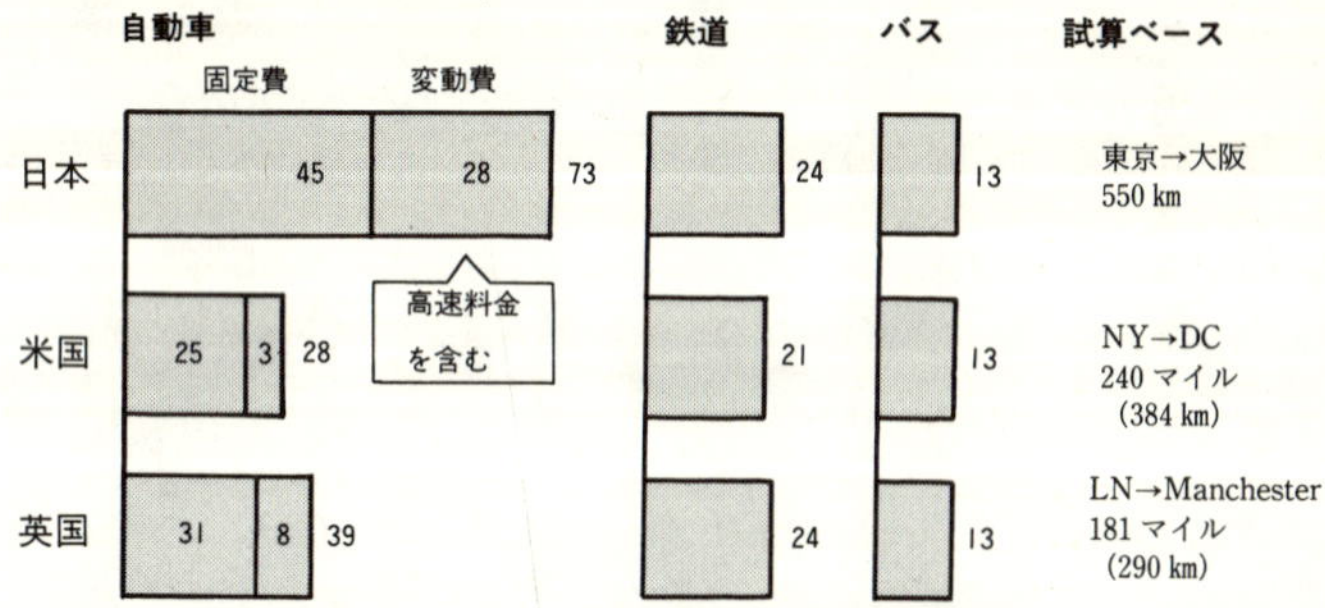

鉄道・バスについては各国ほぼ同じレベルにあり土地のコスト差を考えると日本の移動コストはむしろ安いとも言える

資料：マッキンゼー

図3

「自動車は高いもの」という錯覚を国民に植えつけ、省庁、業界がさまざまな搾取をしている

自家用車の年間維持費用（万円／年）

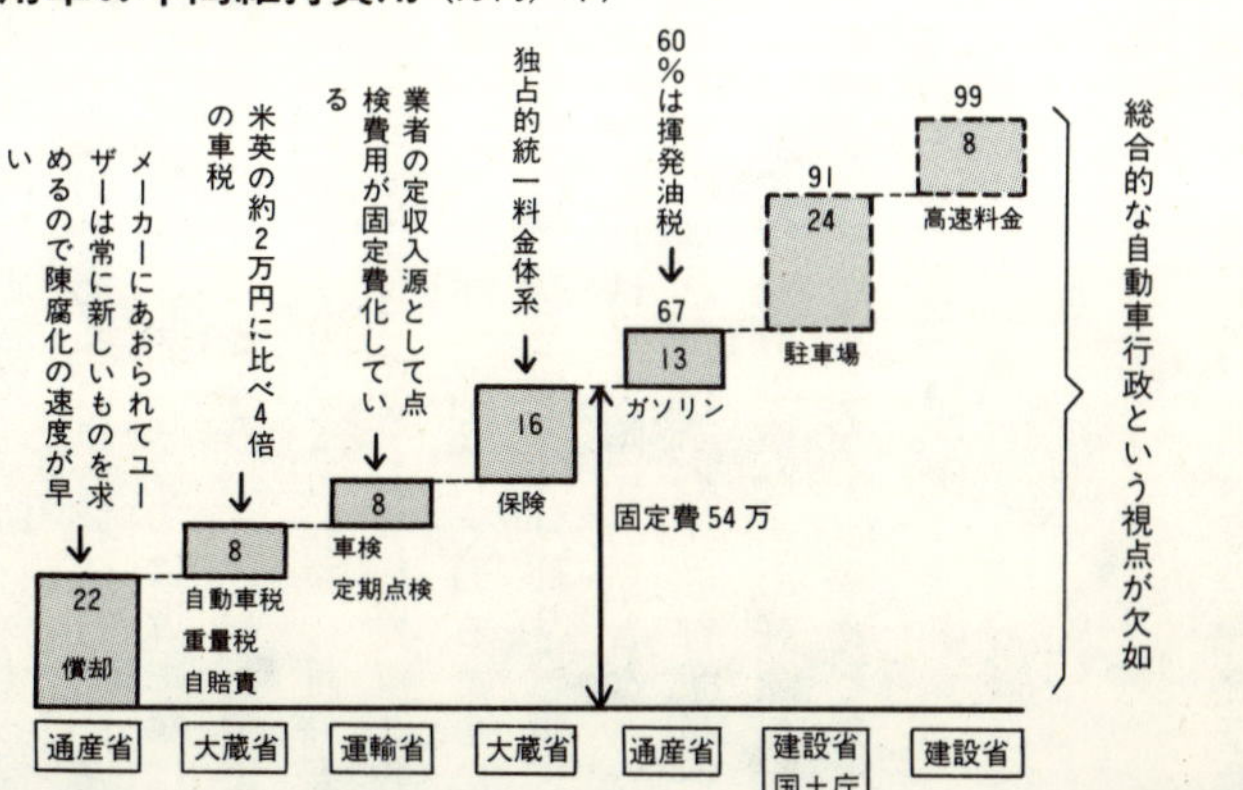

前提：1600 ccホンダ4ドアセダン 140万円新車
年間 12000 km走行、燃費 12 km/ℓ、ガソリン 125円/ℓ、内 3000 kmは高速、駐車場 2万円／月

図4

という安直な発想しかない。また地元は地元で、それをあたかも発展の象徴のようにあがめ喜ぶパターンが多い。しかし、この運輸公共性の短絡である全国一律主義を疑ってみることこそがまず必要だ。

交通・運輸の特徴として、ユーザーにはほとんどの場合、複数の手段が用意されている。そのオプションは、歩くことに始まり、自転車、鉄道、車、飛行機などであるが、その利便性、選択性はユーザーがどこで暮らしているかにより、当然異なる。これに対し、これまでの運輸行政は、全国民に同レベルの運輸サービスを保証することがその任務であるかのような幻想を与え、過剰な一律主義を全面に押し出していた。国民にシビルミニマムな交通手段を提供するのは行政の役割だが、一定以上の交通力の整備は、地域固有の運輸事情と経済政策に照らし合わせて、地域主導で設計されるべきものである。恩着せ型の過剰な一律主義は、運輸省の中央集権体質そのものなのであり、地方の中央への寄りかかり体質を助長するという悪循環のもととなっている。

現在、わが国では経済構造が東京へ一極集中していることの弊害が数多く指摘されている。また対策として多極分散型への転換が盛んに論じられている。その実現に向けて地方は、中央への寄りかかり体質をまず改め、自助努力によって経済を振興させなければならない。その際、鍵となるのがアクセスの整備である。いくら地方がテクノポリスだのマリンリゾートだのと大型プロジェクトをぶち上げても、鍵となるアクセスが整備されない限り、企業も観光客も引きつけることはできない。しかしながら、先に紹介した地方空港の例でも、空港への発着枠や国際線の就航などの権限は、すべて中央に握られているために、結局は地域経済振興という観点での独自の運輸戦略は展開しようがないのが実状である。たとえば今日、がんばって石垣島に大型ジェットが乗り入れられるようにしても、料金を自由化しない限りサイパン、グアムに行く方が安い。それを前提にしないで、青サンゴが絶滅するとかしないとかカネをかけて調査しているが、これは茶番劇である。今の空港をもともとの計画より五〇〇メートル延長すればすべて解決するのである。地元は工事（空港でない）がほしいので大騒ぎをしているだけなのである。サンゴのために新空港を五〇〇メートル短くしてしまうとなれば、今の空港を五〇〇メートル長くするのと何ら変わらない。それなら明日にでもできるのである。むしろやるべきは料金と乗り入れの自由化なのである。これなくしては八重山諸島の発展はあり得ない。つまりこのような問題は、中央省庁たる運輸省のからむ問題ではなく、地方独自の問題なのである。

さらに例をあげれば、北海道は太平洋線・欧州北回り線上に位置しており、急成長中の北米—アジア間の航空貨物の集荷基地のロケーションとしてもきわめて魅力的である。また、九州は八県を合わせると、面積、人口、域内総生産額がちょうどオランダ一国に匹敵する。この九州圏が運輸の自治権を保有することで、国内はもとより、その立地条件の有利さ（福岡からソウル、タイペイ、香港に空路で一時間）から、台頭するアジア各国との自立した貿易国になり得る可能性は高い。これからの九州の発展は、主として航空路を、アジア主要都市を結んだヨーロッパ型のネットワークに仕立てあげることにかかっている。すなわち国を超えて主要都市が相互に直結されるようにすべきなのである。しかし今は、東京や大阪をアジアの主要都市と結ぼうとしている中央官庁の意向が強く、とても九州が東アジア経済圏の要（かなめ）として自由に空のネットワークを組めるような状況にはない。沖縄などは、このようにしてアジアのリゾートにならず、東京から観光客を運んでいたのでは、将来性はほとんどない。今日までのところ沖縄の日本返還は、運輸省もおまけについてきてしまったという不幸のために喜びきれないものになっている。これが今日沖縄がいつまでも自立できない産業振興上の最大の原因になっている。

北海道にしても、実際に米国の航空貨物や国際旅客便の誘致、千歳空港の整備の動きは盛んになっているのに、例によって中央政府が「他の地方空港とのバランス配慮」や「二国間の相互乗り入れの取引き材料」などの理由により認可しないために、計画が遅々としてはかどらない。ここでも一律主義や弱体航空業保護主義が顔を出すのである。北海道が独立してしまえば発着ワクは独自にアメリカ等と交渉できる、というイヤ味の一つも言いたくなるのである。しかし、このような百年一日のごときの中央集権的運輸行政では、国内の地域格差によるひずみは一向に解消されない。また、海外からの航空自由化への要求に応えることはできない。地方の自立のためには、中央の行政機能の地方への分権化が不可欠である。総合的な運輸政策と安全技術政策を立案遂行する機能のみを中央の運輸省そのものに残して、産業振興、雇用維持、社会福祉を含めたもろもろの経済機能は地方に委譲することが最善である。

国際センスの欠落

これまでみてきたような運輸省の箱庭的保護行政は、国際的な企業のダイナミズムの前ではまったく通用しない。これは日米航空協定の交渉の経緯をみれば明らかである。この協定は一九五二年に締結されたが、平和条約締結直後という日米間の著しい国力の格差を反映して、路線権、以遠権のいずれについても、日本側に圧倒的に不利となっている。これに対し、運輸省と外務省は再三協定の改正交渉を繰り返してきたが、不平等は依然として解決されていない。特に近年の交渉の経過をみていると、不平等改善どころか、アメリカの日本乗り入れの自由化要求に対して、なし崩し的に譲歩しているのが目立つ。これは結局、日本側が受給調整的な観点からの限定的な航空市場の開放政策を押し通そうとしているのに対して、アメリカ側は完全自由化、受給の調整は市場の原理に従うべき、としており、日本側の論理はアメリカ側のこの国際的な正論を前にまったく通用しないからである。完全自由化の承認はそのまま、手塩にかけて育てた日本の航空会社が、自由化の荒波をかいくぐってきた米国航空会社との競争に敗れ去ることを意味するのでないかと危惧するために、日本側はこれをとうてい受け入れられないと思い込んでいるのである。言い換えれば、アメリカ側は、完全自由化という切り札を持っているために、常に交渉を有利に進めることができるのである。

一九八五年のユナイテッド航空（UAL）によるパンアメリカン航空の太平洋事業部門の買収や、一九八八年の航空宅配便業者フェデラル・エキスプレスによる貨物便会社フライング・タイガー社の買収という、アメリカでは日常茶飯事の企業活動に対し、現在の運輸省は適応する能力がない。UALの件においては、パンナムに認めていた日本乗り入れの許可権のUALへの委譲を、運輸省は国際交渉の材料にしようとしたが、その企業が有していた権益が買収により委譲されるのは当然とする米国法のもとに一蹴された。また、フェデラルは、運輸省が一般貨物の輸送の認可をしぶるのに業を煮やし、それならば、とすでに認可権を取得しているタイガーを買収したと報道されている。

ことほどさように、運輸省の保護主義的許認可行政は、海外では常識となっている自由な企業活動に対してはまったく無力なのである。

一九九二年の欧州経済統合により、アメリカ同様に規模の経済を追求したメガキャリアーが、欧州にも誕生する可能性が高い。このままでは、日本の航空業が取り残されていくことになる。しかし、この国際競争の中で欧米のメガキャリアーよりももっと競争力があるのが、日本以外のアジアの航空会社であろう。今後、日本の航空産業が自由化に耐えうる競争力を保有するための鍵は、アジアとの連携であろう。たとえば本社東京、整備基地はＮＩＥＳ、搭乗員はＡＳＥＡＮというように、企業展開の多国籍化が必要となるのである。

航空自由化の時代に運輸省に求められているのは、以遠権や路線権の獲得といった古典的な国際交渉一辺倒ではなく、利用者の利便性と経済性である。運輸省は産業保護ではなく、ユーザー保護に重点を移し、日本企業を厳しい競争にさらすことによって、逆に強いところを伸ばしてあげる、という態度が必要である。また、アジア内での自由なネットワークづくりを促進するような、アジアのリーダーとしての施策を並行的に実施するしたたかさが求められているのではなかろうか。

運輸行政システム上の各ユニットが陳腐化しており、国民のニーズから乖離した施策の運営がなされている

運輸行政の悪循環

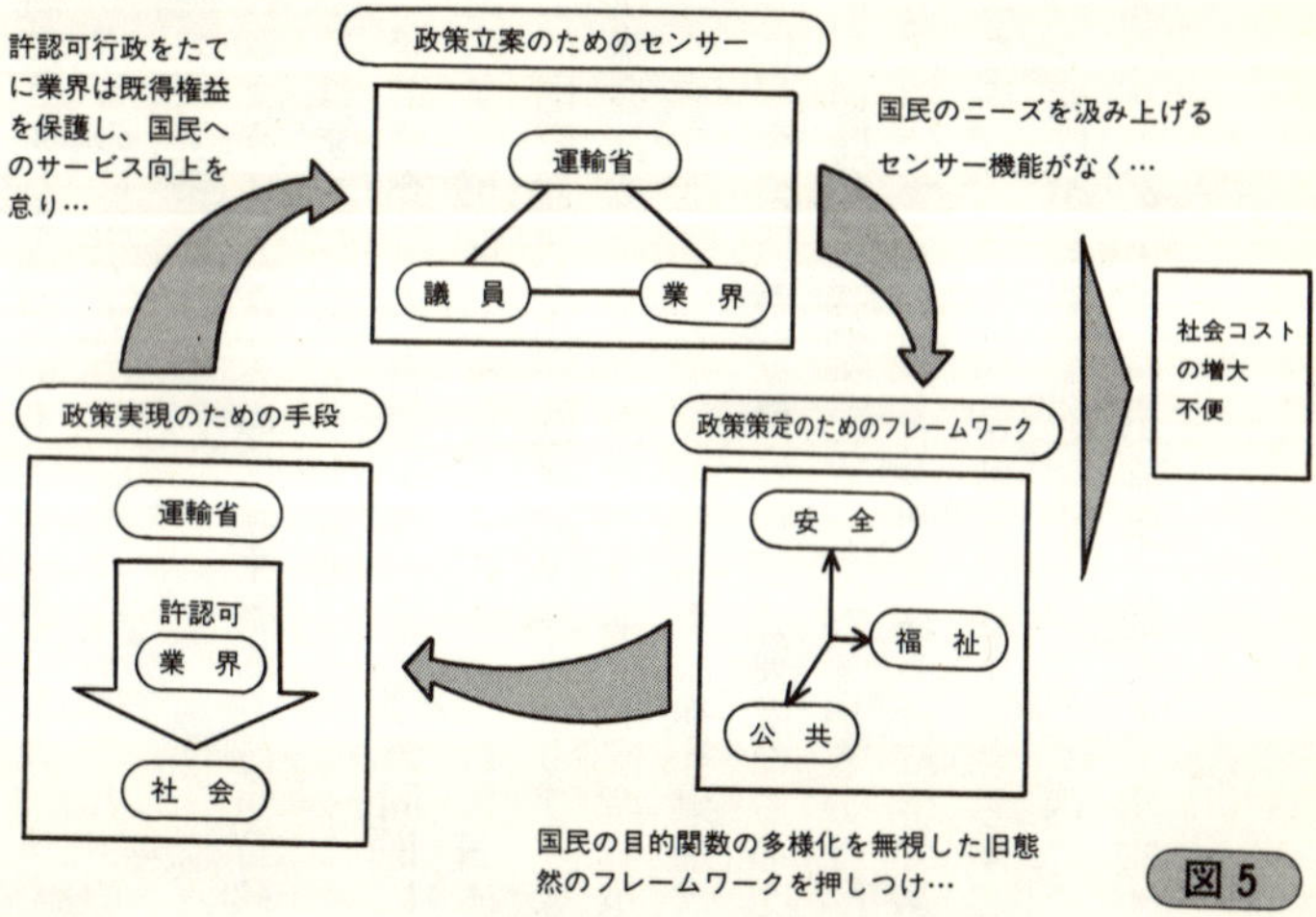

図５

クローズド・システムの打破を

結局、今日われわれが抱える運輸上の問題は、国際的な事業環境の変化や国民のニーズに対するアンテナ機能が、行政システムから欠落していることに起因している。ここで言う行政システムとは、業界―政界―役所という利害が完全に一致した三者によるクローズド・システムをさす。つまりこの三者は、業界にとっては保護や補助金、政治家にとっては資金と票、そして役所にとっては権限と天下り先というように生命線によって結びつけられているわけで、このチェーンを断ち切らない限り、国民のためになる運輸行政は実現しない（**図５**）。

弱少業界の保護は、利権の発生と市場の歪みをもたらす

内航海運組合法の影響

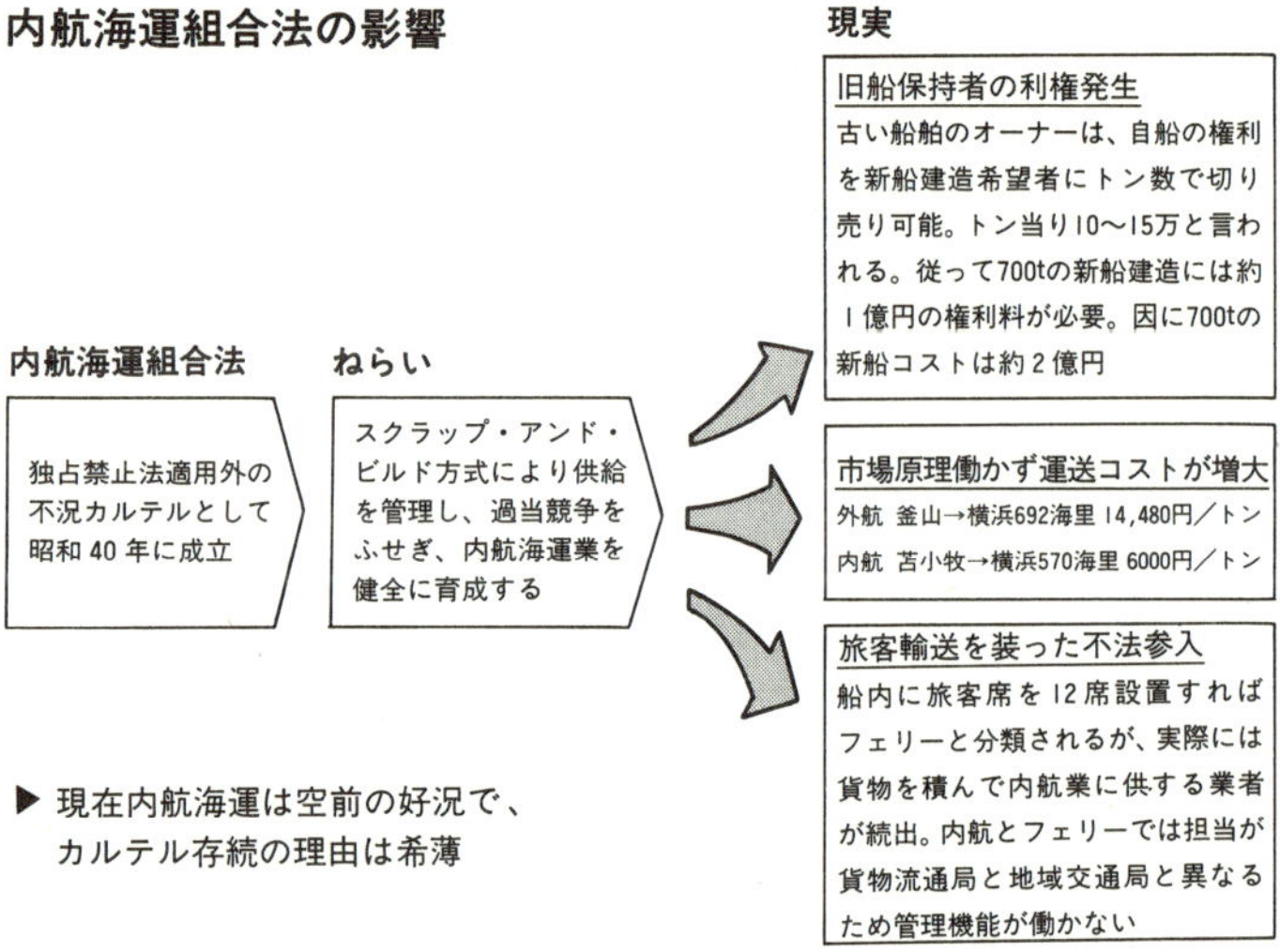

図6

三者のうち、業界に対しては、安全性を損わない範囲で参入規制を緩め、基本的に自由競争原理の導入を図り、企業の経営マインドを目覚めさせることが必要である。企業経営マインドとは、まず運輸業とは許認可業ではなくサービス業であるという自覚。そして、顧客の視点に立ったサービスを提供する経営姿勢への転換である。このような視点に立てば、たとえば、盛り場を中心として終夜運転するバス、相乗り型の廉価なタクシー、雨ぐらいでは欠航しない都市間のコミューターサービスなど、事業の可能性はいくらでもあるはずだ。

しかしながら、業界に対する規制緩和を実現するためには、権益を囲い込む業界団体を容認するタテ割り小分割

の行政機構を解消する必要がある。また業界団体、すなわちノイジー・マイノリティの集票能力に依存している（と信じている）自民党の体質を改めることが不可欠である。

現在、運輸省の関係公益法人は、本省だけで約二五〇団体、地方局や保安本部関係を合わせると実に八〇〇以上にのぼる。しかも運輸省は、民間人で構成されるこれらの団体に、認可のための審査など行政の執行の根幹にかかわる問題を不用意に委譲しているために、たとえばトラックの可積載量の検査を身内である地元のトラック協会が行なうといったお手盛り的なことが起きてくる。最近あった砂利運搬船による贈収賄では、代議士の辞職にまで発展したが、そもそもどの船が何を運搬すべきかなどという馬鹿気たことをいちいち許認可の対象にしているから、犯罪が起こるのである。しかしその反面細かい規制や古い取り決めが多すぎて、実際には免許の売買や名義貸しなどの不法行為が見逃されてしまう（**図6**）。このような事態は、細かな行政事項が膨大すぎて、役所では管理運営もできずオーバーフローしているから起こるのである。許認可を得意とする日本の行政府の中でも、その規制項目の多さは運輸省が第一位で、約一四〇〇項目にも及ぶ。こうした異常事態の解決には、許認可事項を大幅に減少させ、やはり地域ごとに自治管理する体制を確立させるという、運輸行政の地方分権が必要となる（**図7**）。

一方、自民党の集票能力に関する分析・提言は拙著『新・国富論』に詳しいが、問題なのは、自民党が、保守支持層の中ではマイノリティである地場の運輸関連業者などの自営商工業者優先の政策を、いまだに取り続けていることである。したがって、票の重みの地域間格差を是正することは当然として、自民党に実際の支持層のシフトを理解させ、現在の主たる支持層であるサラ

新組織は交通政策の大枠を策定する中央と具体的な政策の立案・執行機能を持つ地方局で構成

運輸省の組織（案）

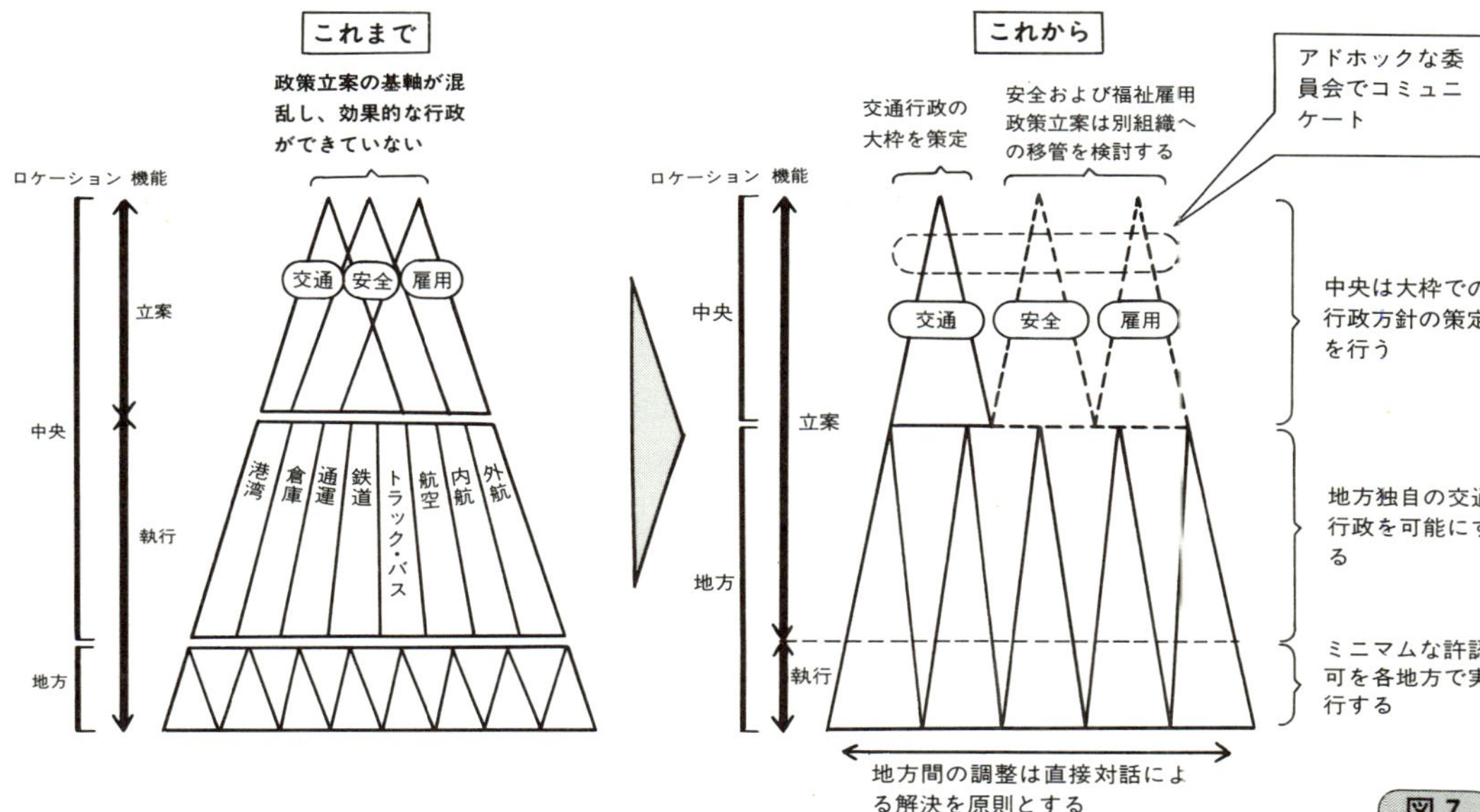

図7

科学技術の進歩に合わせた安全基準の見直しが図られていない

船舶航行に関する安全上の規制例

	規制内容	理由	結果	コメント
船舶安全法	-沿岸20海里以遠航行の禁止	-20海里以遠では無線電話が不通	-最短距離を航行できず1～2日荷着が遅延	-最新の無線システムによれば20海里以遠でも交信可能なはず
港則法	-夜間出港の禁止	-肉眼による舵取りができる事故発生の確率が大	-日中に出航と組合わせた荷役作業が集中し、かえって事故率が上昇	-機器航法、自動誘導により夜間の安全出航は十分可能なはず

科学技術の進歩から乖離した旧態然とした安全思想

図8

リーマン・主婦層、すなわち運輸、交通の「利用者」にターゲットを置いた政治を展開させることが必要である。この中には、最近の技術変化も織り込んだ法律の全面的な改訂も含まれる（**図8**）。また、ヨットなどのレジャーボートに対する許認可権を、小型船舶免許のような技能重視のものから艇の安全性や操船可能区域に重きを置いた体系に変えるなど、運輸省の役割は変わっても、仕事はまだかなりあるはずなのである。また外国の業者でも安全性、料金、サービスがよければ国民のためになるので、自由に日本の中でも操業できるようにすることである。つまり提供者側の論理ではなく、受益者側の論理に立った中央機関に生まれ変わらなくてはならない。アメリカではフラッグキャリアー（国旗運搬役＝国威をかけた国策航空会社）などと言っていたパンナムが売りに出されているご時勢である。開放経済下で国家利益などとうそぶきながら、実は自分たち仲よしクラブの密着・癒着の延命を図ってきた今までの運輸行政とは訣別しなくてはならない。

第十章　日本の警察

日本の警察は諸外国との比較において、国民生活の安全を維持するという面では優秀な成績を収めている。しかしその成果をあげるために、効率面では問題があり、必要以上に厳しい規制を課すことで国民に過重な負担をかけたり、不正の温床をつくり出している可能性すらある。またその非公開性のために、国民から当然評価されるべきよい点があるにもかかわらず、実際には好ましくないイメージもある。

警察に必要な改革のステップは、警察イメージの改善、規制の見直し、業務内容の見直しである。

以下順を追ってながめてみよう。

「安全」のありがたさと警察の暗さ

「東京は住みにくい」とはよく耳にする言葉である。確かに東京の物価は高いし、住宅も狭い。海外の主要都市で生活をした経験を持つ人なら、帰国したときにそれまでの海外での生活レベルを維持するのは不可能に近いことを実感する。

ところが帰国してホッとする一面もある。それは、東京がこれだけの大都市でありながら、世界で最も安全な都市の一つであるという点である。

われわれはふだん、安全のありがたさを実感することは少ない。日本の国内にいると気づかない。私も、海外で身の危険を感じる体験をするまで気づかなかった。今でも忘れられないのは、その昔、ニューヨーク市の地下鉄に乗ったときのことだ。駅舎の汚さ、側面に気が狂ったようにスプレーでなぐり書きされた車両、乗り込むと鋭い眼光でこちらを見すえる黒人やヒスパニック系の人々の群れ。腰にピストルを下げ、車内をにらんでいる警察官。目的地に着くまでの数十分間、家内と二歳になる長男に危害が加えられはしないかと緊張の連続だった。

「ブロンクスから家族連れで地下鉄に乗るなんて非常識だ」と、後日、市内に住む友人から注意を受けた。日本では、「公共交通機関の中で身の危険を感じる」ことなど、酔っ払いにからまれた少数の例外を除けば皆無に近い。それだけにこの経験は、安全のありがたさを身にしみて感じる契機となった。

警察官に対する印象は「お巡りさん」の持つ、頼りがいのあるイメージと権力の手先としてのイメージの好悪両面ある

警察官についての印象

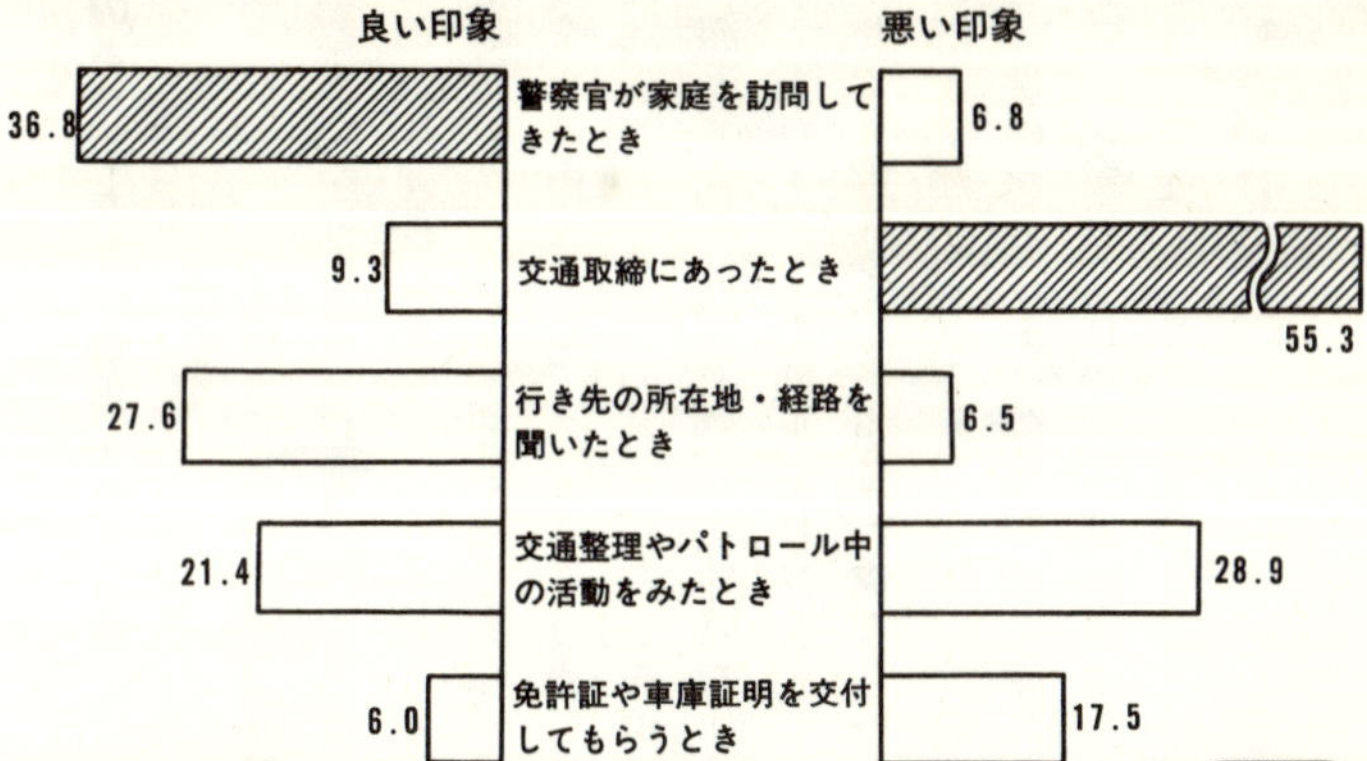

資料：総理府広報室

図1

安全のありがたさを身にしみて感じてはいるものの、警察に対する国民の見方は、時と場合により好悪両面を持っている。

総理府広報室が昭和六二年一一月に実施した国民の警察官に対する印象、評価の調査では、「よい印象を持っている」と答えた者が五五・六%であるのに対し、「悪い印象を持っている」と答えた者は二九・二%となっている。どのような場合にそうした印象を持ったかという問いに対しては、「よい印象」を持ったのは、「警察官が家庭を訪問して来たとき」、「悪い印象」を持ったのは「交通取り締まりにあったとき」が一位を占める（**図1**）。

好ましい警察官の姿は、「お巡りさん」という言葉から受ける二つの相対立するイメージのうち、地域社会に溶けこみ、頼りがいのある保護者のような存在としての警察官であろう。一方、交通取り締まりのときには、警

察官は国家権力の手先として、大して悪いことをしているわけでもないのにいやな思いをさせられる。また事故でも起これば、交通渋滞などおかまいなく平気で実地検分などをやっている。

この二面性に加え、日本の警察には暗いイメージがつきまとう。それは戦前の「特高」の尾をひいている部分もあろう。しかしそれ以上に、警察活動の多くの部分が非公開となっている上、この暗部について議論されることがほとんどないことが問題である。このために日本の警察は実態以上に暗いイメージを国民に持たれてしまっているのではないだろうか。

日本の警察の組織

警察の目的は、警察法二条二項により、次のように規定されている。

- ●個人の生命、身体および財産の保護。
- ●犯罪の予防、鎮圧および捜査。
- ●被疑者の逮捕。
- ●交通取り締まり、その他公共の安全と秩序の維持に当たること。

この目的を達成するため、警察の組織は都道府県単位で、各地方自治体の公安委員会の監督を受ける県警（東京だけは警視庁と呼ばれる）と、総理府の国家公安委員会の監督のもとにある警察庁とで構成されている。

警察官は一〇階級から成るピラミッド型の組織で、地方警察の警察官も警視正以上は国家公務員である。また全国二五万人の警察官のうち四五〇人は上級公務員のいわゆるキャリア組で、警察庁と地方警察の枢要なポストを占めている。

この組織形態は昭和二九年の警察法改正によって確立された。占領軍による警察の民主化・不偏不党・公平中正の要請と、全国の警察を一本化する必要の双方を満足させる工夫がされている。すなわち、警察が戦前、内務省のもとにあり、政治警察化した反省から、公安委員会が全国の都道府県の自治体警察の監視装置となって、政治の介入を免れる仕組みになっている。一方、警察の幹部が国家公務員として、中央との太いパイプを形成することにより、全国の警察を一元化するという目的を果している。

世界最高水準の警察への不満

日本の凶悪犯罪の発生率は、警察白書の統計によれば、先進国の中で最も低い。特にアメリカとの比較では、殺人の発生率は六分の一以下、強盗にいたっては、アメリカ国の一〇〇分の一以下とケタはずれに低い（**図2**）。

日本の犯罪発生率が低い理由については、政治的・経済的・社会的にさまざまな原因が考えられてる。

政治的には、自民党による政権担当が四〇年あまりも続き、警察機構の継続性が保たれてきた。経済的には、失業率が先進国中最も低い水準にある。教育水準は高く、基本的には単一民族国家で、宗教的対立および民族間の対立がない。また、士農工商の身分制度の名残りから、日本人は権力に対し従順であり、かつ銃剣類の取り締まりが厳しい。これら諸説は、どれも一理あると思われる。

ただ、ここで強調しておきたいことは、さまざまな好環境に恵まれているにせよ、日本の警察が優秀であることも否定できないという点である。

諸外国と日本の警察の優秀さを比較する視点としては、「警察の存在により、どれだけ犯罪を抑止できたか」という抑止的な効果と、「いったん発生した事件をどれだけ解決しているか」という問題解決能力がある。

このうち、抑止できなかった犯罪が犯罪発生率であるととらえるならば、日本の警察が抑止力の点できわめて優秀であることは、**図2**で示した通りである。いったん発生した事件の解決力も、検挙率でみる限り、日本の警察の検挙率は先進諸国に比べて抜群に高い（**図3**）。

さらに、日本の警察官一人当たりの負担人口を先進諸国と比較してみると、日本は先進五ヵ国中最も多い（**図4**）。すなわち、日本の警察は、先進諸国と比較してみると、少ない人数でより高い検挙率を上げているのである。

このように国際的にみて優秀な成績をあげている日本の警察ではあるが、その活動にはいくつかの問題がある。それは、この成果をあげるためのコストの問題と非公開性の問題である。

日本の凶悪犯罪の発生率は先進諸国と比べてきわめて低い

殺人・ 強盗の犯罪率の国際比較（昭和61年）

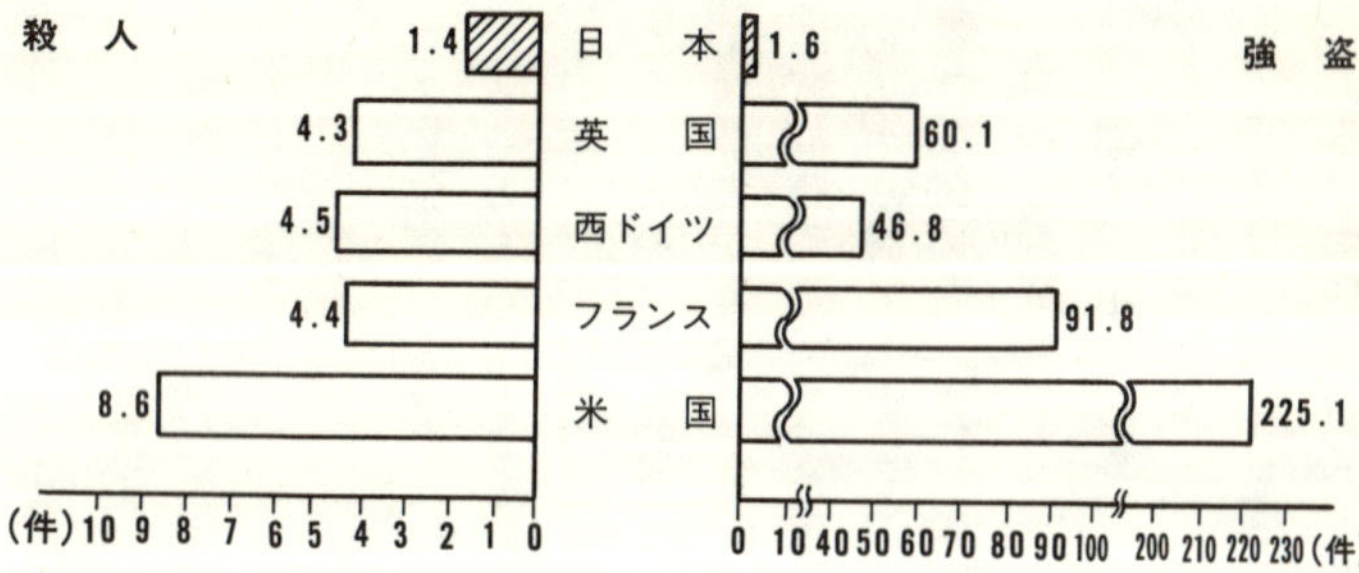

＊犯罪率は人口 10 万人当たり発生件数

資料：「警察白書」63年版

図 2

また、日本の凶悪犯罪の検挙率は先進諸国と比べ高い

殺人・強盗の検挙率の国際比較

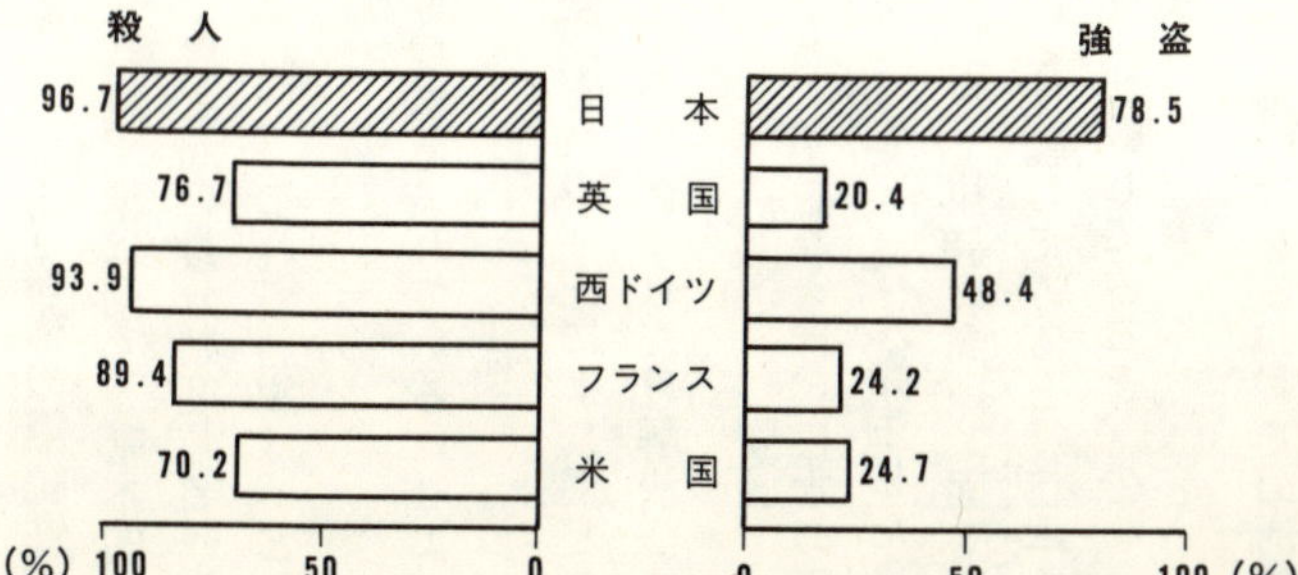

資料：「警察白書」63年版

図 3

日本の警察官１人当たりの負担人口は1970年比微減で欧米諸国比では高い

警察官１人当たりの負担人口　国際比較

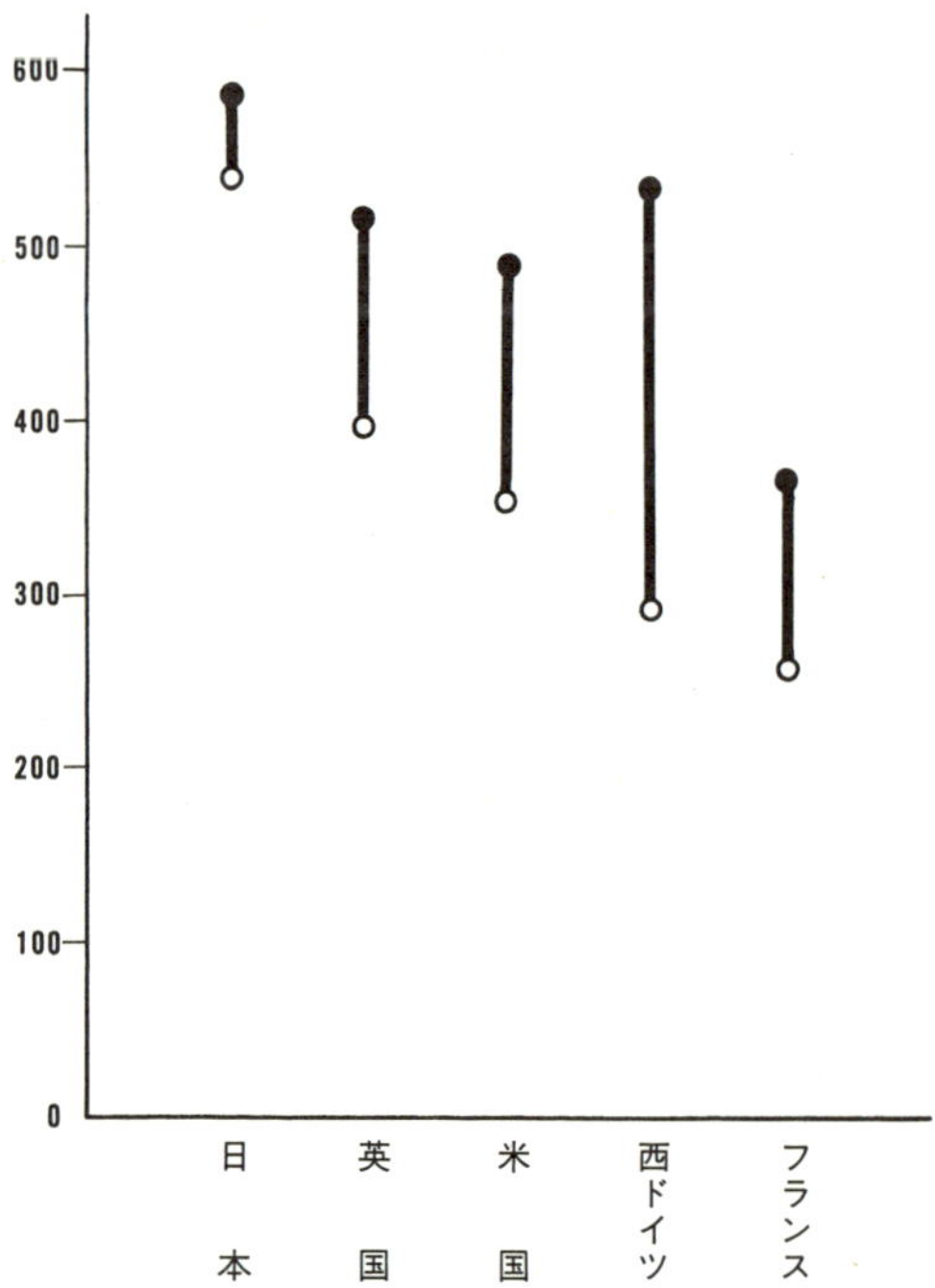

注　●＝1970　○＝1987
資料：「警察白書」昭和48年版、63年版

図４

実態にそぐわぬ規制

総理府の前述の調査で、国民が「どのような場合に警察官に悪い印象を持ったか」という問いの答えとして一番多かったのは、「交通取り締まりにあったとき」である。これは、国民の交通取り締まりに対する不満を反映していると思われる。単純な交通取り締まりを警察がやるべきかどうかということがそもそも問題であるのに、それだけのためにせっかくの世界一をフイにしているのは惜しい気がする。

交通違反取り締まり状況をみると、昭和六二年は一二八〇万件もの交通違反が取り締まりにあっており、このうち四五一万件（三五・五％）が最高速度違反、二四五万件（一九・二％）が駐停車違反である。

昭和六二年の運転免許保有者数は五五七二万人であるから、平均すれば五人に一人が交通違反で取り締まられた計算である。

この数字を多いとみるか少ないとみるかは、比較する対象が何であるかによって決まる。が、いずれにせよ、われわれが日常、交通取り締まりに対して抱いている不満の根底にあるのは、そもそも規則が正しいのかどうかという疑問であり、またかりに正しいとしても、思い出したように取り締まる一貫性のなさに対してであろう。すなわち、取り締まりにあった場合に感じる、「他にも大勢違反している奴がいるのに、なぜ自分だけを捕まえるんだ」という反感がそれである。

ちなみに日本の道路、特に市街地の最高速度は、時速三〇～五〇キロとなっている。しかし実際はこの最高速度を超えて走行しているケースが多い。むしろこの最高速度を厳守することのほうが車のスムーズな流れを妨げる恐れすらある。

日本の一般道路の最高速度が必要以上に低く制限されているという実感は、諸外国の最高速度を調べてみると、的はずれではないことがわかる。

一般道路の最高速度は、日本が時速五〇～六〇キロであるのに対し、先進諸国は時速九〇～一〇〇キロと高い。また市街地の速度制限も日本の三〇キロに対し、先進国は五〇キロ前後であり、日本の最高速度規制が必要以上に厳しいのではないのかという疑問を抱かざるを得ない（**図5**）。また、自動車の性能がこの十数年間で飛躍的に向上しているのに、スピード制限などはむしろ厳しくなっているという、取り締まる側の論理に対するドライバーの反感もある。

最高速度規制にとどまらず、警察が関係する規制はそれを遵守するのが現実的ではないケースが多く見られる。たとえば、駐車違反をとってみても、全面駐車禁止になっている商店街の道路の一車線が、駐車する車で満杯となっているようなことがある。これを駐車違反で手続きどおりの駐車違反取り締まりを実施したら、商店街の営業活動に支障をきたすから、警察もめったに取り締まりをしない。取り締まりをまったくしなければ不公平感は生じないが、たまにやるから違反を摘発されたほうは「他にも大勢違反しているのになぜ自分だけがワリを食うのか」という気持ちになる。また「ふだんは大勢が違反しているのだから、警察も大目に見てほしい」という発想につながる。規制が必要以上に厳しく、ほとんどのドライバーが厳密には規制に従っていない

日本の道路の規制速度は先進５ヵ国中最も厳しい

各国の最高速度規則

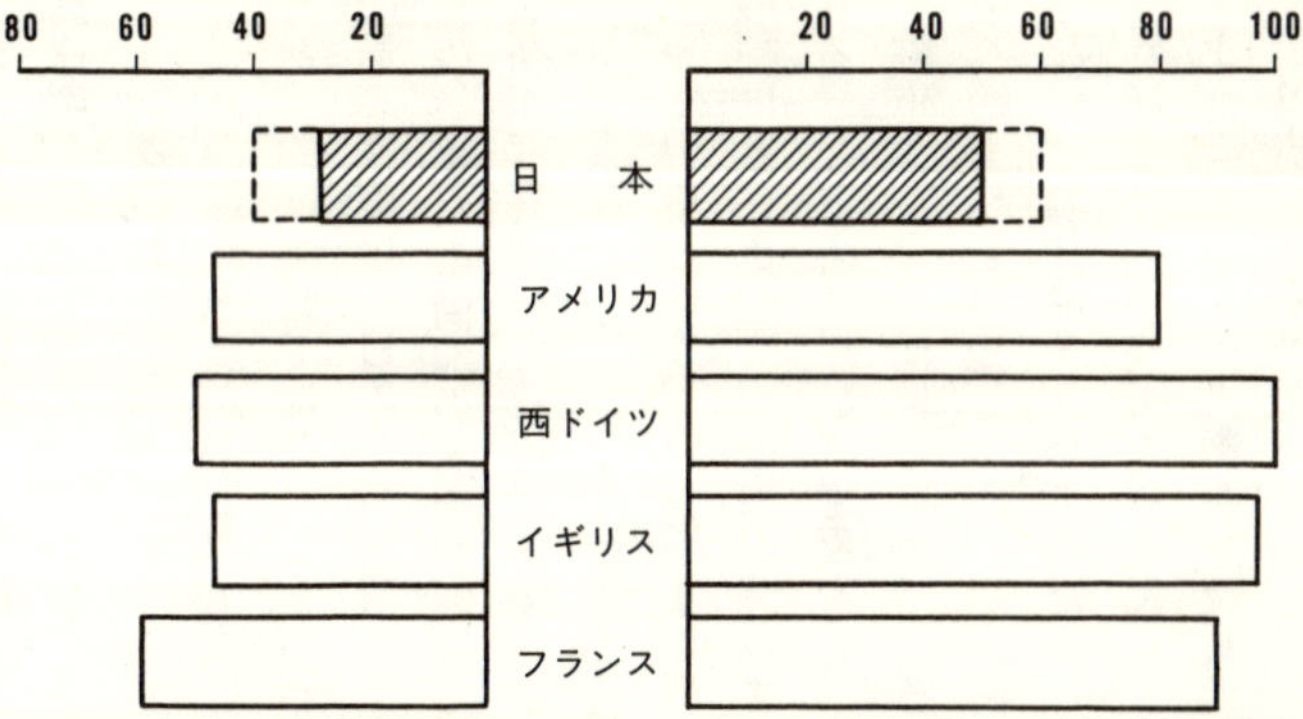

資料：「交通安全白書」63年版――日本とアメリカの数字は筆者が記入

図５

状況では、違反者を摘発する際、取り締まる警察の側に大きな裁量の余地が生ずる。取り締まりを受ける恐れのある立場にいる者からすれば、この裁量の部分を多少のコストを支払ってでも自分に有利に働くようにしておきたいと考えるのであろう。「警察に顔がきく」というのはよく耳にする表現だが、「顔がきく」というのはすなわちこの裁量の部分を有利に働かせることができるという意味である。つまり警察は公平ではない、という不信感が根強いのである。取り締まる以上はこの必然性を疑いのないものにしておかなくてはならない。警察官の不正や暴力団との癒着を根源から断つためには、実態にそぐわない規制を改め、裁量の働く余地を極力小さくする必要があると思う。

道路の総延長の伸びに比べ、信号機の設置台数の伸びのテンポは早い

一般道路の総延長と信号機の設置台数の伸び

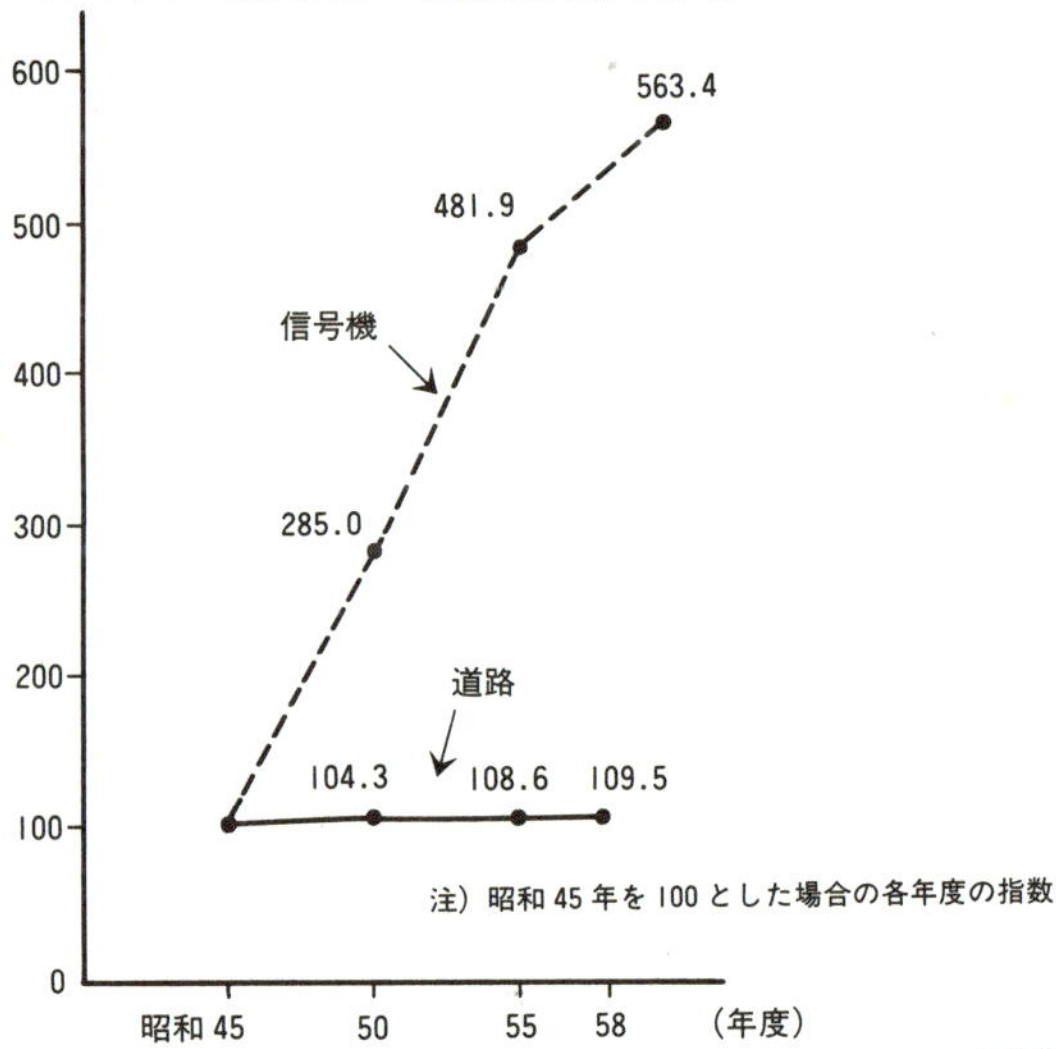

図6

資料：「経済統計要覧」

警察活動とコスト

必要以上に厳しい規制を国民に課すことは、不正や癒着を生み出すのみならず、国民に無用なコスト負担をかけることになる。

たとえば信号機だが、都心部では「こんな小さな交差点に必要だろうか」と思われるようなところにまで設置されつつある。統計をとってみても全国の道路の総延長の伸びに比べ、信号機の設置台数の伸びはめざましい（**図6**）。これによって死亡事故が減ったと言われているが、しかしこのままいけば信号機の自己増殖はとどまるところを知らなくなる。一つには信号機業者が食うのに困るからである。例の道路に白や黄色で線を引くのと同様、これらの業

者は警察の取り締まりの恩恵で成長してきたのである。もう一つは住民から「あの交差点は危ないから信号機をつけてくれ」と言われた場合、つけないでおいて万一そこで事故が起これば警察は非難される。だからつけておいたほうが無難ということになる。スピード違反などの取り締まりを強化して罰金収入を増やせば、コストはいくらでもまかなえる。今の規則ではほとんどすべての人が違反をしているのだから取り締まり強化には上限がない。宝の山なのである。だから信号機をつけるという判断およびその予算を警察や公安委員が持つ、ということ自体が矛盾しているのである。事故が起これば文句は出るが、信号が多くて時間がかかっても警察は文句は言われない。だからドライバーの不便もかえりみずどんどん信号機をつけてしまおうというのは、取り締まる側の論理である。ドライバーの立場に立った論理はまったく見当たらない。

同じように他の交通規制でも、降雪時のチェーン装着や最高速度規制等による渋滞に遭遇した経験を持つ国民は多いことだろう。

冒頭で述べたように、日本の警察活動はその結果だけをとらえてみると、なるほど優秀な成績を収めている。しかし、それにともなう有形無形のコストや不便さに関しては、あまり問われることなく、これまで活動してきたのではないかと思われる。

民間への委譲

警察の予算は、警察庁が総額一八三四億円、都道府県警察予算は二兆二三五二億円（昭和六二年度）であった。また都道府県負担分の予算のうち八割以上は人件費であった（**図7**）。

人件費のウエイトが高い以上、警察の予算に最大の影響を与える要因の一つは、各都道府県警察の定員である。この定員は昭和六二年度は凍結されたものの、戦後ほぼ一貫して増加を続けてきている。

増加のペースは先進諸国に比べてみればそれほど早いとはいえないし、警察官一人当たりの負担人員も高いことから、日本の警察の定員が過剰だということは一概には言えない。しかし、本当に日本の警察官が二五万人必要か否かということについて、検討の余地はある。

警察官一人当たりの事件発生数でみると、交通死亡事故は欧米諸国並だが、殺人や強盗では欧米諸国を大きく下回っている。すなわち日本の警察官一人当たりが担当している事件の数は欧米諸国より著しく少ない（**図8**）。これはニワトリと卵との関係にあるので、一気に人員削減をすべきではないが、考慮に値する事実であろう。さらに警察力と教育投資は負の相関を持っている。すなわち、正しい教育をすれば長期的にその国は少ない警察でも社会秩序が保たれる。文部省は警察を助く、という構図である。アメリカでは社会不安がもともと高いのに教育予算を削り、しかも道徳律などを教えないからますます安全のためのコストが上昇するという、見習いたくない悪循環に陥っている。ゼロベースで警察を見直すときに必要なのは、規制の蓋然性とこの国民の資質との長期的関係である。

次に、警察の業務を思いきって民間に委譲することで、警察官の人数を削減する余地があると思われる。

日本の警察予算のうち約80%が人件費

予算の使われ方

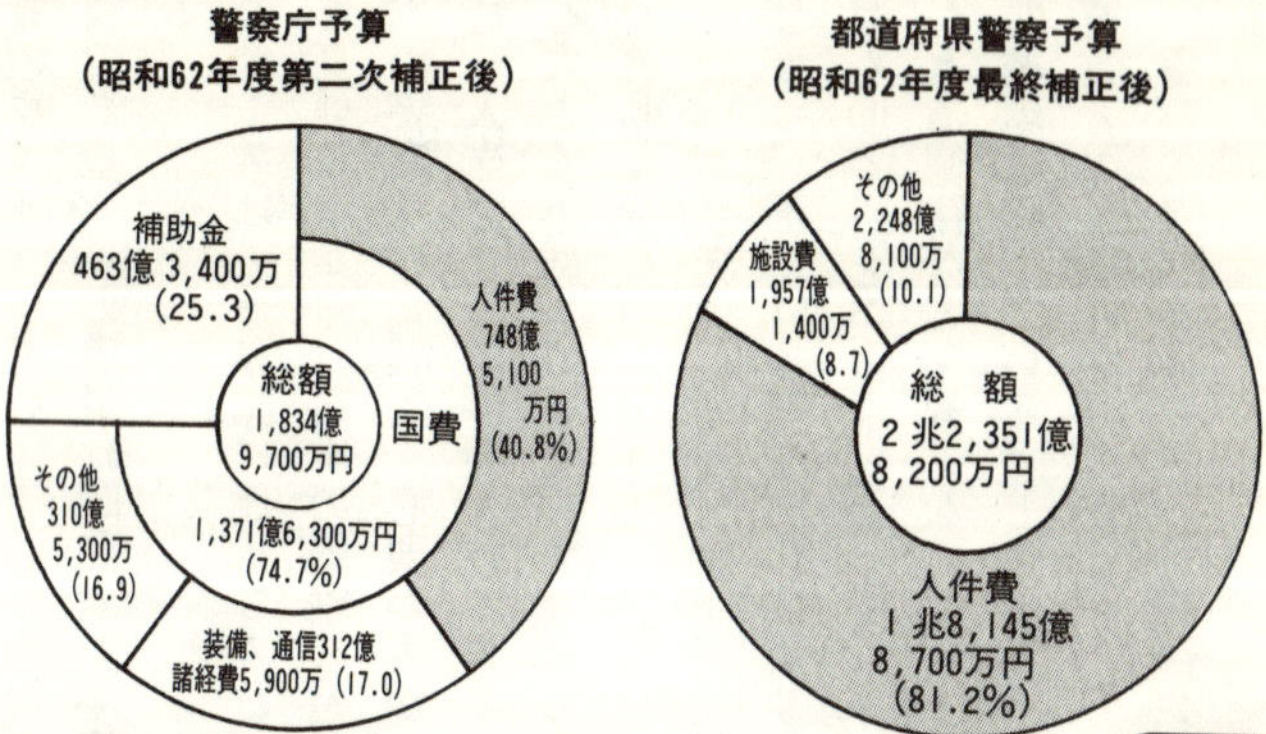

資料:「警察白書」昭和63年版

図 7

日本の警察官が1人当たり担当している事件は欧米諸国の警察官に比べて少ない

警察官100人当たり担当事件数

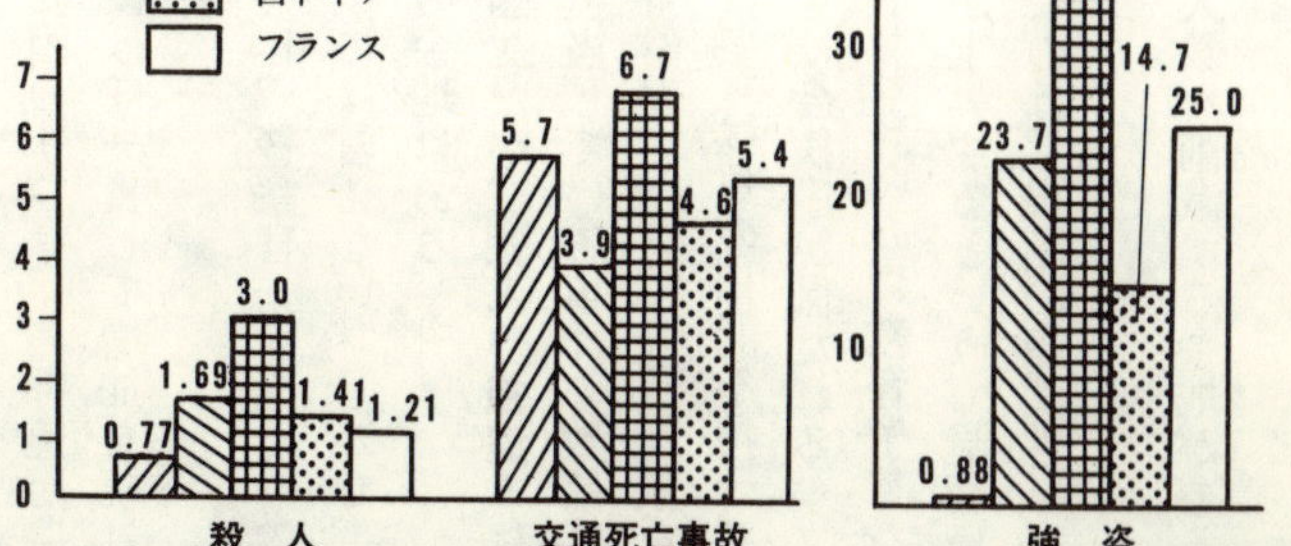

図 8

日本の警察官の約四割は外勤の警察官で、その主たる業務は、犯罪を防止するための巡回業務と、交番や駐在所への来訪者の応対である。これらの業務は民間の警備産業で処理可能な部分がある。

警察官と民間の警備員の最大の違いは、法的な強制力の差である。具体的には警察官は銃剣類を使用する権利と逮捕権を持っているが、民間警備員にはそれがない。したがっていったん発生した犯罪の解決力では両者に大きな差が出るが。しかし犯罪の防止面では民間警備員でも活躍の余地が大きい。

特に犯罪防止活動の受益者が特定できるような場合は、受益者の負担で民間の警備会社を利用させ、警察は必要最小限のサポートをする形態をとれば、国民の税負担で警察に余分な人員を確保しておく必要はなくなるであろう。

民間の警備産業は過去二〇年間で急成長を遂げ、すでに警備員の人数は警察官の人数に匹敵するほどになってきている（**図9**）。この民間の警備産業の発展が、欧米先進諸国に比べ、日本の警察の肥大化のペースを抑えてきたと想定される。

さらに、轢き逃げや人身事故などの刑事事件を除く単純な交通取り締まりは、警察がやる必要がない。スピードや駐車については地方自治体が自主的に自分たちのルールをつくって自己管理すればよい。そうすれば警察は最も恨まれる作業から解放されるので、人気向上疑いなしだ。また交通取り締まりも町内会がやるのなら住民の総意ということで従わざるを得まい。つまり合意の形成がより自主的になるのである。

民間警備産業は急成長し、警備員数は警察官数に匹敵するほどになっている

警察官と民間警備員人数

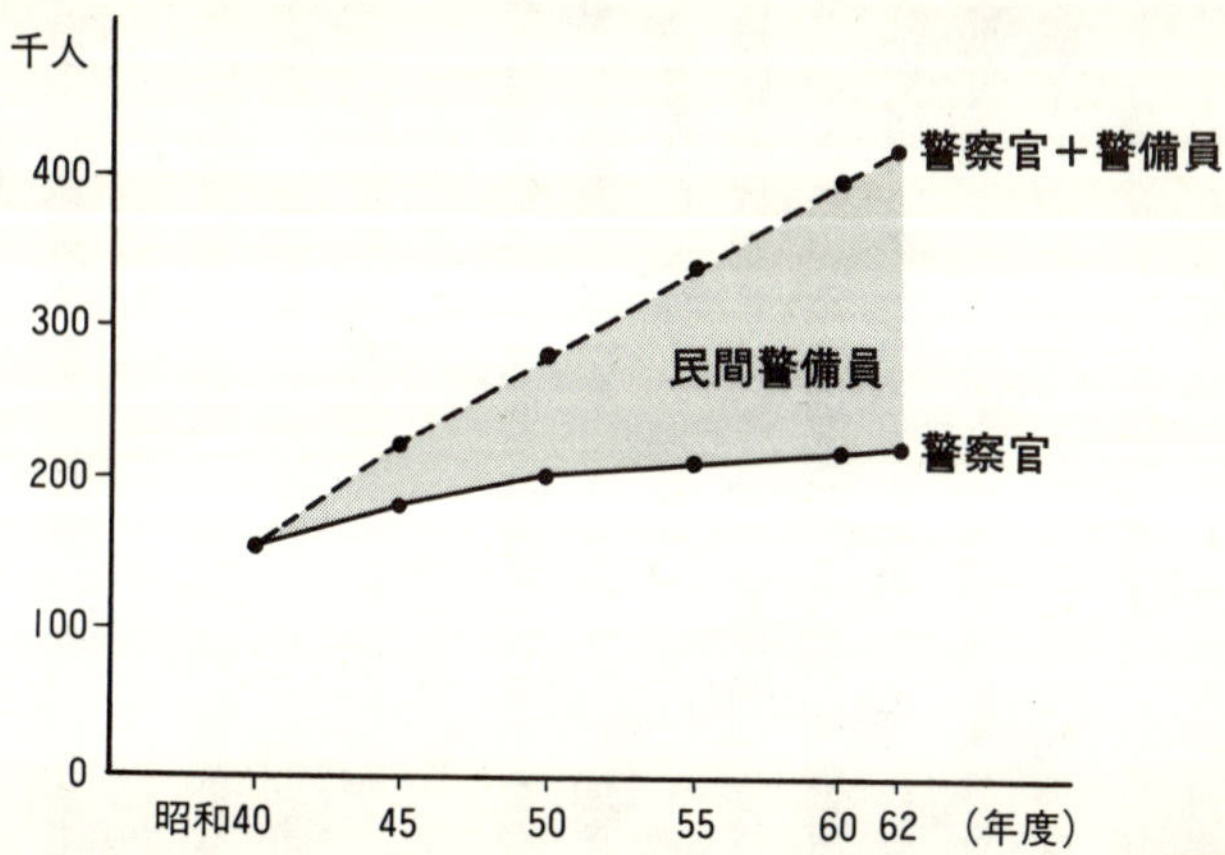

資料：「昭和国勢要覧」昭和61年版、「警察白書」昭和63年版

図9

政治的偏向と非公開性

日本の警察は、戦前の特高＝政治警察の犯した誤りを繰り返すことのないよう、戦後占領軍により民主警察体制構築が進められた。

警察法の第一条には「その責務の遂行に当たっては不偏不党かつ公平中正」を旨とすることが明記されている。また組織的には、公安委員会と地方警察制度により、時の支配政権が警察に対し直接的な指揮、命令権を持つことがないような仕組みとなっている。

果たして警察は、「不偏不党かつ公平中正」たり得るのであろうか。警察は自然と現体制擁護派、保守的にならざるを得ないのではないか。

警察の標榜する「不偏不党かつ公平中正」性に対する疑問は、「警察白書」を読めば誰しも抱かざるを得ないだろう。昭和六三年版警察白書では、冒頭の約八〇ページを「極左暴力集団等の動向と警察の対応」に割いている。この警察白書が編集された年（昭和六二年）は、たしかに日本赤軍の丸岡修が逮捕され、また大韓航空機事件が発生した。ところが同じ年の五月に「赤報隊」による朝日新聞阪神支局襲撃事件が、九月に朝日新聞名古屋本社社員寮襲撃事件が起きている。この事件は言論の自由を脅かし、民主主義の根底を揺さぶる事件として内外では大きな反響を巻き起こした。しかし警察白書には、この事件に関する記述が一切ない。

朝日新聞襲撃事件は日本民族独立義勇軍別動「赤報隊」の犯行声明が出され、右翼の関与説が濃厚であった。警察白書の右翼に関する記述は「危険傾向を強めた右翼」と題したわずか三ページの記述があるのみで、左翼に関する記述と比べると量的なかたよりが著しい。

このように日本の警察には、「不偏不党かつ公平中正」のタテマエに対し、現在の政治体制を維持しながら、左翼勢力には厳しく対決していく右寄りのホンネが見え隠れしている。事実、私の友人の息子が警察官に応募したときには、家族はもとより親戚にまで及ぶ思想調査があった。入ったあとに彼が受けた教育カリキュラムは、自民党、天皇、国体を強調した体制維持色の強いものであった。このように今の警察は右翼に甘く、左翼に厳しいという傾向がある。たとえこれが国民のコンセンサスにもとづくものであっても、警察が憲法で規定された〝安全に生きる権利〟などを守るという大義名分を担っている以上、厳正中立であることは最低の条件であろう。昭和天皇をめぐる報道などでテレビや新聞がいっせいに自粛してしまったのは、右翼のいやがらせを恐れたからだと言われている。しかしそれを一歩つっ込んで考えれば、左翼なら厳しく取り締まってくれるが、右翼のいやがらせに対しては身を守ってくれないという暗黙の前提が、報道機関にはあるということである。戦前の悪夢に回帰しないためには、これこそ警察自身が考えなくてはならない最も大切なテーマであろう。

また、ホンネとタテマエが違う以上、警察の公安活動は非公開にせざるを得ない。国民はこれらの活動に投入されている人員や予算、あるいは活動・対象・目的・内容を知らされていない。また国民の多くはこれをあえて問題として批判しようとしない。それは、警察を批判した場合、法的強制力を持つ警察が、生命や財産を守ってくれないのではないかという危惧を抱いているからであると思われる。この国民やジャーナリズムの態度は、警察の政治的偏向と非公開性を助長する危険をはらんでいる。警察にとって必要なことは、今日この非公開の部分の透明度を増すことであり、国民の十分な理解と納得を得ることである。

サービス精神

日本の警察に対する評価で最後に取り上げたいのは、警察の国民に対するサービス精神の欠如である。

警察の持つ全国一万六〇〇〇の拠点は警察が有効活用すべき資産の一つであるが、これを国民のニーズに応えるような形で有効活用していない。

警察は、国民の側からみた「緊急の第三者による助けが必要である」という状況のうちの一部しかカバーしていない。また同様に、「身近にある拠点で行政サービスを受けたい」というニーズをも満たしていない。たとえば行政のワクさえ取り除いてしまえば、火災や病気の場合の中継所としてこれを機能させることは十分可能である。さらに一万六〇〇〇もの拠点をベースにすれば、転出入届、印鑑証明、不動産登記、免許書き替え、パスポート取得などの業務を代行することができる。こうなれば役所の派出所はほとんどいらなくなるので、国全体としての行政コストは著しく下がる。また警察も「住民サービス所」とイメージチェンジをして、国民に愛されるようになる。公安、刑事関連のものは全国に一二二六ヵ所ある警察署のほうで集約してやればよい。

われわれ国民に接するときの対応や感じの悪さは、国民に奉仕しているという公務員としての基本的態度に欠けているからであろう。本書執筆中にも警察にいろいろと質問しに行ったが、「お宅は何をやっている会社か」、とか「そんなことを聞いてどうするのか」、「何でそんなことを知りたいのか」等々、当方をまるで容疑者扱いし、できるだけ情報は公開しないというその態度には唖然とした。警察の役割を正しく理解してもらおう、などという姿勢は皆無であった。お前がこっちを調べるのなら、こっちもお前のことを調べるぞ、という口調である。

このような秘密体質と国民への接し方を改めない限り、国民の根強い警察アレルギーをなくすのは難しいだろう。

警察に必要な改革

これまで指摘した問題点とその背景をまとめよう。

(1) 警察は犯罪防止と事件解決の両面では先進諸国に比べて効果的と判断できる材料が多い。しかし、必要以上に厳しい規制にともなう不便と、より大きなコストが発生し、効率面では改善の余地がある。

(2) 非公開性のゆえに暗いイメージがつきまとい、日本の警察が世界でも最高水準であるという正当な評価がされていない。

(3) 国民のニーズに対応するために存在しているというレゾンデートルを再確認し、サービス精神を持ち、サービス範囲を拡大する必要がある。

以上を踏まえて、警察に必要な改革を三つあげたい。すなわち警察のイメージの改善、規制の見直し、業務内容の見直しである。

警察のイメージの改善

警察のイメージ改善のためには警察官の教育と国民に対する広報、情報公開が不可欠である。

警察官の教育については、まず国民との接し方、挨拶の仕方、電話の応対、家庭訪問時の話術等を、民間から講師を招いて教育・訓練する必要がある。また、警察学校のカリキュラムを一般に公開し、民間の批評を仰ぐことによって警察学校の教育が警察官に独善的な態度を植えつけていないかどうかをチェックすべきである。さらに警察の体質にどっぷりとつかりがちな中堅職員を、役所の他部署や民間に一定期間出向させることにより、世の中の変化に対応し、自己革新を遂行できるような体質を整えることが望ましい。

一方、広報活動では戦前の政治警察・特高のイメージを払拭するために、警察活動のディスクロージャーを推進する必要がある。特に公安警察の活動については、なぜそのような活動があるのかを国民に十分に説明し、議論をし、その必要性を納得させる必要がある。また公開できない活動についてもその理由を明確にし、無用な誤解を招かぬようにする努力が必要である。また警察が誇る小さな武勇伝や美談・苦労話は、遠慮せずに国民にアピールすべきである。これらの広報活動を通じ、警察の暗いイメージを払拭し、警察官の社会的地位の向上を図ることができる。

規制の見直し

次に実行に移すべき施策は諸規制の見直しである。規制の内容が実態にそぐわなくなり、有名無実化しているものについて遵守できるような規制に改める手続きが必要である。

見直す対象としては、最高速度、駐車違反など道路交通法関連の規制の他、未成年の飲酒、喫煙、風俗営業、わいせつへの規制等が考えられる。

また他省庁との調整の上で、運転免許の取得と車検の規制の見直しを図る必要がある。

これらの規制の見直しにより、過剰規制による国民の不必要なコスト負担と、裁量・目こぼしによる不正を取り除くことが可能になる。

業務内容の見直し

組織の改編は、「最小コストで国民の安全を図り、国民の必要とするサービスを提供する」ことを目的に、民間へのサービスの大幅な移譲と、資産としての交番ネットワークの活用を基本として実施したらよいと思う。

そのステップとしては、まず警察組織の目的を明確にし、さらに目的達成のためにコストを最小化する必要があるとの合意を得る。第一段階として予防的な交通の取り締まりはその業務から外し、これを地方の自営団体に委譲する。

次に、ゼロベースで人数を見直す作業に入る。これは各警察官の業務フローを書き出し、機械化を図れないか、民間の警備会社などに移譲できないかを検討する。

民間への委譲は、犯罪を防止する職務で受益者が特定できるものを中心とし、警察官が必要な場合も、極力一定の能力を持った民間警備会社との合同警備の形態をとるよう工夫する。こうすることによって受益者負担の原則がより明確になる。

一方、警察の資産である警察署・交番・駐在所を利用して、国民に提供できるサービスを列挙し、その対応に必要な人員を算定する。住民票の交付、印鑑証明書の発行、免許証の書き替え等は交番でもファックスの利用などで物理的には対応が可能であろう。問題となるのは、このような住民へのサービス業務に対応できるよう、警察官の頭の中を切り替え、態度を改め、必要な技術を訓練することである。これを段階的に実施していくことで、警察と地域住民とのコミュニケーションは密になり、警察へのイメージは改善できるであろう。それとともに名前も「警察」から「住民サービスセンター」、あるいは「警備利便供務所」（略して「警便所」！）などに変わるべきであろう。

これら三つの改革により、日本の警察は国民の安全の維持と行政事務サービスの両面を兼ねそなえた、国民に最も親しまれかつ密着した機関となるだろう。

第三部　新国家理念の起草

ゼロベース・コンスティテューション

都市国家ギリシヤで生まれた民主主義が西洋に広く受容される契機となったのは、フランス革命（一七八九年）であろう。今年はそれから二〇〇年の記念すべき年である。民主主義の守護神を任じているアメリカも、その民主主義的建国の精神を謳った独立宣言が発表されてから二〇〇年。つまり西欧二〇〇〇年の歴史で民主主義が国を治めるドクトリンとして採用されているのは、そのわずか一割の期間でしかない。しかもその期間中に当のフランスでは、ナポレオンによる帝政やルイ・フィリップによる王政復古などがあり、その道のりは決して平坦ではなかった。日本も明治以来近代化を進めたが、その一二〇年の歴史の中で主権在民であったのはわずか三分の一の期間である。民主主義はうまく機能するのか、またそれをうまく機能させるためにはどのような仕組みが必要なのかなどについて、われわれはあまり議論した記憶がない。ごく一部、スイスなどの例外を除いては、ヨーロッパでもアメリカでもそうした議論は十分になされているとは思えない。

私は行く先々で「民主主義で本当にやっていけるのか？」と質問することにしているが、たいていは「代案がない」とか、「お前は全体主義に戻れというのか」という不毛な返答がなされるだけである。

ほとんどの国において、民主主義はその前に長く横たわっていた「耐えられない制度」に対するアンチテーゼとして採用されている。それ自身の持つ良さや、問題点、あるいは真剣な代案の模索なく、当面の白明の選択として登場しているように私には思われる。このことを考えるために、我が国の近代化の歴史を振り返ってみよう。

第一章　アンチテーゼとしての昭和憲法

民主主義の原則は、現行の体制のもとで機能し得るのだろうか。これを探るために、我が国の近代化の歴史を振り返り、現行の政治・行政体制の根本原理を記した日本国憲法を、今日的観点から分析してみたい。

一九四五年七月二六日、日本国政府はポツダム宣言を受諾し、第二次世界大戦は終結した。翌年一一月三日、国民の幸福と人権を確保する憲法が、国民の意思にもとづいて制定された。ところが、制定後四十数年を経てみると、この憲法も必ずしも現実の社会情勢に対応しているとは言えない。

日本国憲法が発布される前は、明治二二年に制定された大日本帝国憲法が存在した。一般に、近代市民革命を契機として成立し、国民主権、人権確保、権力分立の根本原理を主要な柱とする

生活を圧迫した。その最たるものが、言わずと知れた太平洋戦争による戦禍である。一般に明治憲法を近代憲法と呼ぶが、明治憲法のもとでは、これらの原理は存在しないか、きわめて限られた形で臣民に与えられた。

たとえば、国民主権の概念は存在しない。主権者は天皇であり、その主権は断じて、人民の信託によるものではなく、「万世一系」の天皇、すなわち皇祖の血統、神勅によるものであった。このもとでは、権力分立は形式だけのものであり、議会、裁判所、内閣は三権分立の形をとりながら、天皇を補助する機関にすぎなかった。

また、権利の保障については、その上諭および本文二章で国民の権利を列挙している。すなわち、居住転職の自由、法律によらずして逮捕、監禁、審問、処罰を受けない権利、裁判を受ける権利、住居および信書を侵されない権利、所有権の不可侵、信教の自由、言論、著作、印行、集会結社の自由、誓願の権利等である。しかしながら、これらには、当時の諸外国の憲法にみられる保障とは異なり、各文自体に「法律ノ範囲内」、「法律ニ定メタル場合ノ外」、あるいは「公共ノ安寧秩序ヲ妨ゲズ」といった一般留保条項が付されていた。また、権利の条項の前に、まず「兵役」「納税」の義務を規定する条項が定められていた。

憲法は、君主によって与えられた下賜物であり、臣民の権利は君主への服従によって保護されるため、制約が存在するのは当然であると思われたのである。このため、政府の思惑と国民の権利が対立する場合は、天皇の大権行使としていつでも後者を制約できるような形となっていた。この限定された権利規定と、国民の意思を反映し得ない統治機構はさまざまな弊害を呼び、国民

憲法を草案した伊藤博文は、日本近代化の大立て役者ととらえられている。しかし今日明治憲法を読んでみると、その古さと危険性にあらためて驚かざるを得ない。あの憲法にして、あの戦争があったのかという因果関係の必然性に、慄然とするのである。こうした評価は、明治の当時の時代的背景からみて酷だとすることもできよう。しかしフランスの人権宣言やアメリカの独立宣言がすでに布告されたあと、しかも伊藤博文が明治一五年三月一四日から一六年八月三日まで一年半にわたって、この作業の準備調査のため渡欧していることを考えると、私はやはり彼に対する評価を下げざるを得ない。

一方、終戦直後に制定された日本国憲法であるが、制定後四十数年を経てみると、これも必ずしも現実の社会情勢に対応しているとは言えない。たとえば、憲法の定める権利の条項をみると、国民が悲惨な生活を強いられていた時代の名残り、いわば明治憲法へのアンチテーゼとしての項目が多く収められている。たとえば、一八条「何人も、いかなる奴隷的拘束は受けない」であるとか、二七条三項「児童は、これを酷使してはいけない」、三六条「公務員による拷問および残虐な刑罰は絶対にこれを禁ずる」などは、確かに権利としては重要ではあるが、現代社会で国民の権利・義務を考えるとき、もっと優先するものがあるのではないか、という疑問を抱かせる。

憲法は本来、国民個々および全体の生活効用（幸福等）の最大化を目的とし、そのための重要課題について規定する。現行日本国憲法の規定は、その目的を達成するための構造（統治機構）、具体的な保障内容に関する項（基本的人権）、および国家、国民の価値についての項（前文）に分かれているのであるが、では、各構成部分について、どう考えたら現在の情勢のもとで憲法目的が達成されるのだろうか。ここで数例あげながら、考えてみたい。

現行憲法下で保障されるのは誰の人権か――財産権の保障と制限

たとえば、憲法により保障される具体的内容を見てみよう。市民革命以後、すべての人間が生まれながらに有する、根本的な権利の一つとしてあげられる代表的なものに、財産に対する権利――「財産権」が存する。この場合、財産権は所有権その他の物権、債権のほか、特許権等の無体財産権、漁業権などの特別法上の権利を含むと解釈されている。

ところが、問題となるのは、財産権同士、および公共の福祉との調整である。フランス革命やアメリカ独立戦争当時、それまでの「アンシャン・レジーム（旧制度。絶対王政や封建制度をさす）」に対するアンチテーゼとして盛り込まれた、ブルジョア社会を支える中核的な価値である。これは、現行の日本国憲法においても同様である。ところが、現代社会の複雑化によって、財産権の主張という片面的な価値のみを重視した法律の規定、解釈では、国民の効用を達成し得なくなってきた。

たとえば、日本の場合、個人の「財産権」の前では公共の利益は弱者となる。このため、公共財の建設により、土地を収用される場合、その財産を有する個人は「財産権」を盾にして、「ゴネ得」とも言えるほどの不当な利益を得ることが多い。一方、そのツケは、工事の遅れや補償額

同じような憲法規定であっても運用実体は国によって異なる

財産権の制限に関する憲法上の規定と運用実体（日米比較）

	日本		米国
憲法規定	憲法29条 -「財産権の内容は、公共の福祉に適合するように、法律でこれを定める」 -「私有財産は、正当な補償の下にこれを公共のために用いることができる」	＝	憲法修正５条 -「適法な手続きによらなければ財産を奪われることはない」 -「正当な補償なしに、私有財産を公共の使用のために収用されることはない」
運用実体	権利の濫用（ゴネ得） -財産権の尊重／保護を第一目的とする -国家による財産権の侵害／制限をできる限り排除 ex）土地収用法§71 「収用する土地の補償額」は時価換算での完全補償を行う	≠	適正な補償の下での財産権制限 -個人の財産権と全体の利益の調整 -政府（国家・州政府）の権利の制限に対する信任

図１

の増大という形で国民にハネ返ってきて、全体の生活効用を低下させる。なぜ、このようなことが起こるのだろうか。日本国憲法をはじめとして日本の法制度に問題はないのか。

所有者が土地に対して有する権利は土地「所有権」、すなわち「財産権」である。日本国憲法は、二九条一項により「財産権」は「侵してはならない」とし、これを保障している。私有財産に対する権利は、それまでの封建制度社会が持つ種々の制約から個人を解き放ち、近代生産制度の確立を可能ならしめた。財産権は、資本主義社会の中核的権利であり、根本原理でもある。財産権の保障は、あらゆる近代憲法に見られ、たとえばアメリカ憲法では、修正五条において、「適正な法の手続きによらなければ、財産を奪われることがない」旨定めている（**図1**）。

しかしながら、前述の例にみられるとおり、財産権は生命に対する権利や、思想、信条、信教の自由とは異なり、行使において他の個人の権利を侵す可能性が高い。このため、近代社会の進歩と発展とともに、自由な財産権に対するさまざまな社会的制約の必要性が強調されるようになった。また、財産権は、多数の人々の幸福や権利追求のためになされる国の政策によって、広汎な制限を受けるものとされているのである。そのための必要があれば、たんに一般的に制限するだけでなく、一定の条件を満たす特定の者の財産権について、それを剝奪したり消滅させたりすることも可能でなくては、円滑な社会の運用ができない。

憲法は二九条二項において、「財産権の内容は、公共の福祉に適合するように、法律でこれを定める」とし、財産権が無制限に主張されるべき権利ではないことを明らかにしている。二九条三項において、憲法はさらに「私有財産は、正当な補償の下に、これを公共のために用いることができる」と定めている。

しかしながら、ここで言う「公共の福祉」の意味はあいまいである。憲法自体は、その一二条、一三条、二二条、二九条と「公共の福祉」という概念を繰り返し、人権の制限条項として使用しているにもかかわらず、その内容を明らかにする条文を設けていない。学説による解釈は多様であり、たとえば、「公共の福祉」とは社会を構成するすべての者の利益、幸福、福祉であり、社会生活を営む構成員多数の実質的利益を言う、と抽象的に定義されている。ここでは、「公共の福祉」は個人の利益がぶつかり合ったときの「交通整理」の原理として提示されているだけで、その具体的内容は、個々の判例における判断を待つ。

また、私的財産権が、前述の理論にもとづいて公共のために使用されたとき問題となるのは、憲法が二九条三項で定める「補償」の内容である。これについても、憲法には明確な規定はない。このため学説は、「完全な補償を要する」とするものから、「財産権の内在的制限の範囲内であると判断される場合は補償を要しない」とする説まで、幅広く意見が分かれ、実際の運用は各々の判例による。

ところが、たとえば前者の場合、実際の判例をみると「公共の福祉」による財産権の制限を全体の利益の成就のために合憲とした例は少ない。土地の売買に関しては、農地改革時、「農地の買収時に買収価格が公定もしくは統治価格により、市場価格と一致することが必要でない」という論拠に、「公共の福祉」論を用いた例などがあるにすぎない。多くの判例は、これを憲法上の問題ではなく、個別の立法政策上の問題とし、それが公益上の要請にもとづく私人の権利の合理的制約かどうかによって判断されている。

また、そのような判例が下されたとしても、日本の法制度上、判例は「法」ではなく、判例で公共の福祉の範囲を決定しても、それが普遍的原理として適用されることはない。すなわち、判例は次の裁判のときに「先例」としての影響力は持つが、英米法における「判例法」ほどの強い拘束力を持つものではない。このため、個々の財産権の制限が「公共の福祉」にもとづくものであるかどうかは、個々の事件ごとに長い裁判過程において再審議される可能性を内在している。

米国憲法では、修正五条において「正当な補償なしに、私有財産を公共の使用のために収用されることはない」という、日本とほぼ同一の条文を掲げているにもかかわらず、結果として公共のためにかなり大胆に財産を提供させている。

日本のように、成文法典により法体系が築かれる社会においては、重要な事項は明記する必要がある。たとえば、ワイマール憲法は、その一五三条三項において「所有権は義務を伴う。その行使は、同時に公共の福祉のために役立つことを必要とする」と、権利に対応する義務の存在を、明確に述べている。このコンテクストにおける「公共の福祉」とは、素直に「公共の利益」と解釈されてよいであろう。

日本国憲法の主権者は国民ではない

成文憲法の内容が、たとえばアメリカのものとあまり異ならないにもかかわらず、運用において大きな違いが生ずるもう一つの理由として、国民に対する政府の位置がある。

アメリカにおいては、政府――これは議会および大統領府を意味するが――は国民の代表者である。アメリカは、「代表なき場合に課税なし (no taxation without representation)」を掲げ独立を決意した一七七六年当時より、政府が国民の代表者であり、正確に民意を代表していることを、国政の最も重要な構成要件としている。

これは、憲法上も正確に反映されていて、立法府（上、下院の両議院）および行政府（大統領府）の選出の方法、任期、権限等は、詳しく憲法上に定められている。特に立法府は、正確に国民を代表し、一票の重さが不平等にならないよう、定数の定め方、配分方法等が明記される。そしてたとえば、修正一四条において「下院議員は、（中略）各州の総人口に応じて、相当数が各州に配分される」というように、人口の移動があった場合でも、一票の格差が生じないように配慮されている。実際、格差が生じた場合は、裁判で補正される。そして憲法は、議会に対して、国民の代表機関として、立法から始まり、予算や租税の制定、戦争の開始まで広範な権限を与えているのである。大統領に関しては、大統領選挙人を通しての選出という、間接選挙制をとるが、これも実態上、国民は自分たちの代表者を行政府の長にすえているという認識を持たせるのに役立っている（**図2**）。

アメリカ国民はきわめて政治に関心が強い。これは、国民性や西洋文化の特異性、独立戦争から今日にいたるまでの歴史的経緯等により説明されているが、上記のような憲法上保障されている諸制度と無関係ではなかろう。「政府」の行動を定めるのは国民であり、「政策」とは民意の反映であるとすれば、関心が高くなるのも当然である。アメリカにおける「政府」は、日本のように国民から離れたところで不平等選挙の結果選ばれた、一部の奇っ怪なる老人集団、あるいは「若手二世」による「議員さん」や、国民の選出によらず、意識においても一般の人々からかけ離れた「官僚」が運営する「政府」とは大きく異なるのである。日本では、運営上、国民は「主権者」ではないのである。

その結果、アメリカでは「政府」の行なうことは民衆の望むことである、という推論が成り立つ。たとえば、街の再開発にしても、米国の場合は、再開発の決定は、議会（州議、市議）を通

政治的信頼関係にもとづく「全体」利益と「個人」利益調整の委任（米国の場合）

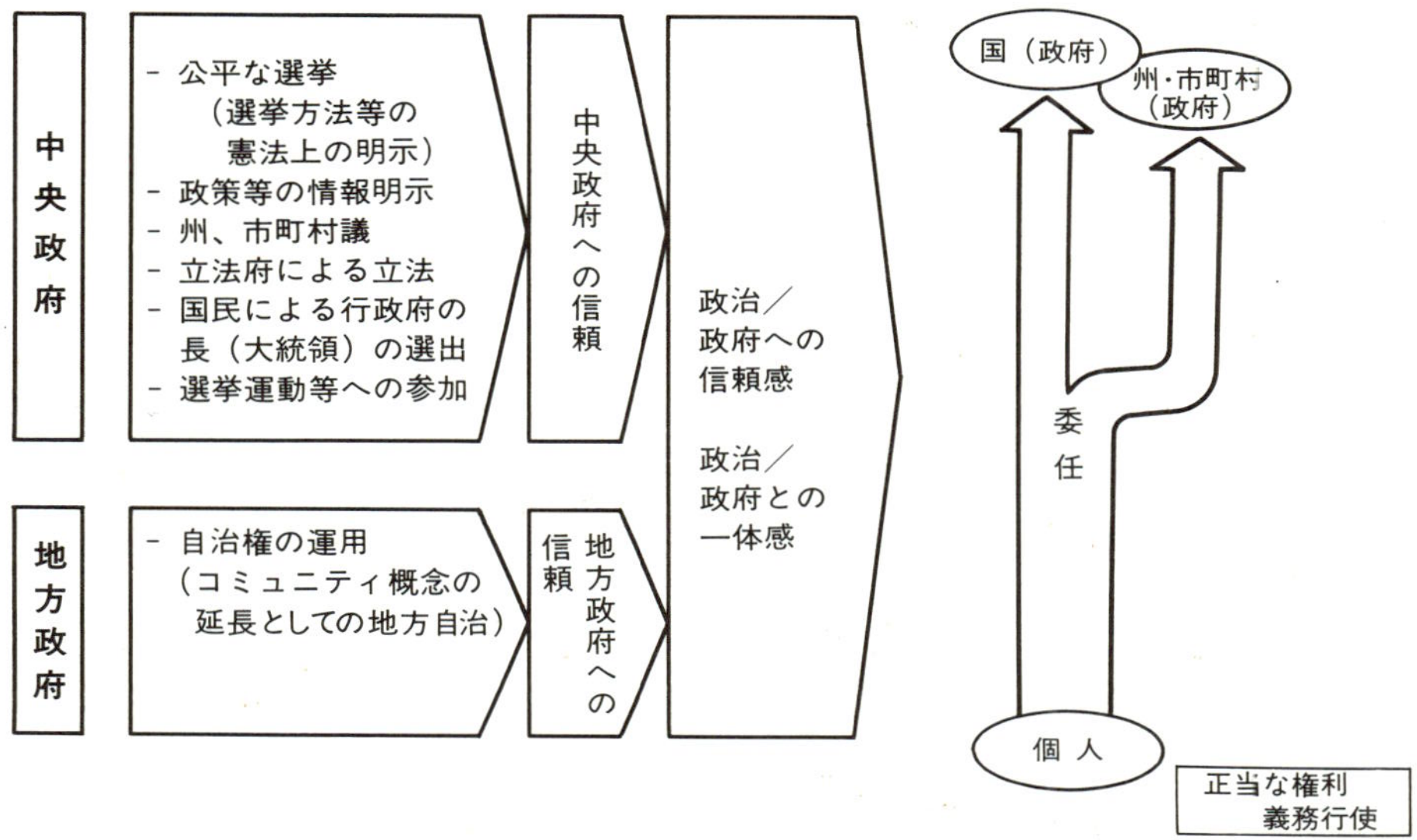

図2

っているので、民意を代表している。このため、この再開発は、たとえ強硬な手段が必要となろうとも、実行に移されることが当然とみなされる。もしも、これに対して不服がある場合は裁判で争えばよい。裁判は、万一、行政府や議会の決定が公平を欠いていた場合の補償手段なのであるから。

一方、日本の場合は、政府は民衆の延長上にはなく、二極分化の一端にすぎない。それに加え、日本では権力による国民権利の圧迫が長かった不幸な歴史があるために、政府の行動は、民意を反映していないという仮定が、暗黙のうちに成り立ってしまう。このため、国民は常に不信の目を政治に向け、それがために国民の権利が害されていないかということに過度な神経を使うことになる（**図3**）。

よい例が新聞報道である。主要紙の報道は、強制収用により財産権を侵害された人の話は大々的に特集するにもかかわらず、それによって国民全体が受ける利益についての記述はまずないと言ってよい。日本のジャーナリズムは常に暗黙の内に、為政者は悪、国民は被害者、という前提で記事を書く。政治機構を自ら動かしているという意識、また動かし得る機構が人々の間にないものだから、民衆もこれを当然のことのように受け入れる。しかも、日本の統治機構が国民のものではないのと同様に、新聞も彼らにとって能動的な「メディア」ではない。新聞、テレビ、雑誌等は国民にとって、「伝達」手段ではなく、選別された情報と意見とを、一方的に流す媒体でしかない。

一方、「信頼の原則」が成り立たないので、法律の内容もできるだけ政府（この場合は行政府）

政治的不信感の発生により、「全体」利益と「個人」利益の乖離

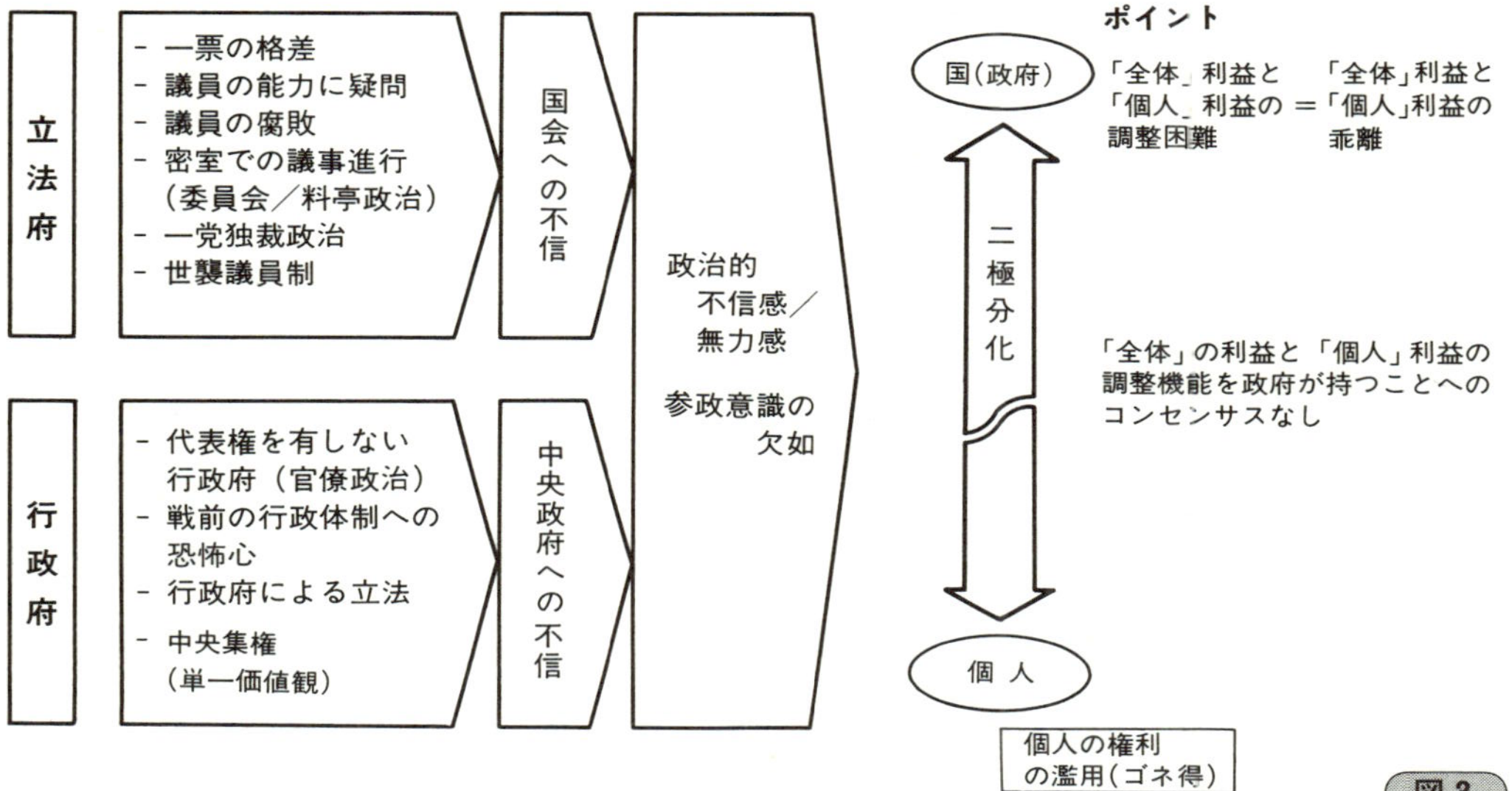

図3

による権利の侵害を食い止めることを目的として制定される。たとえば、前述の公共の事業等を実施するために行なう私有財産の収用の場合、それに対する「補償」が問題となるが、法律がとる立場の多くは時価換算での完全補償説である。たとえば土地収用法七一条では、収用する土地の補償金額を、「近傍類似の取引価格等を考慮して算定」し、「権利取得裁決の時までの物価の変動に応ずる修正率」によって調整する方式をとる。また、同じ八八条では、この場合、「営業上の損失」、「賃貸料の損失」も含めた補償をしなくてはならない、と定めている。

ところがたとえば、現在の東京都内の地価を考えたとき、完全補償の立場に立てば、公共事業を行なうことなどほとんど不可能になる。しかし、時価による補償は必要なのだろうか。都内で畑をつくり、キャベツを植えている人に対し、坪当たり何千万円の補償がいるのだろうか。もっと郊外に、できれば都外に、代替地を提供するだけでは不十分なのだろうか。もしも、代替地かららとれる作物が、これまでと比べて経済的利益が少ないと思うならば、裁判を起こせばよいのではないか。郊外の土地でもキャベツは立派に育つ。キャベツを育てることを天職としている人であれば、それが正当に保障される限り、公共の利にその土地を供することに同意するはずである。ましてや、公共の道路や橋をつくるためである。

実は、現行憲法にもとづく統治機構においては、二極分化、すなわち今の日本が陥っているような民衆と政府の間の関係悪化、膠着化が存在する状況下で、「公共」の利益を無理に押せば、人権侵害に対する危険性が常に増大するのである。すなわちこの例でみられるように、東京都でキャベツをつくっている人々の中には、実は坪当たり何千万円を前提にとりあえずキャベツをつくっているふりをしている人が多いからこうなるのである。長い間の行政の甘露煮によって動きがとれないくらいホンネと現実が乖離してしまったからである。

不幸なことに、現在の仕組みのままでは、行政府や国家が国民の真の信任を得ることはできないのである。こうした深刻な〝抜き差しならぬ関係〟を変えるためには、新しい日本の組織運営体系が必要である。

よりよい天皇制の模索

日本国国家構成員のうち、天皇のような特殊な地位を持つものは、民主の原理とも平等の原理とも相容れない。両者の調整を図るために、「象徴天皇」という新しい概念が創作された。学説上、天皇には、①象徴として、②国家機関として、③私人として、の三つの地位が認められている。ところが、これが具体的に何を意味するかは、実際はきわめてわかりにくい。

まず、天皇が日本国の象徴であるというとき、「天皇のご一身が、日本国または日本国民の統合という無形の象徴的存在を、有形・無形に表現または体現する」ものであることを意味する（清宮四郎『憲法Ｉ』）。これは、たとえばウエインスター条令において、「王位は、イギリス連邦諸国の自由な統合の象徴である」と前文で定めているのと同様である。象徴として天皇が行なう行為には、たとえば、御幸、外国元首との会見がある。

国家機関としての天皇は、国家の意思の決定に関与する機関としての「天皇」である。国家機関としての天皇の行為は、現行憲法六条および七条に定められる「内閣総理大臣の任命」、「最高裁の長官の任命」等、制限的に列挙されたものに限られる。

私人としての天皇は、通常の国民と同様の権利・義務関係に立つ。ただし、天皇という特殊な地位にいるため、基本的人権は制限される。たとえば、通常の人よりプライバシーの権利は制限されるであろう。もっとも、大概の有名人は、有名であることの内在的な制約として、この権利は制限されるものだが。また、私人としての地位の延長上に、天皇家に代々伝わる職業として、「祭司としての地位」がある。

国王を擁する他国の憲法においても、国王に関する規定は必ず存在する。たとえば、複数の法律をもって憲法とするイギリスでは、有名なマグナカルタ以外にも王位継承法を設けて、国王の権限範囲を規定している。カナダの憲法では、第九条において「カナダの政府および執行権は、引き続き女王に帰属することをここに宣言する」という条文をはじめとして、多くの条項に「女王」の二文字がみられる。これらの規定はすべて、「国家機関としての国王」の権限を、他の国家機関、たとえば「立法府」、「行政府」、「司法府」の権限の範囲と、その具体的な運用方法を定めているのと同様に定めているわけである。

日本国憲法に、「天皇」に関する条項が細部にわたって規定されているのはなぜであろうか。王や封建制度に対する反乱や革命として発生した、市民社会の理念を規定したものである近代憲法の常として、「国家機関としての国王」の権限の制限を示す条項は必要であろう。しかしながら、「王権神授説」にのっとり、憲法がかえって国民を封建的な制度に閉じ込めるための道具として使用された明治憲法による不幸な過去を知っている日本国民は、それではあきたらず、「象徴天皇」の新しい概念でもって、既存の文化と新しい体制の整合性を求める必要が発生した。ここでは、天皇制に関する解釈は、それこそ、古い文化と新しい文化、古い体制と新しい体制の「象徴」であり、このため日本における天皇の議論は思想性を帯びてしまい、ますます複雑怪奇となる。政治の世界を規定する憲法に天皇制を盛り込んだために、むしろ祭政一致、または祭政混同の呪縛から逃れられなくなったのが昭和憲法の特徴である。たとえばイタリアの場合、「国家とカトリック教会は、各自その固有の領域において、独立・最高である」と定められている。このほうがよっぽどすっきりしていないだろうか。つまり両者は無縁なのである。

白紙に戻って考えてみると、統治機構の一部としてみる場合、天皇は民主主義の原理に立てば何ら権限、機能を負わない。いや、負うべきではない。天皇は国家元首ではないのである。天皇は、条約の締結や外交使節の受け入れ等、通常、国家元首が行なう行為も実施するが、一方、これらは同時に内閣の権限でもあり、日本ではむしろ、国民の代表たる国会が選出した行政府の長、内閣総理大臣が国家元首であろう。

実際、「国家機関」としての天皇が行なう行為は、実質上、国会や内閣の助言、承認等にもとづいていて、独自で「国家の意思決定に参画している」とは言いがたい。また、行為自体、祭典的なものが、七条に並んでいる。

「国家機関」としての天皇に関する条項が憲法上記載されている主たる理由が、その権限の制限だとすれば、戦後四五年もの年月が流れ、民主主義が根づいた今では、明治憲法当時の軍国主義

「象徴としての地位」および「祭司としての地位」のみであるのなら、これは文化的現象をとらえただけであるから、これを特別憲法上記載しなくてもいいのではないだろうか。たとえば、イギリス憲法においてアングリカン・チャーチ（イギリス国教会）についての規定はない。

絶対王政の時期を経由しなかった日本では、遠い平安朝時代、藤原氏による摂政政治の頃から、天皇の地位は、錦の御旗でみるように「象徴」としての天皇、民草の畏怖の対象ではあったが、同時に敬愛も集めながら、時の政府とだいたいにおいて平和共存していたのである。南北朝の一時期などを除いて、そもそも天皇は統治機構の主体ではなかったのではないか。「憲法」という市民の手による王権の制限という概念がなく、そもそも近代的な意味での憲法や法律がなかったせいでもあるが、明治以前は、明文化した規定がなくとも自然に天皇の位置づけは定まっていたのである。天皇を憲法の中で絶対君主として明文化してしまった伊藤博文、その弊害にこりて、今度は天皇制にさまざまな制約を加えてしまった昭和憲法、ともに不自然で、日本の歴史と民意を歪めるものであると思う。

第二章　新しい方向の模索

憲法は、国民全体の生活効用（ウェルフェア）の最大化を目的とし、そのための重要課題について規定する。日本国憲法は、その目的を達成するための構造に関する項（統治機構）、具体的な保障内容についての項（基本的人権）、および国家、国民の価値についての項（前文）により構成されている。ところが、戦後半世紀の間の社会情勢の変化により、この目的を達成するために必要な構造（統治機構）、保障内容（基本的人権）に変化が生じている。また、日本国および国民の持つべき価値、理念に関しても、従来に比べてより積極的なものが要求されるにいたっている。

憲法による保障内容（基本的人権）には、質的転換が起きている。

国民が幸せになる新しい権利のフレームワーク

現代生活において必要な権利・義務を考えるフレームワークとして、人間の人生を順を追って考えてみたい。人々のライフサイクルのなかで、現行憲法に欠けている権利、欠けている義務は何か。また、権利の主体、客体となるべきものは何なのだろうか。前述のように、日本の法制度は判例法の立場をとらないので、英米とは異なり、必要となる権利・義務は、憲法上か法律上に明記する必要がある。たとえば、すべて憲法上に明記するとすればどうであろうか。

日本国民には、人生の重要な「節目」において、それに対応した権利が現行憲法上保障されている（**図1**）。たとえば、人は誕生とともに一三条「生命、幸福の追求権」（自由権）の享受者となり、二五条「生存権」（社会権）――健康で文化的な最低限の生活を営む権利――の対象となる。義務教育が始まる六、七歳で二六条「教育の権利」（社会権）を享受し、成長するにつれ、一九条「思想および良心の自由」（自由権）、二〇条「信教の自由」（自由権）、二三条「学問、表現の自由」（自由権）を保障される。成人し、就職の時期を迎えると、二二条「職業選択の自由」（自由権）を享受する一方、二七条「勤労の権利・義務」（社会権）の主体となる。このとき、国民の義務として、三〇条「納税義務」も発生する。結婚に当たっては、二四条「婚姻の自由」（自由権）が認められ、封建的社会制度下での家同士の婚姻に対し、自分で配偶者を選ぶ権利が

日本国憲法におけるライフステージ別権利／義務

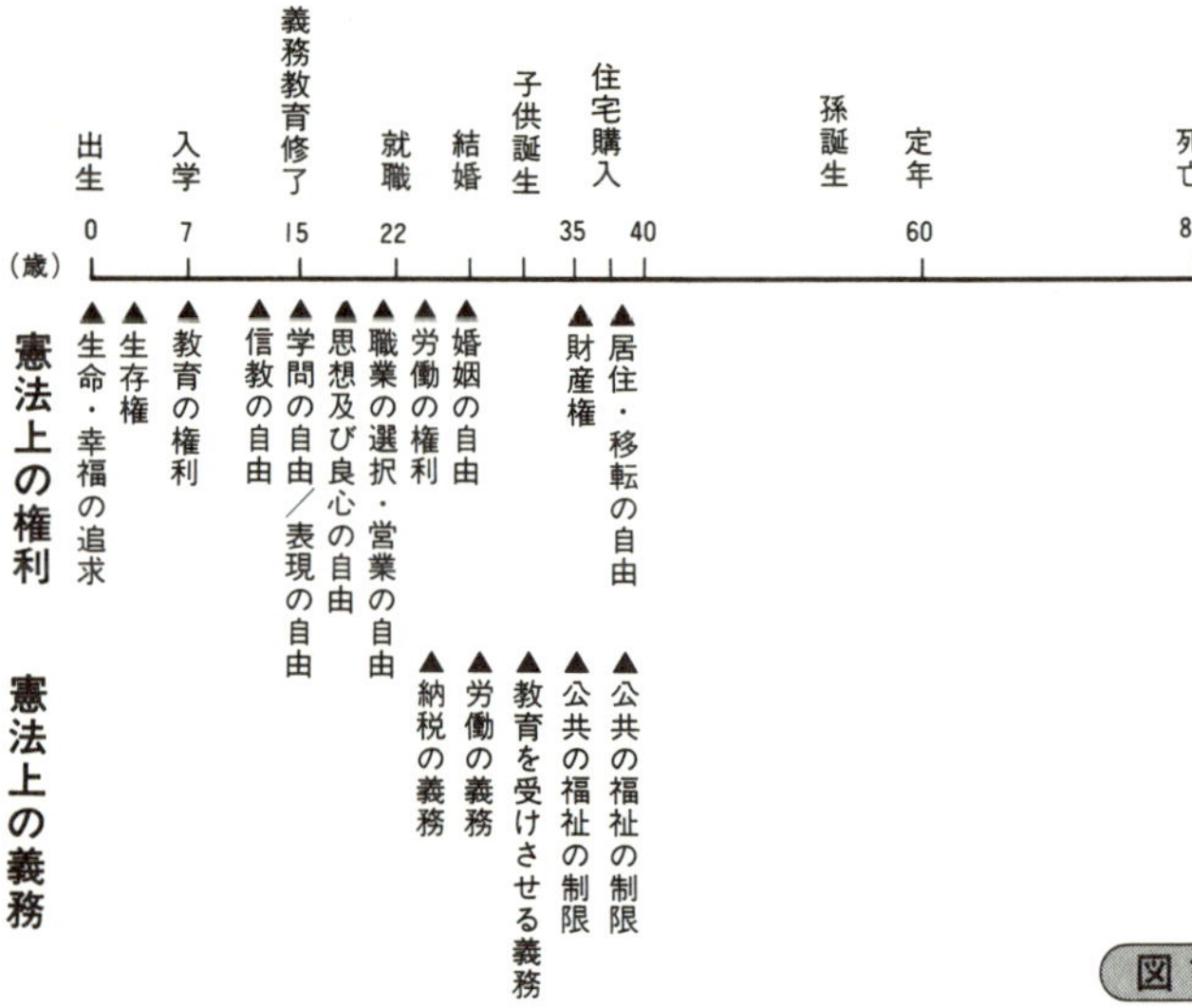

図1

保障される。財産を蓄えるにつれて、二九条「財産権」(自由権)が個人の蓄えを護ることとなる。このような切り口で見るとき、注目されるのは憲法上の権利保障がかたよっている点である。

権利を、自由権と社会権に分けて考えてみると、現行憲法上保障されている権利の大部分は自由権である。これらは、たとえば上記で言えば、「思想および良心の自由」であり、「信教の自由」である。戦前および戦中、保障されていなかったこれらの自由権等は、今では当たり前の権利になっている。むしろ昨今では、これらの権利と全体の利益をどう調整するかという点に焦点がおかれている。

社会権の内容をみると、現行憲法は、二五条において生存権を認めるほか、教育権、労働権など、さまざまな社会権を認めている。社会権は、自由権と異なり、国民が国家に対し、直接請求できる権利ではなく、保障内容、給付方法については国の裁量の余地が大きく認められる、いわば「国家の実施目標」とされるものである。しかし、それならなおさら、現行内容は国民の関心の中核にない。

終戦直後、人々の関心はまず二五条に定められる「健康で文化的な最低限の生活を営む」こと、より具体的に言えば「食べもの」、「着るもの」、そして「寝るところ」を確保することにあった。ところが、人口の八四・二％（経済企画庁統計、昭和六二年度）が中流以上の帰属意識を持つ現代では、人々の期待は二五条に定められる「健康で文化的な最低限の生活を営む権利」を超えている。

教育権にしても、大方の人々が尋常小学校を卒業するかしないかで働きに出ていた時代では、二六条の「教育を受ける権利」、および「義務教育」が「無償」であることは重要であった。ところが、高等学校への進学率が九〇％を超える現代では、この規定はほとんど意味を持たない。

二七条の「勤労の権利」も、その当時では、重大課題に対する国の施策方針作成の責任を明らかにしたものであった。しかし、現在のように完全失業率が二％前後と、世界でも有数の低失業国となった今では、この規定はあまり意味を持たない。特に三項の「児童はこれを酷使してはならない」という規定は、現在では適用される事例はきわめて稀であることが想像される。

国民の効用を高めるために、国家が今日、積極的に宣言し、その実現を約束する社会権の内容は、このような最低限の保障から拡大し、新たな分野へと及ぶべきではないだろうか。すなわち人生の各「節目」において、現代社会に対応した新しい社会権の設定が望まれる。これらは、より充実した現代生活を営むためにはどうしても必要なものである。

これはたとえば、「住宅」に対する権利である。また「健康で文化的な老後」をすごす権利である。インフレ等に脅かされず、「安心して経済的生活を送る」権利も重要であろう。教育に関して言えば、「生涯教育」の重要性が高まっており、それに対する推奨、保障である。「文化、学術の奨励」や「景観、文化財の保護」、「自然環境の提供」も重要である。イタリアの憲法ではこれは、「共和国は文化の発展と科学的技術研究を推奨する。共和国は国の景観および歴史的芸術的遺産を保護する」と定められている。

また、勤労の義務も重要であるが、「休暇」をとる権利も保障されなくてはならない。同じイタリアの憲法では、これは「勤労者は毎週の休暇および有給の年次休暇に対する権利を有し、これを放棄することはできない」と規定され、休暇が保障されている。日本においても、国民生活の効用を達成するには、このような権利を認める方向で検討するべきではないだろうか。これらも生存権と同様、「プログラム規定」である。ここで言うプログラム規定とは、「国の施策方針を宣言し、その実現を約束するだけで、個々の国民に具体的な権利を賦与するものではない」とされる規定のことである。判例によれば、行政府および立法府の裁量は認められているが、明らかにこの裁量の範囲を超えて社会権を侵害する立法や処分が行なわれた場合は違憲とされる。

一方、権利の制限もしくは義務に関して考えてみよう。明治憲法下における自由権は、大きく制限されていた。権利の規定以前に、「兵役」、「納税」の義務が規定されており、「居住オヨビ移転ノ自由」、「所有権」、「信教ノ自由」、「言論ノ自由」、「誓願ノ自由」等、諸外国において一般的に認められていた権利は一応保障されていたが、「法律ノ定ムル所」にとどまった。このため日本国憲法が制定されたとき、まったく新しい概念の設定として広範な権利規定の記載が重要であった。その反面、その権利の行使を制限する公共の福祉や義務に関する規定は少なくなった。

後者に関しては、憲法は三〇条において「納税の義務」、二六条において「(子女に) 教育を受けさせる義務」、二七条「勤労の権利」とともに、「勤労の義務」を定める他、義務の規定は見られない。社会生活や環境の改善を円滑に行なってゆくために必要な義務に関する規定も憲法上定めることが望ましい。また、選挙の義務についても、たとえば、イタリア憲法では、「投票の行使は市民の義務である」と定められている。

公共の福祉に関しては、一二条に「(権利は) 濫用してはならないのであって、常に公共の福祉のためにこれを利用する責任を負う」と規定され、実態的な解釈は、法律や判例に任されている。一般的な解釈によると、「公共の福祉」は、個人の基本権と対立する実態的な多数者や全体の利益を意味するものではなく、各個人の権利の保障を確保するための、基本権相互の矛盾、衝突を調整する公平の原理と考えられる。これによれば、個人対個人の権利の優劣をつけることは可能ではあるが、個人対全体という権利の優先順位はつけにくい。

戦前、および戦中において、全体の利益のために個人の権利がとかくないがしろにされがちであったことに対するアンチテーゼとして、現行憲法のような定め方はきわめて有益であった。しかしながら、現在国民生活を脅かしているのは、むしろ、個人のわがままにも近い権利の行使、すなわち権利の濫用である。

このような状況を考えると、現代では全体の利益、効用を実現するよう、憲法上「公共の福祉」の内容を明示する必要があろう。たとえばイタリアの憲法では、「私的経済行為は、社会的利益に反して、または人間の安全、自由、尊厳を害する方法で、営んではならない。公的および私的経済活動が社会目的に向けられ、調整されるよう適切に計画し、統制することは、法律で定める」、「土地の合理的な利用を行ない、公平な社会関係を樹立するために、私的土地所有に義務と拘束を課し、(後略)」というう規定にみられるとおり、より具体的に、自由権の範囲が定められている。日本国憲法上も「公共の福祉」の内容を明示することより、国民全体の効用向上を重視することが重要ではないだろうか。

国民の効用を最大化する統治機構

統治機構に関して言えば、情報化社会の発展、国家の機能の警察国家からの積極的転換により、国家運営に必要な情報・財源に関する機能を独占している中央行政府の実質的権限は拡大した。しかも、中央政府（この場合は立法府も含む）は個々の国民から、あくまでも遠い存在となっている。これらは、立法府、司法府、地方自治体とのバランスが崩れるという積極的な弊害だけではなく、国民の政治に対する無力感、無関心の原因となっている。

たとえば、三権の「バランス」に関して言えば、中央行政府は、三権分立で認められる機能の範囲を超えて、実質的な立法権を有し、国会の最高機関としての機能を空洞化させている。一方、司法府も「高度な政治性」のある問題に関しては行政府のほうがより正確な判断ができるとして、時として独自の判断を避けることがあるため、調整機能が働かない。しかしリクルート事件などの大きな社会問題となると突如として「東京地検」が興味を持ちはじめ、政・財界人を次々にブタ箱に放り込む、という気まぐれなスタンドプレーをする。明らかに灰色の人の中から白と黒を分けてゆく。しかも新聞にその情報をもらしながら世論の反応をみて調整しているかのようでさえある。これでは魔女狩りであり、体のいい村八分である。検察のようなチェック機構の存在は重要なのであるが、いつどのようなときに発効するのかが明確でないため、司直による恣意性が逆に歯止めのきかない不安要因となる。これを統括すべき法務省も、世論を恐れてまったく手が出せない。すなわち行政府の中にこうした自浄作用を行なう機関を設置すること自体の矛盾が、ここに出てくるわけである。少なくとも行政や立法の行為を監視する機能は、行政府内に置かずに司法府内に独立した機能として置くのがよいのではなかろうか。もし行政の中に残すのなら、明らかに他の省庁とは別格の存在とし、内閣総理大臣の下ではなく同格とし、かつ、その長は直接、国民の信任投票を受けるようにすべきだろう。しかもその場合、司法府は今のものとは異なり、裁判という〝判定〟作業だけではなく、何が違法なのかを自ら摘出する検察機能をも独立した権限として持たせるようにすべきだと思う。

今のやり方では、国家の実際の運営方針、方法等が、憲法で定める公の場以外でかなり恣意的に決定されるため、国民はその意思や利益を国会を通じて直接反映させ、その結果をモニターす

れ、政治献金、汚職等により国民生活にひずみが生じる。

また、行政府に情報、立法、経済への影響力が集中しているため、企業もまた都心に物理的に集中してしまい、住宅問題、都会と地方における所得や文化格差という問題が生じている。

これらを解決するためには、まず、地方自治の本旨にのっとって、中央政府に代わる統治主体を明確にする必要がある。この単位としては今の都道府県では小さすぎるので、一地方を「道州」としてくる。一方、立法、司法の機能は、これを格段に強化する必要がある。こうして、情報収集および財政を中心として、各種の機能を中央行政府から分散し、各地方を核とした人民自治を確立しながら、立法、行政、司法の三権分立を図る。これにより、国家の運営に国民の意思を正確に反映しながら、国民の効用を最大化することが望ましい方向である。

たとえば、中央政府の権限範囲は、全国統一の安全基準作成、外交、防衛等に限定し、その他のものは、地方公共体、民間に委譲するというのが筋の通った考え方だろう。

地方公共体

地方自治制度は、国家行政の実行主体としてのみならず、民主主義の基本土壌として、重要な機能を持つ。ところが、日本における地方自治の制度は、地方の政治をできるだけ画一的にして、それを中央政府の厳重な監督のもとに置くフランス型の制度に例をとる。これは、地方の事務は地方民の好む仕方で処理し、中央の監督と統制は必要やむを得ない場合に限るというイギリス型や、州政府の自治を前提とするアメリカ型またはドイツ型とは大きく異なる。

米国憲法をみると、連邦政府、州政府の構成と機能、権限が具体的に述べられている。憲法に列挙された連邦政府の諸権限は、人民主権の理念にもとづき、人民によって「委任された権限」であり、連邦政府はこれらの権限のみを行使することが許され、それを超えた行為は無効となる。つまり国家目標は人民によって委任された範囲でしか存在しえない。

日本の場合、明治以降、「富国強兵、殖産興業」に代表される国家目的の実現を図るなかで、中央政府には多大な権限が集積された。現行憲法でもこの制度を受け継いでおり、国家目的を中央集権的に設立、施行してゆけるようになっている。地方自治は、九二条「地方自治の本旨」によって保障されるが、その内容は必ずしも明確ではない。このため、地方政治に対する中央の監督は厳重である。

また、現行憲法は、地方自治を保障しているにもかかわらず、その財政的裏付けについては、何ら規定を示していない。このため、地方公共体等が、九二条地方自治の本旨にのっとって、地域の振興、活性化等を行なうに当たっても、財源は国により分配される地方交付金等に依存せざるを得ず、そのため「三割自治」と言われるように、主体性、独自性を欠く地方行政形態にならざるを得ない。これは現行制度の大きな欠陥の一つである。

「地方自治の本旨」とは、本来、地方の行政、事務が、地方民によって構成され、法律上国家から一応独立した地方の団体を通じて行なわれることを意味する。このため必要となる権限は地方に委譲され、財源は地方のイニシアティブにより獲得、運用されるべきである。

改善の方向としては、「地方」を人民自治の原則にのっとった、立法、行政の本源的主体として明確に位置づけ、その内容、運営方法、機構を明らかにし、具体的な権限、財源を付与することが有効かと思われる。

立　法

実質的な立法機能を国民に戻すことが必要である。

まずは、国会に国民の意思が正確に反映されるように、一票の重さが平等な選挙制度を定める。現行憲法では、選挙権の平等は一四条「平等規定」により保障されており、最高裁判所も一定限度以上に一票の重さに格差があるときは違憲である旨判決を出しているのに、実際上の改善はみられない。米国憲法は、第一条第二節および修正一四条において、下院の選挙方法を具体的に「下院議員の定数は、人口三万人ごとに一の割合を超えてはならない。ただし、各州は少なくとも一議席を持つものとする」等、選挙権の平等規定を設けている。日本国憲法においても同様の規定を設け、実行を政府の主たる責任事項とするべきである。

一方、国民は参政権の一部として、情報に対する権利を有する。立法過程を明確化し、審議はすべて国民に対する開示義務が課せられる。

現在、日本の法制定の大部分は、内閣の発議による内閣発議法案による。議員立法は増加しているが、依然として内閣発議法案が法案の大部分を占めている。

内閣発議法案は、実質的には官僚が立法案を作成し、各省庁の大臣を通して内閣で審議され、国会に発議されるという手続きをとる。この場合、国会は実質的に承認機能のみを果たす。各省庁が主導権を握って、政策を考えてつくった法律案に対し、一人一人の議員は法律案の実施に当たって、自分の選挙区が有利になるよう陳情する。

これでは、国民の声は間接的にしか立法に反映されない。また、国会という記録の残る公の場で審議がなされないため、選挙等で議員の責任を問いにくい。議員に対し、働きかける能力のあるもの、すなわち各種の圧力団体等の声のみが立法に反映されることになり、官庁に対し、意思を伝達する媒体を持ちにくいものの声は切り捨てられる。

内閣発議法案の制度は、議員内閣制の制度にもとづく。これはそもそも、権力分立の要請にもとづいて、行政権と立法権を一応分離した後、さらに行政権を民主的にコントロールするために設けられた制度であった。しかしながら、現状ではこれはむしろ裏目に出て、行政府による立法府のコントロールと化している。

諸外国の例をみると、アメリカなどは、徹底的な権力分立制にもとづき、大統領制を採用している。ここでは、大統領は国民によって選出され、大統領および大統領が選出した内閣には、議会に対する法案提出権が認められることが望まれる。

こうしてみると、議員立法の率を増加させることが、立法権を国民の手に戻す第一ステップであるが、同時に議員が実質的な立法能力をつける必要がある。昨今、たとえば自由民主党は、政務調査審議会（政調審議会）やその部会、調査会、特別委員会によって、法案の作成、審査を行なっている。このため、ひと昔前ならば官庁の説明を鵜呑みにしていた「先生方」も、官庁に匹敵する法案審査能力を有するにいたった。むしろ野党はこの能力の内部育成に後れをとったため、国会質問などを官僚につくってもらうなどという、考えられないテイタラクである。日本の野党の実態は、〝かけあい漫才〟のつっこみ役の域を出ないのである。

自民党の部会などがいくら強くなったといっても、それはあくまで、政党が独自で、党則上の規定にのっとって行なっていることであり、公の制度としては、情報収集など立法に必要な諸権限、機能を、行政府、具体的には官庁が握る構造となっている。つまり立法府には、独自の起案能力がない。

憲法は議院に対し、六三条で国政調査権を定めている。すなわち国会は、国権の最高機関として、立法その他重要な作業を行なうに当たっては、国政について確実な資料にもとづく正しい知識と判断力を持つ必要があり、議院が国政に関する調査を行なうとされている。国政調査のための手段としては、種々のものがあり、国会法は内閣、官公署その他から報告または記録を提出するように求めることができること、また強制捜査を認めている。

しかしながら、この国政調査権にはさまざまな制限が付されている。たとえば、公務員の機密に関する場合は、監督官庁の承認を要する。また、国家の重大な利益に悪影響を及ぼす恐れのある旨内閣より声明があった場合は、証人義務はまぬがれる。これらが悪用された例として、昭和四九年の田中金脈事件、五一年のロッキード事件が記憶に新しい。

また、国政調査権にもとづく調査はその場限りのものであり、定期的に情報の流れ込む構造のものではない。だからこそ今の国会は、ときどき思い出したようにこれを振り回しては空転するのである。的確で公正な立法を行なうために、議員もしくは国会に、広範な立法補助機能と財政基盤を付与することが望ましい。たとえば、アメリカの場合では、各党にこのような能力が広範にあるほか、議会自体に補助機関が設けられている。

また、現在法制化に大きくかかわっているもう一つの組織として、委員会がある。委員会制度は、近年著しく発達し、国会活動の中核をなすにいたっており、正しく運営されているか否かは国民に重大な影響を与える。しかしながら、委員会に関する規定は現行憲法上存在しておらず、運営に関してのモニターは行ないにくい状況にある。主権在民を維持するためには、法治主義とともに、国民立法の制度を明確にしなければならない。そのためには、国会に関する制度のみならず、これら雨後の竹の子のように出てきた委員会に関する規定を、憲法上明記することが必要であろう。

国家財政の根本指針は、毎年度の予算によって定められる。憲法は、予算については、内閣による作成、国会による審議を定めている。予算の修正権（増額、減額権）については、憲法上規定されていないが、予算の発案権を内閣に専属させていることから、国会は無制限な権利を持つものではなく、予算案の同一性を損なうような大修正は許されないと解されている。

このため、実質的には大蔵省主計局による予算の単独制定という問題が発生し、法律制定の場合と同じく、大蔵省へのロビイングが、議員の重要な活動となる。結局、議員に対して働きかける能力のある者の声が、国の財政に反映される。

また一方で、予算の内容およびその執行が適当であったかを検討する機会は、決算によって設けられているが、憲法は九〇条において、「会計検査院が検査した決算を内閣が国会に提出しなくてはならない」と規定しているのみである。このため、決算審査は慣行上、報告案件として両議院に提出され、これに対して各議院が独立、別個に意見を述べるにとどまっている。予算の適切性に対する審査機能は、実質的に働いていないと言える。

財政に関する機能は、行政府から国会に、そして中央から地方自治体に委譲されるべきである。具体的には、予算の作成に当たって、国会に予算の提出権、増減権を認め、決算制度を強化することが好ましい。地方財政についても、その独自性を認め、歳入歳出機能を強化し、最終調整機能のみを中央行政府に持たせるという変更が必要となろう。

行政府

第二条、修正一二条、修正二〇条で、行政府の長たる大統領の選挙方法を直接国民による選挙（に類似した方法を採る）と定めている米国憲法に対し、日本国憲法は、内閣総理大臣の選出の方法として六七条に「国会議員の中から、国会の議決で選ぶ」と間接選挙制をとる旨定めている。国民から「近い政府」という意味では、これも直接国民による互選とするのが適当であろう。

裁判所

実際法益の侵害があったとき、国民はどうすればいいのだろうか。このときの救済措置として設けられているのが裁判制度である。裁判では、法人、私人のみならず、立法府、行政府、司法府、地方公共団体等、国家機構による法益の侵害の救済も対象とされる。憲法七六条三項に示されるとおり、裁判官は良心と憲法、法律のみにより拘束され、独立して公正なる裁判を行なう権限を有し、使命を帯びている。

ところが日本の裁判制度は、諸外国のそれと比べて、必ずしも発達しているとは言いがたい。これは、日本人の「契約という概念を欠く」法意識も大きな一因であるが、制度的不備によるものも多い。また、日本ではアメリカと異なり、企業内弁護士というのは許されていない。このような不備は、裁判にかかる時間の延長や、公的金額の増大によって補われている。たとえば、家主が借家権者に対し立退き裁判を起こした場合、起訴から最初の公判までに最低半年かかり、そののち三ヵ月から半年ごとに、三〇分ずつの裁判が進行するという具合である。このため最終判決が下りるまでには何年もかかり、その間に起訴人が亡くなってしまうことも珍しくはない。

このように、日本において司法権は、一般人の生活のみならず、企業の活動からもおよそかけ離れた存在となっている。ゆえに、本来であれば、起訴という公の場で、法律にのっとってできるかぎり公平に解決されるべき問題も、政治的決着や行政指導等、中央政府による調整および個別折衝によるアングラ解決を求める構造となる。

これにより生じる害悪の例として、「ゴネ得」問題がある。新幹線路線上の土地や道路拡張の対象とされる土地は、法律上、憲法の「公共の福祉」の原則や強制収用法の趣旨にのっとり、適切な保障のもとで収用されることができる制度になっているにもかかわらず、「座り込み、ゴネ得」が生ずる。

本来、司法権の能力が十分であり、これに対する信頼が国民の間に存在するのであれば、強制収用を実施して、保障の過不足は国に対する裁判で解決を図ることができ、国民のウェルフェアの最大化となるはずである。もちろん、アメリカのように何でも訴訟になる裁判天国のような制度にも大きな問題がある。しかしこれも、裁判の必要性の判断を裁判開始後各裁判所で行なうようにすれば、裁判の乱用は避けられる。

ここで、日本の司法制度は果たして実際に信頼に足るものであるかという疑問が提起される。まず問題となるのは、裁判官というものが、どれだけ国民の生活と密着しているかという点である。裁判官は、裁判という高度な専門能力と経験を必要とされる機能を果たすため、一般的には、国民の公選にはよらない。ただし、裁判制度の最高責任者としての最高裁判官に関しては、憲法七九条二項に、任命後国民が審査する制度を定めている。ところが、憲法は制度の運用についての詳細は定めていないため、実態として審査制度は形骸化されている。

最高裁判官の国民審査は、任命後初めて行なわれる衆議院総選挙の際、およびその後一〇年を経過した後、初めてなされる衆議院選挙の際になされる。審査人は衆議院議員の選挙権を持つ者で、罷免を「可」とする裁判官の氏名に「×」を記載する。「×」を記載した票のほうが、そうでないもの（無記載を含む）より多い場合は、その裁判官は罷免される。審査用紙に記載されているのは、裁判官の氏名のみで、経歴、主な事件における判決内容等はなく、一般的に言って、罷免とするか否かの判断は少数の特に関心ある者によってしかなされていない。このためこの制度は、全国的な規模で多大な費用をかけて行なわれるにもかかわらず、一般の関心は薄く、過去罷免例はないのである。公正な裁判の確保という意味では、審査制度が実態的に運用され得るよう、憲法上保障されることが望ましい。

アメリカなどで有効に機能している制度として、陪審員制度がある。アメリカと異なり、日本は憲法上陪審員制度を認めるとも認めないとも定めていない。法律上では制度は存在するが、その運用は停止されたままである。

これは、国民の知識や法意識のレベルが一般的に低く、同輩による裁判に対する信頼性が薄かった時代の産物である。陪審員の意見に決定的な権威を認める方法は現在でも採用しにくいであろうが、事実の認定を行なうなど、補助手段としては、一般国民の声を司法に反映させる有効な手段であり、かつ国民の司法制度に対する意識を向上させる役割を果たすと思われる。この制度の有効活用が図られることが望ましい。

では、裁判の範囲はどこまで及ぶのだろうか。日本の裁判所の司法権は、フランス等とは異なり、行政事件にも及ぶ。ただし、実際は「統治行為」として、すなわち、〝法的判断は可能であっても高度の政治性をかんがみれば裁判所の審査から除外される行為であって、むしろ立法、行政等の各機関の政治責任と一般の政治的判断に委ねることが適当と思われる行為〟として、司法判断が避けられる。また、統治行為ほど高度な政治的判断を要するのではない場合も、過去の例をみると、司法府は行政府の行為を好意的に判断する傾向がみられる。たとえば、地方公共団体の行なった処分の違法性についての裁判のうち、多くが第二審において第一審をくつがえす、行政側に有利な判決を下しており、これは財源の有無等、政治的な判断によったものと推定される。この傾向は、行政機関が前審として審判を行なう特許審判、下院案審判、諸種の行政機関における審査請求の採決、異議申し立ての決定等では、さらに著しい。

「統治行為」に関する規定は、憲法上定められたものではなく、判例によるものであるが、立法府、行政府の行為の可否を、すべて裁判によって最終的に争い調整する制度を採用する場合、「統治行為」は、原則として認められるべきではない。認める場合は、その範囲等を憲法上明らかにする必要がある。また、裁判当事者の一方に著しく肩入れした判決は、司法府に対する国民の信頼を損うものであり、これも認められるべきでない。

改善の方法としては司法府の能力と信頼性を高め、最終調整者としての役割を強化するために、いくつかの方策を新たに採用する必要がある。具体的には、裁判費用の低下、時間の短縮、裁判所、裁判官、弁護士の増強により、国民の裁判に対するアクセスを高める。実際的に運用可能な裁判官審査制度を構築することにより、裁判と裁判官の信頼性および国民意識との接近性を高める。行政、立法等すべての行為を司法の対象とし、裁判所は「政治的判断」等の理由による司法判断を回避すべきではない。

新しい国家運営の理念を求めて

アメリカ独立宣言はトーマス・ジェファーソンが起稿した。明治憲法は〝朕（ちん）〟の絶対的権力を前提として伊藤博文が草案を起草し、昭和憲法はマッカーサー占領軍によってつくられている。

私は「平成維新」にふさわしい新憲法をつくるべきだと考えているが、憲法論議になると各種イデオロギーが対立して乱戦模様となる。そこで昭和憲法はとりあえずそのまま置いておいて、あたかも全員がトーマス・ジェファーソンや伊藤博文になったかのように、現在の日本を前提として、われわれの国家運営の理念を作成するとしたらどうなるか、という試みを本稿で行なってみたい。過去にとらわれず、今あるものにもとらわれず、将来のあるべき姿を前提にしてこれを規定してゆこう、という試みである。

このようなゼロベースの手法は、現実を無視しているという非難も受ける反面、本来どうあるべきかについて、過去にとらわれない素直な心で作業することができるという長所もある。本来国家運営の理念なるものは、国や人々が変化するのにつれて一〇年に一度くらいは見直すことが望ましい。特に昭和憲法はその作成の時期や環境が異常であっただけに、いくつかの際立った特徴を持っている。昭和憲法は通常の憲法にありがちな国家としてのエゴがない。この点は優れているので今後も生かしてゆく必要があろう。しかし、そのことが逆に、世界の中で日本は何をしなくてはならないのか、国民の権利だけでなく義務は何なのか、ということをあいまいにしていると言えよう。国家権力が国民の意思に反してあの戦争に突入させてしまったという、当時の強い反省の上に立てば、当然、こうした点は理解できる。しかしだからといってそのまま四〇年も置いておいた今日では、そのあいまいさそのものの弊害のほうが大きくなりはじめているのではなかろうか？　戦争放棄ということは立派な考えには違いないが、ではそれだけで平和が訪れるのか、世界に貢献したことになるのか、ということになると、昭和憲法には答えが見出せない。

それも当然で、当時の世界にとっては日本やドイツが静かにしていてくれるだけで、平和に積極的に貢献してくれていることになったのだろう。戦前のあまりにも人権を無視した国家権力の介入の記憶が鮮烈な頃だっただけに、個人の権利を明記、保障することは快感であったに違いない。しかし戦後四四年、権利ばかり主張する人々で動きのとれなくなった今の行政府は非常に非効率かつ高価なものになっている。今ではむしろ個人の義務を明文化した方が社会はよくなると思われる。

このように歴史的にみてみると、どんなにすぐれた国家運営の理念でさえも長い間変えなければコケが生え、次第にその弊害の方が多くなってくることがわかる。フランス革命は貴族の横暴に対する反動であったが、だからといって市民解放しただけでよい国家ができ上がったわけではない。ロシア革命も富の偏在からボルシェビキを解放したが、今となっては古い皇帝が新しいクレムリン皇帝に置き換えられたにすぎなかったことがわかる。解放によってソビエトの人々の生活は豊かになったが、しかし自由や物質的豊かさは、むしろ他国のその後の進歩に大きく後れをとってしまった。どんなすぐれた組織でも、その効用は人々の新鮮な反応が効いている間だけのことで、それ以降はむしろ馴れからくる沈滞化のほうが大きな問題となる。企業においても国家においても、正しい理念や正しい組織というものは存在しないのである。よりよい組織、よりよい理念が存在するだけであり、しかもその姿は流転する。すなわち時計の振り子のように行きすぎれば戻り、戻りすぎればまた反転する。その変化に人々は反応し改革が進行するのである。正しい行政、立法が行なわれるということは、この変化の方向を見出し、志向するということであり、民主主義によって物事を決定してゆくときの唯一の前提条件は、人々がその新しい方向について投票するだけの英知を持っている、ということであろう。もし今の流れの方向のみ支持するという保守勢力が蔓延すれば社会はヨドみ、衆愚が自らの敵となる。

日本や西欧社会は今日多くの点で、こうした反復点に差しかかっていると思われる。その中で、ヨーロッパは一九九二年の統一市場形成に際し、五〇〇以上の法律や制度を大幅に見直すという千載一遇の機会に恵まれている。戦後いちばん社会のヨドみの深かった沈滞ムードの欧州が、この反転については先陣を切るというのは、実に興味深い。一方、日本とアメリカは国家業績がよいという自負があるだけに、この反転は自然には起こりそうもない。社会は見かけ上繁栄を続けているし、世界でも一、二を争う経済大国である。しかし変化が必要なことはほとんどの人が認識しはじめている。国家予算が万年赤字でも人々は増税を望まない。国はJRやNTTなどの国民の財産を市場を煽動して高値で売り抜け、これを赤字予算の穴埋めに使ったりする。またそのような〝技術〟を身につけてしまうと、ほっとしてしまい、教育、福祉、国防、建設などが高価で効率の悪いものになっているのに大改革は先送りされる。

日米にとっては、このまま社会的不満が蓄積するのを待つか、それとも、現状を将来に投影させ、その姿がいかに受け入れがたいのかに気づかせることによって、むしろ早めの反転を促すか――これが唯一の選択肢である。日本については、国家としての富の蓄積過程にある現在、必要な改革をすることが望ましい。日本にはアメリカと違って、衰えてきたときにヘゲモニーによって他国から自国の繁栄を搾取する力がないからだ。アメリカは国家としての勢いは衰えてきてい

日本は経済力が旺盛であるが、これによってしばらくは食ってゆくことができる。日本は経済力が旺盛であるが、これをODAや防衛肩がわりといって気前よく奮発していれば、すぐに富がなくなってしまう。だから今の日本にとって最も必要なことは、経済力を外交力や軍事力の欠如の穴埋めに使わなくてもよい仕組みをつくり、また世界における安定した地位を獲得することである。すなわち、したたかな国家になることである。

残念なことにこれは、今の日本人ではできない。昭和憲法のつくり出した日本人には世界観がない。人に目立たぬように自己繁栄をすることはできても、世界の中で目立った上で、かつ世界との共存共栄を呼びかけるだけの指導者的人物は出てこない。昭和憲法は消極的で日陰者的である。戦争はしないと謳っているが、では積極的に何をするのかは謳われていない。この憲法のおかげで日本は静かに世界の商人とはなり得たが、世界の指導者にはなれない。今の諸制度のもとでは日本の国内にさえ指導者は現れない。ということは、世界の金庫とはなっても金庫番がいないということである。文句を言われるたびに資産をたれ流し、(ドル安などによる)海外資産の大幅目減りにも笑ってすますしかない。外交力も政治力もないからである。このような世界における日本の役割を考えた上で、新しい理念をつくる必要がある。また国内における膠着化現象、政治家の私利私欲への暴走、第二部で詳述した行政の利益集団との癒着などを考慮した上で、コレステロールを取り除く方向で新国家運営理念は書かれる必要がある。と同時に、将来に向けての新しい作業を行なうのは若人であるから、望ましい人物が育つような環境をつくり出すことを考えなくてはならない。次にこうしたことを念頭において、国家運営の新しい理念を考えてみよう。

第三章　新国家運営理念の草案

前章までの吟味を加えた上で、いよいよ「平成維新」にふさわしい国家運営の理念を起案してみよう。

まず、基本的人権については、日本に居住、滞在する外国人を含め、すべての者が享受することが確認される必要がある。基本的人権の具体的内容は、たとえば人生の「節目」において、個人がどのような権利の享受者となり、義務の主体となり得るかという視点で判断し、現代生活に適した新たな権利・義務の確立を提案する。たとえば、社会権に関しては、「住宅に対する権利」、「健康で文化的な老後をすごす権利」、「生涯教育を享受する権利」、「文化学術の奨励」、「景観、文化財の保護」、「休暇をとる権利」等が定められる。自由権は、「プライバシーの権利」等の新しい権利を認める一方、明確に定められた「公共の福祉」規定および義務の規定により、国

法体系の構成要素

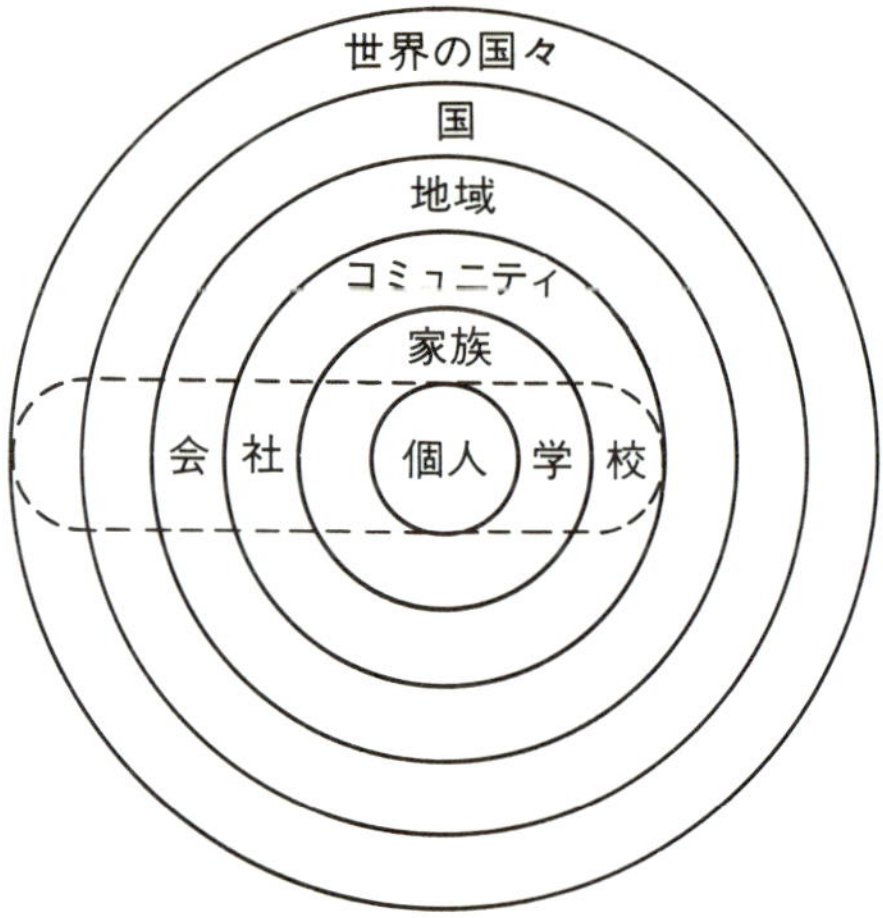

図1

民全体のウェルフェアを最大化するよう調整されなくてはならない。

統治機構に関して言えば、国民と政治の二極分化を解消するための方策を組み込む。政府および政府の運営（政治）を個々の国民に近づけるために、具体的には肥大化した中央の権限を地方自治体もしくはそれに類したものに分割、委譲し、人民自治を実現する。議会の構成員のみならず、行政府の長、裁判所の長も国民の互選とする。そのための公平な選挙制度等を憲法上明記する。議会および行政府すべての行為の違法性に関しては、司法府がこれをとり上げ、その中の裁判所が判断を行なう。

また昭和憲法は国と個人との関係を中心に記述されている。これでは個人対個人、家族、地域等との関係がないがしろにされてしまう。また国を超えて他の国とどういう関係をつくってゆくべきかも、昭和憲法では欠落している。〝戦後の処理〟に専念すべき当時としては当然のことだと思うが、今日の日本においては重大な問題であり、国際関係を基本理念の中から落したままにしておくことは好ましくない。そこで法体系としては**図1**にあるような拡がりの中で各々の構成要素間の関係を規定してゆくことが望ましいと考えられる。個人と学校（教育機会）および個人と会社（雇用機会）の関係についても明文化しておいた方がよいと思う。

憲法の前文には、二一世紀の日本をつくり上げていくための、根本規範（精神的バックボーン）となるべき条項を盛り込む。たとえば、憲法の国内における目的として、国民全体の生活効用（ウェルフェア）の最大化を掲げる。家族の尊重等、古くから存在する人間の根源的価値の再確認と、コミュニティの発展による地域社会の振興発展など新しい価値の確認を行なう。一方、国家を超えた目的としては、日本国および日本国民は、国際社会における自由と平等、経済的公平等の実現などについて、積極的な役割を果たすことを掲げる。

前文

日本国民は、その勤勉さと平安を愛することによって、自らの生活レベルを上げると同時に、世界の平和と人類の永続に積極的に貢献していきたいと思う。資源や領土を求めるのではなく、人間の持つ英知の開発からもたらされる経済と文化の発展によって、人類の幸福が実現するとの信念を、広く世界の人々と共有したいと願う。人間として家族、コミュニティ、国家を、他の国々とのつきあいを、宗教、性別、民族、言語、身体の特徴を超えて大切にしてゆきたいと思う。人は生まれながらにして平等であり、また安全にして幸せな人生を送る権利を有する。しかし、人生において得られる尊敬と保障の程度は人によって異なる。このため日本国民は生まれながらにそなわった能力の開発に、生涯努力の傾注を惜しまない。

注釈　前文に二一世紀の日本をつくり上げていくための、根本規範となる条項を盛り込む。具体的には、国家運営理念として、国民全体のウェルフェアの最大化を掲げる。日本国および日本国民が、国際社会で自由、平等、経済的公平等の実現に、積極的役割を果たすことを掲げる。コミュニティの尊重による地域社会の振興等、新しい価値となる理念を掲げる。

現行憲法の前文には、戦後日本が国際社会での平和協調を行なっていくための必要な諸行動の、いわば精神的バックボーンに当たるものが記載されている。いわく、「諸国民との協和による成果と、わが国全土にわたって自由のもたらす恵沢を確保し、政府の行為によってふたたび戦争の惨禍が起こることのないようにすることを決意し、云々」。いわく、「日本国民は恒久の平和を念願し、（中略）平和を維持し、専制と隷従、圧迫と偏狭を地上から永遠に除去しようと努めている国際社会において、名誉ある地位を占めたいと思う」、「われらは、全世界の国民が、ひとしく恐怖と欠乏から免かれ、平和のうちに生存する権利を有することを確認する」。この内容は、九条「戦争の放棄」とともに、法律を定めるに当たって、また政策を実行するに当たって、強い規範力をもった。

外国の例をみれば、たとえばアメリカの場合、憲法の基礎となる独立宣言において、「すべての人は平等に造られ、造物主によって一定の奪うことない権利を与えられ、その中には生命、自由および幸福の追求が含まれる」と述べられている。フランスの場合は、革命時の原理「自由、平等、博愛」や「人民の、人民による、人民のための政治」が、その憲法の第二条に残されている。これらは国民の基本倫理となっている。

このような憲法規定は、どこの国でも小学校、中学校、高校、大学の教養課程等、教育の各課程において繰り返されることにより、国民の頭および胸に深く刻まれることとなる。その結果、日本人は世界で最も「平和を愛する国民」になったと言えるであろう。しかしながら、憲法の前文に規定されていないことがらについての関心は、他の国の人々より低いものもある。国防、国家、コミュニティ、他国や他人種との関係などがそれである。

今日の国際社会において、日本および日本人が果たすべき役割は、たんに「他国に対して侵略を行なわない」だけではなく、より積極的なものが期待されている。また地球的規模で環境破壊が進んでいる今日、たんなる平和だけでなく、人類の永続についても努力する旨、謳っておくべきだと思う。さらに国内をみると、従来日本社会において価値とされていたものが徐々に崩壊している。これらに対応し補強する価値が、憲法前文上に規定される必要があろう。また自己責任の概念、自分を啓発し守る義務も、基本的人権とともにここで明文化しておいたほうがよいと思う。

第一章　国家

日本は日本人が主体となって固有の領土を統治する単一民主国家である。日本国はアジア州の一員であるが、同時に環太平洋経済圏の一員でもあり、先進国としての自覚を持った世界の一員である。国連が有効に機能している限り、この常任理事国としての日本国の位置と役割、責任をもって、世界の平和に貢献する。また世界の平和と安定、人類の知的財産の向上に寄与する国際組織に喜んで参画し、積極的な貢献をしてゆく。

注釈　将来日本人以外の英知も導入できるように「日本人が主体」としてみた。連邦ではないので単一と明記した。しかし後述の道州制に移行し、地方自治を思うように進ませるためには、ここで道州連邦ということを明確に謳ったほうがいいかもしれない。世界的には、アメリカ、ソ連、イギリス、ドイツ、スイスなど、主要国はすべて連邦である。私は移行過程として、本文の中では単一国家をとったが、あと数十年したら道州連邦になるくらい地方への分権が進むことが望ましいと考えている。また昭和憲法の中にある「主権在民」はそのままいただいた。またアジアの一員、という自覚も明文化した。敗戦国として日本や西ドイツが冷遇されている国連は時代遅れである。今や国連を中心にやっていくのならこれを前向きに改革するか、さもなければG7の連合を正式につくる必要がある。ここでは、「平成維新」とともに国連から戦後処理臭を一掃し、日本もその安保理の常任理事国として任命されるべきだとの考え方を示している。また当然それに見合う責任ある行動をとるようにも提唱している。

第二章　領土

北海道、本州、四国、九州、沖縄を中心とした、歴史的にその帰属かつ統治の実績が明らかな島嶼(とうしょ)によって形成される。

注釈　古くは領土は税金や年貢の収入源として大切であった。近くは天然資源をめぐって領土争いが絶えなかった。将来においては、領土はさして重要な要素とは考えられない。今日繁栄している国は、領土が小さく、資源のない国（韓国、台湾、香港、シンガポール、スイス、日本などのような）ばかりである。フォークランド紛争にみられるように、古い概念で小さな領土に固執すれば、むしろ経済的、友好的損失が大きいと思われる。国の富は領土ではなく人的資源が創出する（拙著『世界が見える、日本が見える』参照）との考え方から、領有権のはっきりしているものだけを領土と認めた。係争中のものは円満解決できれば組み入れるが、そのために友好関係や経済的損失を招くことを防ぐ意味で、無理に領土とは認めていない。また将来領土の拡大を求めて係争を起こさないよう本章を定義してみた。

第三章　国民

国家目標の達成を共有する、日本の領土に古くから住む複数民族、および正規の手続きを経て日本に帰化した民族によって形成される。すべての国民は年齢、性別、民族、宗教、身体の特徴にかかわりなく、生まれながらに平等である。国民は、安全で健康かつ文化的な人生を送る権利を有する。国民はこれらの権利を等しく受けられるよう、立法府、行政府が正しく任務を遂行しているかどうか監視する。またその権利が不当に犯されたときには、速やか、かつ公正な裁判に対する権利を有する。これらの権利を享受するために国民は納税、勤労、公共奉仕、公序良俗の維持、自己啓発等に努めなくてはならない。

注釈　日本は単一民族国家との認識がこれまでに国内外でさまざまな軋轢を生んできた。現実には日本民族の起源は明らかに複数であり、また古くから住むアイヌ民族や戦前に移住してきた朝鮮人、戦後帰化した人々、企業の国際化によって外国で生まれた人々、国内で生まれた外国人などでそのまま住みついた者など、多種多様である。これからはこの傾向に一層拍車がかかると思われるので、日本国民の定義をかなり広義にしておく必要があると思われる。憲法においては、これらの人々が、基本的人権の享受主体であると明記するとともに、差別等の社会的不合理の対象とならないよう、積極的に保護する条項を定めることも、これから日本が国際化し、国際的な国家として受け入れられていく上で必要であろう。また福沢諭吉の「天は人の上に人をつくらず、人の下に人をつくらず」をここで借用した。

第四章　納税義務

日本国民としての権利を行使したい成人は、その収入の一律五%を日本国政府に納入しなくてはならない。また日本人、日本企業たらんとする者は、その流動資産の時価評価額の〇・五%を、毎年日本政府に納めなくてはならない。

注釈　ここでは成人(満一八歳以上)の納税義務を明文化してみた。海外在住でも日本人としての権利を維持したいときは例外ではない。また収入の多少にかかわらず一律五%としたことは、すなわちすべての成人の国に対する義務、負担を同率としたからである。収入の少ない人でも、国家の供する便益を享受しているので例外ではない。生活保護を受けている人でも、その支給額の中から五%を再度国家に納入する。たとえ手もとに残る正味は同じであっても、国に対する義務に過不足があってはならないからである。未成年勤労者はたとえ収入があっても選挙権もないので免除されてしかるべきと思う。一方学生のアルバイトであっても、成人している限りは納税義務が生じる。アルバイト収入も勤労に対する立派な報酬であり、これが免除される理由はない。徴税の方法としては、後述のコミュニティが所得税を一五％相当分かけ、そのうちの五％を国に上納する。この仕組みで、中央によるバラまき行政はなくなる。また資産経済（ストック）への移行、資産の国際分散を反映して、これに税の網をかぶせておく必要がある。ここでは〇・五％と少ない負担を提案した。しかも、地方によって税率が違うと、おカネは世界中を逃げまわるので、これを国税とし、対象を世界に拡げた。固定資産は動かないので、その税はコミュニティの収入とした（後述）。

第五章　国民共通の目的

日本人は知的資源を最大限に活用して世界の平和と繁栄に貢献しなくてはならない。また内にあっては安全で快適な生活ができるよう勤勉に働き、社会の福祉向上に努めなくてはならない。

注釈　昭和憲法には戦争放棄という消極的な平和への貢献しか謳っていないので、ここでは、勤労による著しい近代化で成功した日本人が、積極的に世界の国々に対してその知的資源を提供し、他国の成長を助けることを理念の一つに謳っている。また知的資源は天然資源と違って、絶えまない努力によってしかその価値が維持されないので、軍備より開発研究を、怠惰ではなく勤勉を、と呼びかけている。また個人の社会に対する責任もここで明文化してみた。

第六章　国防

国家の防衛は最も大切な国民共通の責任である。これを全うするためには、いたずらに軍備に走るのではなく、各国との友好の維持、正確な情報の収集、人事交流、相互交易の拡大、早期啓蒙活動などを通じて、平素から緊張の緩和に努力しなくてはならない。他国から不当な侵略を受けたときには、国家安全保障会議を招集し、その結論が国会に承認された場合、内閣総理大臣が、宣戦を布告することができる。陸海空三軍およびその上位機関である国家安全保障会議議長は内閣総理大臣の指示命令に厳密に従わなければならない。他国からの挑発を受けた場合でも、この手続きを経ない交戦は禁止される。万一国際紛争に巻き込まれたときは誠意をもって二国間で解決に当たり、それでも解決しないときには国連などの国際機関に調停を依頼する。紛争解決のために他国領土に日本軍を派遣することはできない。国防については、自国領土および領海を守るために必要最低限の効率のよい専任部隊と、全国民を常時訓練することによってこれに当たる。

注釈　情報化の進んだ二一世紀には、戦争はますます起こりにくくなると思われる。これは国民が世界中の情報を直接入手してしまい、国家が国民を情報管理してゆくことが、ますます困難になると思われるからである。戦前の日本や最近の北朝鮮、ホメイニ師下のイランのような情報統制によるファナティシズムの恐れは少なくなった。しかし、今の日米関係にみられるように大量の情報が誤ったトーンで長期にわたって流されつづければ、国民感情は特定国に対して悪化することがある。このため本案では、情報戦争を国防の基本軸に置いて、むしろ軍備はバックアップの手段という位置にまで下げてみた。昭和憲法の長所である戦争放棄については残したかったが、「放棄」というのはあまりにも非現実的なので、自衛権のみ生かした。これは自衛隊を軍隊として正式に認知することになる。これによって正式に交戦権などのシビリアン・コントロールの手順を規定してゆくことができる。昭和憲法ではこれらを正面から取り上げられなかったので、むしろシビリアン・コントロールに不安が残っていた。国防を特定軍人だけに任せると国内で危険が増すので、成人による自衛活動をここでは提唱している。国民皆兵の復活ではなく、学生時代および社会人になってから一定の期間、国土防衛の基礎概念と技術の習得を行なうことは、今の無責任時代にはむしろ有意義な体験であると考える。

第七章　国家運営

国家は、国民および世界のすべての人々のために運営されなくてはならない。

国家の運営は政府がこれに当たる。政府の準拠すべき法律および予算は、その上位機関である国会がこれを決める。国会は国民によって選挙された議員によって構成される。政府および国会の決定および執行事項が、国家運営の理念にかなっているかどうかは、最高裁が国民の依頼によって審査する。最高裁が違法と判定した決定および執行は直ちに無効となる。政府、国会、および最高裁の三機関は、広義の日本の国益のために活動しなくてはならない。

注釈　三権分立というのは、わかったようでわかりにくい概念である。企業でも、執行部隊と株主、監査役が同じ権限を持っていれば混乱が起こる。本案は国民が株主、その選んだ代議員が国会、すなわち取締役会、執行部が政府、国レベルの監査役が最高裁（国裁）と定義した。三権はもちろん独立しているが、分立しているのではなく、明らかに上下関係を置いた。また今の政府に比較して国会の権限を強めている。すなわち予算は大蔵省が立てるのではなく、国会が立てるのである。また今の最高裁は議員定数の是正から殺人まで手がけるが、ここで言う最高裁は国裁とでも呼んだほうがよく、立法および行政の違法性にのみ目を光らせる役割を持っている。当然今の行政監査（検査院）などはこの下部機関となる。「広義の国益」については、もっと敷衍（ふえん）する必要があるが、要は日本という狭い範囲で考えてはいけないということだ。もし日本が世界における指導者的な立場を望むなら、時としては失うものがあっても、長い目でみれば国益にかなっているという心がまえで国政に当たれ、と言っているのである。

第八章　政府

政府は国会の決めた規則に従い、国家運営の理念を達成するために、決められた予算の範囲で最も効率のよいサービスを、国民および世界の人々に提供する。政府の長（首相）は、地方および中央政府の行政を一〇年以上経験した有資格者の中から、国民投票によって選ばれる。任期は四年。再選は可能だが最長一二年までとする。首相は、政府の主要省庁の長官を任命することができる。このうち外務省、国家企画省、国民生活省の長官は国会の承認が必要である。政府に勤務する公僕は定年を六〇歳とし、四〇歳を超えた公僕は、担当業務関連職務への再就職を禁ずる。

注釈　首相から政党色を抜く必要がある。首相は厳正中立に国民のことを考えなくてはならないので、今の政党政治は国会の場だけで十分である。すなわち国会がルールや予算を決める以上、執行部である行政府はそれ以上の政党色がつかないほうが好ましいし、そのほうが国会の勢力変動に対しても安定する。本案は首相公選論をとっている。これはアメリカの大統領に近いが、違いは有資格者の中に議員を入れていないこと、行政のプロに限っていることである。日本のように複雑な国の行政はやはりプロがやることが望ましく、また行政経験一〇年とすることによって国会議員からの直接の登用を制限したのは、安易な立法と行政の癒着を断ちたいからである。首相は国民投票によって四年に一度選ばれるが、アメリカの大統領選とはちょうど二年間ずらす必要がある。日米のG2が同時に選挙で空白になるのは困るし、またこうすることによってお互いに二期分の相手方と仕事をするようになる。このほうが政治的にも経済的にも安定するだろう。行政府の中身は第二、および第四部で詳述したので本章では割愛する。特に大切な(新)外務省、国家企画省、国民生活省の長官（大臣という平安時代の用語はこの際やめにした。中国のように〝部長〟と呼んでもよい）は、本来なら国民の直接投票でもよいのだが、首相の権限を強めるために任命制とし、国会の承認ということで国民の間接投票の効果が出るようにした。また定年を延長し、年金と合わせれば一生涯生活の苦労をしなくてもすむようにするかわりに、天下りの禁止を明文化した。さらに国家試験を廃止し、各省庁が民間企業と同じように就職試験で採用をすることを提案したい。国家公務員を特別扱いすることからくる弊害のほうが多くなったからである。

第九章　国会

国会は、有権者（成人国民）の直接投票によって選ばれた議員一〇一人によって運営される。このうち一名が互選によって議長となる。うち五一人の議員（地方区）は、有権者の人口に比例して各道より代議される。残る五〇人（全国区）は、政策を提示した政党が、その全国における獲得票に比例した数だけの候補者を、得票順に選出する。任期は四年。

国会は国家運営の基本理念にもとづき、その細則を立案、審議、採択する。その内容はすべて国民に開示されなくてはならない。採択は多数決をもって決定するが、国家運営の理念そのものの変更には三分の二を必要とする。賛否同数となったときは議長が投票する。予算については次年度一月一日より十二月三十一日までの歳入と歳出を、前年度十一月三十日までに決めなくてはならない。万一期日までに決まらなかった場合には、自動的に前年度と同じ予算となる。また予算より歳入が多かったときは、次年度の税金をその半分だけ自動的に減らし、残る半分は国債の償還に当てる。歳入が予算より少なかったときには全額、次年度の歳出相当分から減らさなくてはならない。

注釈　今の二院制は、アメリカでも日本でも機能していない。アメリカでは上院が、日本では衆議院が圧倒的に強い。行ったり来たりで意味のない時間がたつ。したがってこれをやめて背水の陣で臨むようにするには、一院制がよいと思われる。しかし、その一院の中に、本案では全国区と地方区の二院のよさをとり入れてみた。また議員定数が衆・参両院で現行の五〇〇＋二五〇というのはいかにも多すぎる。国会議員と話をしていると、しがない平サラリーマンと同じ悩みをよく聞く。国政レベルでの代議士は一〇〇人で十分ではないか、ということである。このくらいになると一人一人に重みがかかってきて、少しは選良としての認識も向上するのではなかろうか。任期四年は首相の任期と合わせている。同時選挙がよいと思われる。もう一つの考え方は、定員を九九人として、三三人ずつを三年ごとに改選するというものである。このやり方のほうが一時のムード、たとえばリクルート事件、消費税導入といったことによって、政党色が大幅に入れ替わってしまうことを避けることができる。しかし一回の選挙で、地方区で一七、全国区で一六しか改選しないというのも、整数論の選挙の世界では誤差が大きくなるので、好ましくないかもしれない。ここに提案した一院二区制は直接人と党を選ぶという点において、西ドイツのやり方と似ている。しかし本案の主旨は、現在ほとんどの議員が陥っている地方色まる出し、本省予算の地方運搬係というなさけない傾向に歯止めをかけることである。すなわち、半分は各地方から従来どおり選ぶようにするが、定員は有権者人口比例である。今のように票の重みが地方によって変わることは許さない。選挙前の国勢調査によってこの定数を決める。これによって定数が変わるのを避けるため、西ドイツでは国勢調査を一〇年以上もやっていないそうだが、そんなまやかしを通さないよう、国勢調査も法で四年に一度行なうように定めておく。全国区の立候補者は得票順に並べられるが、それでそのまま当選するのではなく、政策を出した政党に対して有権者は別途投票する。それで自民四〇%、社会二〇%、民社二〇%、共産二〇%の得票となれば、自民が二〇名、社会が一〇名、というふうに総員五〇人まで党別に枠が決まる。全国区の党別の中から得票数の多い順にこの枠までの人が当選ということになる。このやり方のほうが政策論争に対して正当な評価がしやすい。したがって人々は次の三つの投票をすることになる。

地方区――候補者に

全国区――候補者と党に

地方区は人物主体で投票できる。今の北海道知事は社会党の横路氏である。彼は国会議員の頃、野党の雄として自民党に鋭い質問をして勇名をはせたが、知事としての仕事をみていると社会党とは何の関係もない。地方を代表するとき、結局全国ベースの政党よりももっと強く地方の利害が優先するのだろう。この意味で地方区は党よりも人物を優先する考え方をここではとった。

第十章　最高裁（国裁）

国裁は、国家運営の理念にもとづいて国会と政府が、国民の意思に沿った正しい仕事をしているかどうかを監査し、国民の一％以上からの直接の要請を受けた場合は、国会、政府、議員、行政官を裁判にかけることができる。また独自の立法、行政監査にもとづいて、最高裁判官の三分の二が違法と認めるときには、国会の解散、首相の解任を宣告することができる。特定の立法、および行政行為が違法と判断されたときは、争点を明確にして国民の直接投票を行なうことができる。最高裁判官は、法曹界で一〇年以上の経験を持つ有資格者の中から、国民の直接投票で上位七名がこれに当たる。候補者は直接、選挙運動をしてはならない。候補者の推薦者三名が、その適格性を広く世間に知らせることは許される。最多得票者が国裁の議長を務める。任期は六年。国裁に対する代行機能として、下級裁を設置する。

注釈　国レベルの司法というのは、行政府と立法府を国民の立場から監視する役割を担わなくてはならない。今のように、行政と癒着した立法府のつくった誤った規則を〝是〟として、それに対する違法性のみを突いているような司法は、三権分立というよりは「太鼓持ち」というのに近い。私の提案は、国裁を本当の意味での国政の良識の砦にすることである。だから国裁が傾聴すべきは国民の声である。時代に合わない誤った法律ではない。国家運営の理念が陳腐化してきているときには、それを変えるべきかどうかを議論するように、国会に勧告できる。また不当と思われる法律をつくったら、これを再審議させる力を持っている。予算の無駄遣いがあればこれを止めさせる力を持っている。そしてそれを聞かないときは、国会の解散（解散権は、今は首相が持っている）、首相の解任を要求でき、また疑わしい特定の法については国民の直接投票を催促することができる。国民の直接投票は国会の決議をくつがえすことができる。このように司法府に安全弁の役割を持たせることによってこそ、政治の浄化が行なわれるのである。ここでも専門性を重視して、有資格分野における一〇年の経験をハードルとした。今、最高裁判所長官は、首相が任命して国民が直接投票することになっているが、ここらあたりが癒着の温床となっている。候補者は自ら名乗り出て、実績を国民に知らせるようにしなくてはならない。しかし直接本人が「私に潔き一票を！」とやったのでは今の国会議員の品格のなさが伝染してしまうので、候補者の業績を知る三名が限定されたメディアの枠内で広宣活動に努めるのがよいと思われる。

第一一章　国家の構成

国家の構成の最小単位は個人である。個人は家族の一員で、家族はコミュニティ（町）の構成員である。コミュニティは道を形成し、日本国は北海、東北、関東、北陸、中部、近畿、中国、四国、九州および首都特別の、一〇の道より成る。

注釈　昭和憲法では個人と国との関係が規定してあるだけで、家族とかコミュニティという概念がまったく欠落している。戦後の精神の荒廃は、この憲法上の欠落と無関係ではないと私は思っている。そこでまず国家構成の仕組みを本稿では定義した。以下順を追って、各論の肉づけをしてゆくことになる。

第一二章　個人

個人は生まれてから一八年で成人する。成人するまでは家族や社会（コミュニティ、道、国）がその育成の責任を負う。育成には自然、社会、心理的環境、自助努力、経済的裏付けが保証されなくてはならない。成人するまでの教育は無償で行なわれる。成人した個人は、国民としての権利を享受するかわりに、社会に対して責任を負う。すなわち、個人は積極的に社会活動に参画し、社会および社会環境を子々孫々まで平和で安全に生活できるよう、よりよいものにしていかなくてはならない。

第一三章　家族

すべての個人は、両親の子孫維持の意思によって生を享けている。両親および子供から成る単位を家族と呼ぶ。家族は、社会の構成要素として個人がその責任を全うできるよう、積極的にお互いを啓発し、育成していかなくてはならない。特に親は、生を享けた個人が立派な成人となるよう、愛情と責任を持って、成人への道を家庭内にあって教育していかなくてはならない。未成年はまた、親の教育に対して十分な尊敬と謙虚な念をもってこれを受け、成人への準備をしなくてはならない。

注釈　成人を一八歳としたのは、現実的にみてほとんどの人が高校進学をするので、まず社会的費用負担による義務教育を高校にまで延長し、これを終えたときに成人と認定するほうが、論理的矛盾が少なくなるからである。今の制度では義務教育は一五歳までだが、大半は高校に進学する。しかも中学を卒業して働きはじめた人は、納税者となり社会的費用を負担するのに選挙権がない、ということになる。私の提案は、義務教育修了＝成人＝納税義務＝選挙権＝飲酒＝喫煙＝本人の意思による結婚＝一八歳、とすべてを一八歳でそろえてしまうことである。

その上で一八歳までの教育責任を、学校だけでなく両親にも明確に持たせることを提言している。不幸にして両親のない人、親の意思ではなく生まれてきた人などにとっては、「家族」の項は不公平に見えるかもしれない。しかし本来このような項があれば、無責任な親は減ると思われること、また養子制度や親の代役をする社会施設の充実などによって、本項に相当する規定のない現憲法よりは、全体として幸せな家族は増えると私は確信している。

第一四章　コミュニティ（町）

すべての国民は、その生活の場としてコミュニティに住む。コミュニティこそ人が育ち、人が人と知り合いになり、生活や人生を楽しむ基本である。ここで人間生活に必要な基本財が満たされること、健康で安全な生活が営まれることが必要である。このため個人および家族は自ら進んで、あるいは手分けをして、積極的にコミュニティの質的向上に協力しなくてはならない。また成人はその所得の一律一五％を、コミュニティの財源として納税しなくてはならない。資産の引き継ぎや売買益については、収入と同じく一五％がコミュニティに納付される。また個人が保有する固定資産の時価評価額の一%を、その資産の存在するコミュニティに毎年納付しなくてはならない。コミュニティはこの財源を用いて、住生活基盤の改善、維持を行ない、消防、警察、保健などの安全、衛生の確保、義務教育施設、図書、文化などの知的環境整備を行なわなくてはならない。コミュニティは少数の専任係官がその日常行政に当たるが、大半は有志の無報酬活動で成り立つ。

注釈 これは拙著『新・国富論』でも述べたスイスのモデルに近いものである。コミュニティを生活基盤の整備単位と考えた。私は日本社会からこの自助努力、自律的コミュニティがなくなってしまったことが、金権、無責任体質、民主主義の衆愚化につながっていると思っている。そこでもう一度地方自治の母体としてコミュニティが復活することを、草案の中に入れてみた。日本人の一人当たり所得を二〇〇万円とすると、一五%の税金は三〇万円、五万人の人口がいれば一五〇億円の年間予算となる。このうち五%分、すなわち五〇億円を国家に上納する。五万人の人口なら平均して固定資産が一兆円近くあるので、そこからもまた一〇〇億円近い歳入がある。これだけの自力財源があれば、理念で謳っている生活レベルが十分に達成できるのではないかと思う。逆に言えば人口二～一〇万人（予算八〇～四〇〇億円）当たりに一つのコミュニティが目安、ということになろうか。

交通、電話、放送、新聞、電力、ガス、水道などは、コミュニティが自営してもよいし、もっと大規模なところから買ってきてもよい。住民の選択である。

第十五章　道州

道はコミュニティの集合体であり、産業基盤育成の単位である。財源としては個人からの消費税、法人からの法人税および法人の固定資産税によってこれをまかなう。道はその地方の特殊性を考慮し、空港および航路ネットワーク、道路および広域交通、港湾、リゾート、産業団地、大学、専門学校、病院などに投資する。これにより、地域住民に十分な仕事があり、かつまたそれに必要な知識や技術の習得の場を提供する。また余暇を楽しみ、充実した人生が送れるようにすることが、道の義務である。

注釈　言うまでもないが、日本の県は規模が中途半端で、今のままでは地方分権が進まない。私は『新・国富論』の中で第二次「廃藩置県」を行なうことを提唱したが、具体的には分権化に足る規模の「道」を新設し、県や市を廃止するしかない。これにより「道」を産業基盤整備のための単位としてとらえ、ここに今建設、運輸などの中央官庁が地方局として持っている権限を分散して持ち込む。文部省も道までで大半の仕事が完了してしまう。国立大学はすべて廃止し、道立大学となる。関東の中から東京、埼玉、千葉、神奈川を取り出して「首都特別道」とする。東京都という単位はなくなる。今でも二三区とか三多摩とかあって思想的には統一されていない。三多摩と川崎では川崎の方が「首都」に近い。一都三県で首都の見直しをしなければ、大切な首都圏の改革は進まない。また関東道は茨城、栃木、群馬、山梨、伊豆半島のドーナツ道である。四国道と中国道が合併したり、中部道四県（静岡、愛知、岐阜、三重）には福井も入れてしまったほうがいいかもしれない。が、このあたりの各論まで今やる必要はないと私は思っている。要は「道」という人口一千万単位の地方分権の受け皿をつくり、中央集権、過剰国家権力からくる、今の霞が関に源を発する膠着化を一気に打ち破り、地方が特色をもって産業振興できるようにすることである。

このために、航空路や海路についての許認可権限も道に移す。そうすることによって、北海道はアジアのスイスになり、九州道は東アジア経済圏を想定した今のヨーロッパ型の空のネットワークを自在に組むことができるようになる。「道」の上位概念である国は、こうなると外務や国防、日本全体のことに集中できるようになる。所得税は一律一五％で、うち一〇％はコミュニティがとり、五％を国に上納することになる。道の運営は自力財源である法人税と消費税で行なう。国は予算の点からも地方交付するだけの余裕がなくなる。地方道は法人が活躍するか、消費が伸びなければ財源はなくなるので、自助努力をするようになるだろう。他人をあてにして、霞が関と永田町に足繁く通う今までの地方自治とはおさらば、というわけである。

さて、以上で私の国家運営の理念――ゼロベース・コンスティテューションは終わりである。昭和憲法に比較して足りない点がある、と指摘される方もあるかもしれない。たとえば第一章

「天皇」がないという人がいるかもしれない。私は、本当にゼロベースで主権在民を前提に組み立ててみたとき、それを書く章が論理的になくなってしまったので書かなかった。「天は人の上に人をつくらず」と言っている以上、世襲制を前提にするわけにはゆかない。これをのりこえるには神話化するしかないが、天皇は人間宣言をしているのでそれも難しい。だから論理的に書く場所がなくなってしまうのである。天皇制を否定しているのではなく、天皇制本来の姿とはそのようなものだ、ということではなかろうか。もともと皇室二六〇〇有余年の歴史の中で、憲法において天皇が規定されていたのはわずか一〇〇年くらいの間にすぎない。日本人に皇室を敬う気持ちが自然に存在する限り、日本から天皇がなくなることはない。それを憲法の中でことさらに定義しようとするから、天皇にも国民にも迷惑が及ぶのではなかろうか。

その他に、軍隊のシビリアン・コントロールの原則もしっかりと書いておく必要がある。書かなくてはいけない項目は他にも山のようにあるが、何も私の試案ですべてを出しつくすことはない。私自身ももう少し詳しくこれを書き直してみる計画である。読者諸氏においても同じような試みを是非やっていただきたい。その際、是非外国の憲法、特にスイスとイタリアの憲法を読んでもらいたい。憲法とはこんなものか、こんなことまで書いてもよいのかと思うくらい、親しみやすい言葉でわかりやすい項目が並んでいる。スイスの憲法では、連邦と地方（カントン）との関係、あるいはラジオ、テレビなどの地位、外国にいるスイス人の保護など、項目だけみても面白く、また参考になると思う。本書では基本的な考え方を理解していただくために、あまり細かなことや、学者間の論争のもとになるようなものは避けた。

読者諸氏においても、私の案にあまりとらわれることなく、ご自分でよりよい私案を、どしどし起草されることをお奨めする。よりたくさんの人が「今の世の中」に合った「国家運営の理念」を考えることによって、「昭和憲法」の問題点が浮き彫りにされるだろう。そこで出てきた新理念と古い憲法を比較することによって、違いがはっきりしてくる。そうすれば、今までのような不毛の憲法論議は少なくなる。神道もシャーマニズムの言霊（ことだま）信仰の世界では、思ったり、言ったり、書いたりすることを恐れる。シャーマニズムの一種であるので、われわれは問題を表出させて直視することをしない傾向がある。

昭和憲法は明らかに陳腐化してしまっているが、われわれは金縛りにあっているように動きがとれないできた。改憲論と言えば決まって右寄り、軍国主義的と相場が決まっていた。私は改憲すべきと思っているが、それは現行憲法が世界の今の情勢に合わなくなっているからであって、戦前の古きよき時代に戻りたいとか、日本の国威発揚のためなどと考えているからでは決してない。逆である。今再び台頭しつつある復古主義に明らかな歯止めをかけるには、世界のリーダーとしての日本人の責任、義務といったものを明文化しておかなくてはならない。「平成維新」の第一歩は、平成の国家運営の基本理念を国民総参加で起草することだ、と私は考えている。

＊第三部で引用した諸外国の憲法条文は、樋口陽一・吉田善明編『解説世界憲法集』(三省堂)によった。

第四部　新しい創造へ

第一章　新しい行政システム

これまでのまとめをしてみよう。すなわち、第二部の省ごとの各論と、第三部の新国家運営理念とを合わせて、日本政府の組織運営体系を構築するのである。この作業を行なうと、内閣の姿が今までのものとはガラッと変わってくる。すなわち今の政府は〝発展途上国型〟で、政策を立案すると同時に実行してゆくための組織から成り立っている。たとえば郵政省は三〇万人の郵便配達員などから成り立っている。これからの政府は政策立案、ガイドラインの策定をし、それを民間あるいは地方に正しく実行させてゆくという〝先進国型〟に変わってゆかなくてはならない。またその意識も、提供省側の議論で組み立てるかわりに、国民、すなわち受益者のために働くように変えなくてはならない。そのためには実施部門を手放すことと、利害関係のある団体や業界の指導・育成の任務をはずさなくてはならない。たとえば現在、大蔵省は税の関係で酒やタバコの業界を、厚生省は薬や医療機器を、建設省は建設業界を、運輸相は航空、鉄道、トラック業界の面倒をみているが、これらの任務をすべて解いて、企業としての育成責任はすべて産業局に持ってきてしまう。厚生省は医療制度についての政策、基準、モニターをするのが主任務となる。

新内閣の組織図

さて、私の提案する新内閣の組織図はきわめて簡単なものである**（図１）**。**内閣総理大臣**がいわば最高執行責任者であり、国家行政の長である。この付属機関として**内閣官房**をつける。ここには人事院の一部、広報室、情報室（ＣＩＡ）、法制局の一部、総理府の一部などを大幅に簡素化した上で入れる。また国家安全保障会議を設けるが、ここには今のように内閣の閣僚七名だけではなく、国会議長、最高裁判所長（国裁の長）も入れる。

内閣の中にあって国家運営の大きな流れを企画するところが**国家企画省**である。ここは国家のビジョン、人材、財源、資源、技術、国際協調、競争などについて、国家レベルでの重点の置き方が正しいかどうか、新しい省・庁をつくる必要はないか、統廃合する組織はないか、世界と比較して遅れているところはないか、世界全体の悩みや脅威（たとえばフロンガス、アフリカの飢えなど）に日本は十分に尽力しているかなどについて考え、提案してゆく。また予算の立案作業が国会に移るのにともなって、内閣として中長期の蔵出計画を策定し、これを国会に参考資料として供する。いわば日本の政府の長期的優先順位を考える頭脳集団、ということになる。人材は各省庁からの昇進、または民間、学界、外国人などの中途採用によって調達する。

国防省は今の防衛庁であるが、前述のようにこれを憲法で正式に認知し、同時にシビリアン・コントロールの枠を明文化する。

国民生活省は国民の立場に立って、物価、利便性、情報提供、豊かさ、医療、国家のサービスなどが十分かどうかを考え、生活を計画的に豊かで生きがいのあるものにしてゆく責任を持つ省である。今までの政府が提供者側の論理に立脚していたのに対して、この省は、直接国民の側に立つ。この省はその下にある国家機関としての各局や地方自治体に対して、上位の省として緊急勧告を行なうことができるが、同時に自らの責任として生活の豊かさ向上を計画し、実施をモニターしてゆく。流通業者の立場に立つのでなく、買う人の立場に立つ。メーカーの立場に立つのではなく、ユーザーの立場に立つ。日本ばかりでなく、世界中の最も安くて良いものが、最短距離で安定して入手できるように政策立案し、その実行をモニターする。この省の人材は各局からの昇進、識者、主婦、学生、外国人などから成る。

外務省は先に「フォーリン・ポリシー・オフィス」と呼んだもので、今の〝外交官詰所〟的なものではなく、シャンパン外交官ではない強者(つわもの)によって構成され、主要地域に対する日本の外務をつかさどる。アメリカではこのような事務所を国務省と呼んでいるが、日本では内務省と間違われやすいので、あえて今と同じ呼称にした。そのかわり外交官詰所は下にもってきて、**外交局**と呼んだ。今の外務省の大半はここに入ることになる。新外務省は国防省、民間、国家企画省、大蔵、通産、農水など国内外の事情に通じた人々によって構成される国際的な頭脳集団である。

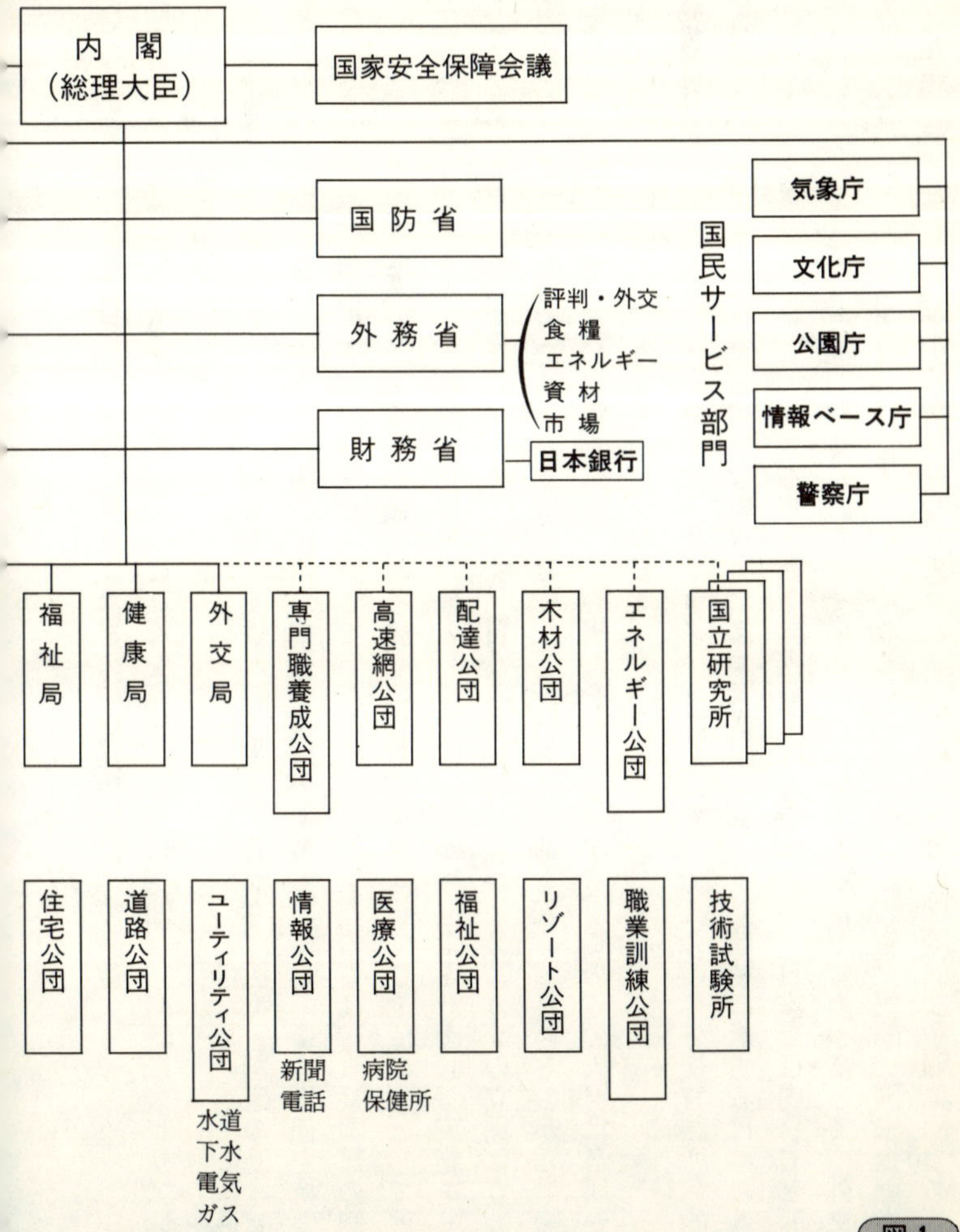
内閣
(総理大臣)
国家安全保障会議
国防省
外務省
評判・外交
食糧
エネルギー
資材
市場
財務省
日本銀行
国民サービス部門
気象庁
文化庁
公園庁
情報ベース庁
警察庁
福祉局
健康局
外交局
専門職養成公団
高速網公団
配達公団
木材公団
エネルギー公団
国立研究所
住宅公団
道路公団
ユーティリティ公団
水道
下水
電気
ガス
情報公団
新聞
電話
医療公団
病院
保健所
福祉公団
リゾート公団
職業訓練公団
技術試験所

図1

新しい内閣組織図(案)

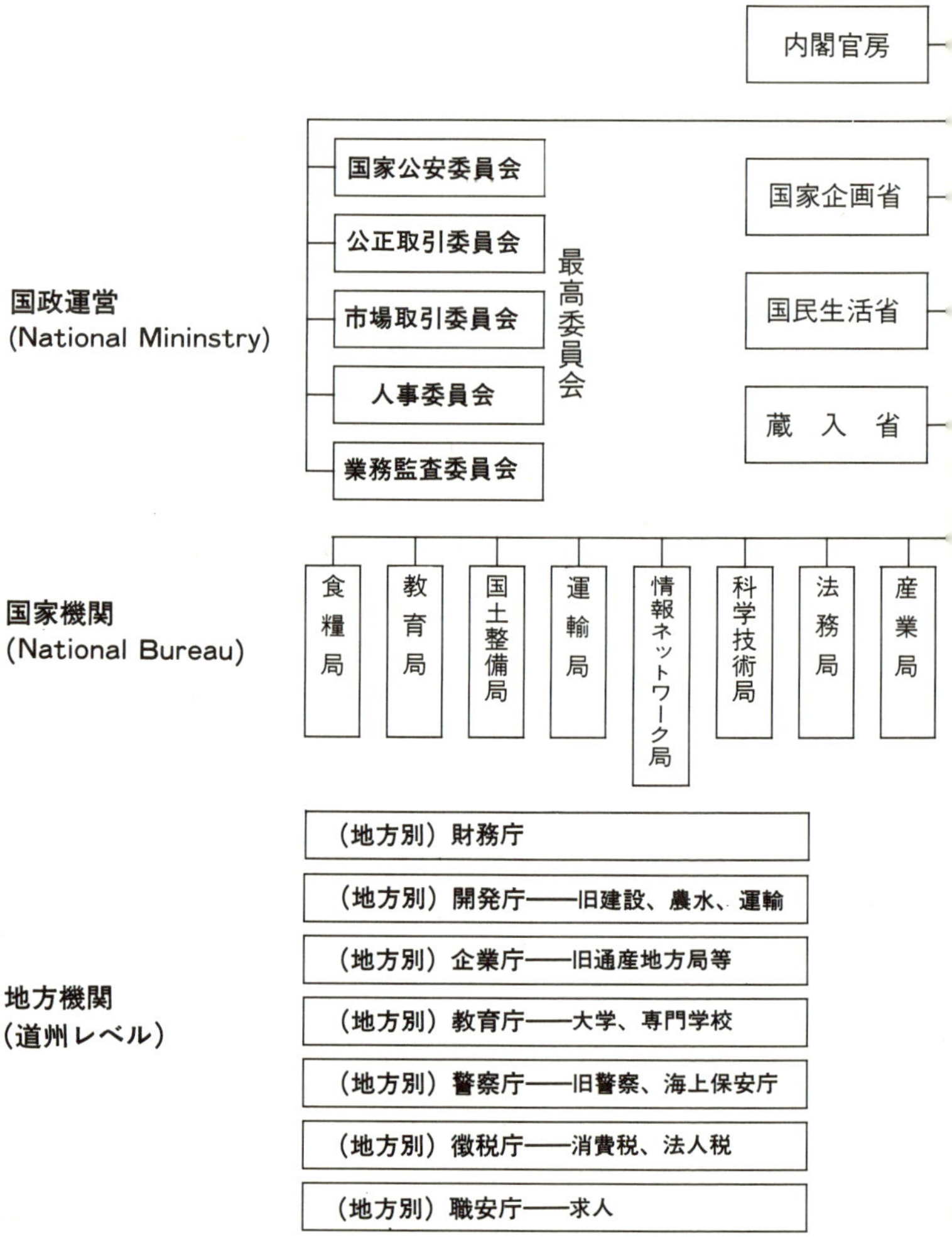
内閣官房
国政運営
(National Mininstry)
国家企画省
国民生活省
蔵　入　省
最高委員会
国家公安委員会
公正取引委員会
市場取引委員会
人事委員会
業務監査委員会
国家機関
(National Bureau)
食糧局
教育局
国土整備局
運輸局
情報ネットワーク局
科学技術局
法務局
産業局
地方機関
(道州レベル)
(地方別) 財務庁
(地方別) 開発庁——旧建設、農水、運輸
(地方別) 企業庁——旧通産地方局等
(地方別) 教育庁——大学、専門学校
(地方別) 警察庁——旧警察、海上保安庁
(地方別) 徴税庁——消費税、法人税
(地方別) 職安庁——求人

将来、国家や地域間の争いは武力によるものではなく、情報による戦争となるだろう、との認識から、国土としての日本だけではなく、世界に拡がった日本人、日本企業、日本の友人たちの利益を守るために活動する。しかも、長期的観点からODAや国交を戦略的に展開することを考えてゆく。外交局は外務省の方針にもとづいて諸外国や国連などとの外交関係を維持する。

蔵入省は平たく言えば税務所である。今の大蔵省の諸機能のうち、予算などは国会に、財務、国際金融、国債発行などの業務は財務省と日本銀行に移してしまったので、蔵入だけになった。この点をはっきりさせるためにつけた仮称である。少々寂しければ、大蔵省と呼んでもよいが、主要機能は徴税のみである。しかも私の提案では所得税を一律一五%とし、それをコミュニティで一〇%とった上で国には五%のみ上納するので、国家レベルでの蔵入は、(急速に減っている)関税と地方からの上納金、金融などの流動資産に対する税、および国債からの収入のみである。だから作業としては税体系の政策立案およびコミュニティからの徴税のみである。法人税と消費税(合計約一〇%)は道州が徴税し、地方の産業やインフラストラクチャーの整備、振興に使う。したがってこれらは国税ではなくなってしまうので、蔵入省の仕事ではなくなる。企業は社員の所得税を通じてコミュニティと国に一五%、法人税と消費税を通じて道州に一〇%払う。これにより国民の租税負担率は今と同じ二五%である。しかし国がカネをまき上げて地方にバラまく、という構図がなくなるので、不正や不公平、利権などは今に比べてはるかに少なくなるであろう。

日本銀行は日本の金融政策、発券業務を一手に引き受けるところで、アメリカのニューヨーク連銀（ＦＥＤ）と連邦準備委員会（ＦＲＢ）を足した役割を持っている。個々の銀行や証券会社などの企業としての管理運営は産業局がするので、主任務はあくまでも国家の金庫、金融政策、為替などである。国の財産管理、余資運用、国債発行、マネーサプライなどの政策については**財務省**が行なう。当然、カネだけでなく、土地や非鉄金属、コモディティなどの金融商品全体を扱う。また日本銀行も民間の金融機関も、市場に参入しているという意味では同じ立場なので、不正なことをやれば公正取引委員会や市場取引委員会の捜査対象となる。これによってＮＴＴの株の放出のときのような株価維持の行政指導はできなくなる。

市場取引委員会は今の証券取引所だけでなく、コモディティや土地など市場取引きの仕組みのでき上がっているものについて、倫理規定や取引きのルールを監視する。アメリカのＳＥＣ（証券取引委員会）と同じように、あるいは他の最高委員会と同じように行政調査権を有する。

国民に対するサービス機関としては、今の**気象庁**、**文化庁**などの他に、国立公園や大規模リゾートなどの基準設定から管理運営までを行なう**公園庁**、統計データやその他の情報を国民に公開する**情報ベース庁**、全国ベースの案件のみ手がける**警察庁**などが含まれる。今の林野庁は国有林の管理を行なっているが、これは主として木材資源の確保にその目的があった。今日では木材の大半は輸入となってしまったので、国有林の管理運営は公園庁に移し、国民の憩いのためにこれを供する。ただし、商業目的でこれを伐採するときには**木材公団**がその作業を行なう。当然のことながら木材公団の主任務は世界中から安価で良質な木材資源を調達・確保することにあるので、今の国内だけの面倒をみる林野庁とは大幅にその目的が異なる。しかしノウハウのかなりの部分は通用するものと思われる。

情報ベース庁は国立国会図書館、国立公文書館、総務庁統計局、統計基準部、統計センターなどを統合したもので、国内外に積極的な情報の提供を行なう。またここを通じて各省庁の保有する情報の公開を行なう。国会図書館はアメリカでも日本でも国会に属しているが、国会議員やスタッフのためよりも、国民のために資料を提供するという行政機能のほうが大切と思われるので、あえて行政府に移すべきと考える。このような国の提供する情報ベースにはないものが立法のために必要となるときは、別途国会のほうに特別な情報の収集機能をつくればよいと思われる。

最高委員会はそれぞれの担当行政部門に対して基準、規範、ガイダンスを設定し、それが正しく行なわれているかどうかを監視する。**国家公安委員会**と**公正取引委員会**はすでに存在している。**人事委員会**は今の人事院に相当するもので、主として行政府に任用される人材の質と量を決め、また報酬の内容とレベルを提言する機関である。国の行政機関の蔵出が正しいものかどうかの業務監査は**業務監査委員会**が行なう。今の会計検査院のように、単に会計面からだけでなく、業務そのものの無駄にも目を光らせる。省庁が自己目的化しないように平素から行政改革を断行するのがこの委員会である。当然、今の農水省の農蚕園芸局などというものはもういらない、という勧告をすることもできるし、業務内容の改善を命ずることもできる。

さてこれらの上位概念にもとづく国政運営の省、庁、委員会の下部機関として、いわゆる機能別の国家機関が必要となる。それらは教育、厚生、食糧などについての政策立案を行ない、基準や規定をつくり、またその成果をモニターしてゆくところである。今のように個々の企業やインフラストラクチャーの育成・指導はしない。純粋な国家レベルにおけるポリシーの策定と国民に対する成果の保障がその主任務である。これらの部門の内閣におけるレベルとしては、**局**(ビューロー)がよいと思われる。

だから農林水産省のように、日本に農業や水産業を興しましょうという産業ベースの考え方、提供者側の考え方ではなく、国民のために食糧を安価に安定して確保しましょうという任務を帯びた**食糧局**が必要となる。この局は世界中からの食糧調達が主任務で、日本の中にこだわることはない。どんなに難しい時期に遭遇しても日本国民が食糧の調達に心配しないですむように企画立案し、それを実行してゆくところである。当然、国内の産業としての農業や水産業は産業局の一部門になるし、またそこにどのくらい補助金を遣い、競争力を持たせるかは、産業基盤の育成に全権を握る道州レベルの仕事となる。

教育局は今の文部省が母体となっているが、義務教育だけでなく、国民の生涯に対する責任を持つ。また、外国人労働者を受け入れる際には、日本で良き市民として生活するために必要最低限の教育をする必要がある。私は、外国で正規の教育を受けた人なら、日本で生活するための必要最低限の知識と習慣の習得を中心にして、二年間の全寮制義務教育がよいと思う。教育局はこうした新しい教育ニーズについて考える部門でもある。

国土整備局は、環境庁、国土庁、建設省の一部が統合されてできたもので、日本の国土を環境汚染、建設による破壊から守ることをその主任務としている。当然、森林、河川、海岸などの保全と国土の有効利用をはかる。使われない工業団地や農地の造成など、国内でやる必要のないことをやらせないようにするのもこの部門の仕事である。

運輸局は日本の交通機関の健全な発達、世界とのネットワークづくりの推進を主任務としている。したがって観光局などについてはここに置かずに、国民生活省、公園庁、地方のリゾート公団などに移したほうがよい。また基本的には許認可行政ではなく、安全基準や運航規範を中心とした政策部門としなくてはならない。要は人や物資が安全、廉価に、かつ迅速に運ばれればよいわけである。その事業主体が日本企業であろうが、どこの国のものであろうがかまうことはない。かりに北米航路で信頼できる外国船が安いのなら、当然それは受益者にとってはプラスである。また航空機の国際線への乗り入れや離発着は、日本が一つの国として交渉すると相互主義をとられたとき枠が少なくなるので、北海道、沖縄、西日本などに国際航空交渉権を渡してしまうことも一案である。日本は世界各地と成田を中心にネットワークを組んでいるが、アメリカやドイツはそのようなやり方をしていない。日本の大半がネットワーク型で世界と結ばれることは一極集中を緩和するためにも望ましい。トラックなどの許認可については、今回の法律改正で届出制となり、大幅な改善がみられた。残るは鉄道料金などの今のカルテル体質をどう改善するか、アジア諸国との交通ネットワーク形成をどうするか、自動車交通のネットワークをいかに円滑にするか、というようなことになる。高速道路は今まで提供者側の論理で建設省が面倒をみてきたが、これからは交通体系として運輸局が担当しなくてはならない。また海運を中心に発達してきた我が国の運輸行政をゼロベースで見直し、交通ネットワークを有効に担当していく上で、いらないものは外に出す必要がある。たとえば海上保安庁はアメリカの沿岸警備隊に当たるが、これは道州レベルの警察庁に移管すべきである。さらに遠い日本海域のシーレーンの確保は、国防省が行なう。気象庁は当然のことながら運輸だけではないので、前述のように国民サービス機関に格上げする。気象庁がいまだに運輸省に属しているというのは、海洋気象から発達したという歴史的な理由によるもので、これを国民全体のサービス部門に格上げすることに異論をはさむ人は少なかろう。

情報ネットワーク局は今の郵政省を母体にしているが、郵便業務のようなものは**配達公団**として外に出してしまっているので、純粋な政策局となる。また貯金局と簡易保険局は民間の金融機関が育ってきたのでその役割を完了し、業務は適当な機関に移譲する。主要業務はコンピュータ、通信、電波メディア、印刷メディアなどに関する政策の立案、基準、規範の作成、およびそのモニターである。当然、日本国内だけではなく世界との情報ネットワーク形成にも責任を持つ。郵便局などは配達公団に移管し、ここで今はＮＴＴがやっている電報、および従来の郵便物、ダイレクトメール、新聞配達など、すべて個別の物理的配達業務や集金業務を一元化して行なう。すなわち、新聞配達や郵便を地域ごとに一元化すれば、一日二回各戸のポストにメールや新聞、その他のものを届ける配達のネットワークができ上がるのである。こうすることによって、切手を貼らずにポストに投函しても料金は後で請求できるようになるし、また新聞社も配達競争をせずに、記事の内容そのものの向上に専念できる。

地方で、金融機関が十分に発達していないところでは、郵便局にその業務を委託することができる。その場合、郵貯や簡易保険的な業務に対するシビルミニマム（日本である以上最低確保しなくてはいけない行政のサービスレベル）は確保される。

科学技術局は科学技術庁、通産省の工業技術院、特許庁などを統合したもので、世界に通ずる規格、研究、技術レベルの維持などをその主任務とする。またソフトウェアなどを含めた知的所有権について、政策・規範策定、情報提供、許認可などを行なう。さらに世界的なレベルでの科学技術の研究を行なう**国立研究所**を運営する。ただし工業試験所のようなものは道州レベルに移管する。本来、国防関係の研究は国防省が担当すべきであるが、アメリカの例をみても血税が無駄遣いされることが多く、また防衛と民間部門の技術の共有が難しくなるので、防衛技術研究所は科学技術局所属として、国防省の委託を受けるようにしたほうがよい。今の防衛庁は研究部門を持っておらず、民間のメーカーに任せっきりになっている。大切な研究を自ら行なっていないような軍隊に、国民の血税がたくさん遣われているというのは信じられないことだ。やはり最低限の研究をシビル部門である国立研究所でやらせるべきだと思う。私自身のMITにおける博士論文は、原子炉の圧力容器に使われる鉄が、なぜ放射線損傷によって脆化するのか、というテーマであった。これは原子力潜水艦スレッシャー号などの事故原因の分析の一部で、海軍からのMITに対する委託研究であった。海軍は傘下にNRL（海軍研究所）という組織を持っていたが、かなりアカデミックで難しいテーマとなると、そこが外部に研究委託するのである。このような仕組みは技術の開放のためにも好ましく、また人材育成にも役立つ。日本があまりこの分野の研究に精を出すことは好ましくないが、成果を世界的に公表したり、世界中の研究者を招いたりするなど、やり方によってはむしろ好ましい結果となる。いずれにしても、今のように兵器産業が密室内で、しかもメーカー主導で開発研究されるというのは好ましい状態ではない。

法務局は内閣法制局の一部と法務省を主体として成り立つ。入国管理局はかなり改組して、ここにたんなる出入国、勤労による数年から一〇年くらいの滞在、永住、日本国籍の人間の外国居住中の身分保証、保全などの機能を持たせる必要がある。すなわちこれからは、物やカネの国境をまたいだ移動だけではなく、あらゆる目的の人が移動するという、人材の開放系に移行しなくてはならない。今の日本はその準備ができておらず、トラブルが絶えない。今後二、三十年は通用するコンセプトをまず作成し、それに合った法体系を企画、提案してゆくのもこの局の仕事である。

産業局は今の通産省のうち、通商部門をあまり強調しない企業育成、雇用創出を目的とした局である。今や、貿易すなわち国際通商をあまり国家の目標に掲げなくても、日本企業は十分に世界化できる力を持っている。今、二九六人も抱えている貿易局は当然いらなくなる。もし残すなら、内外の分けへだてなく国際企業の育成を助けるように、その目的、任務を変える。また、貿易統計部などの部分は、財務省と情報ベース庁に移すことが可能と思われる。また外国企業であっても、日本に入ってきて良いものを安くつくり、雇用を創出し、その上、税金まで払ってくれるとなれば、これらを歓迎しない理由はまったくない。（新）**外務省**が日本国の評判、食糧の確保、エネルギーや木材など資材の調達、海外市場の安定的確保についての対外渉外窓口となるので、通産のこの面での役割は大幅に減るが、逆に今の労働省はこの産業局の一部門となる。また担当業界も今は主として一部メーカーと流通業であるが、金融、航空、薬品などすべての企業について、その育成のための産業政策を国のレベルで策定、モニターする役を担うことになる。

今の通産省にある工業技術院の一部と特許庁は科学技術局に、研究部門は国立研究所に、工業試験所的なものは道州に移管される。資源エネルギー庁は**エネルギー公団**に、中小企業庁と地方通商産業局は道州の**企業庁**に移される。

厚生省は基本的に、**福祉局**と**健康局**に分かれる必要がある。このままゆけば日本の社会福祉は世界一のレベルと出費となる。これを医療行政のようにただでさえ複雑なものと同居させるのはよくない。人々の生活を安定させる保険、年金的なものは福祉局が、健康増進と病気の治療は健康局が当たる。老人で両者が問題となるところは福祉が主で医療がその支援をする、という考え方をとればよい。設立の趣旨から言えば、失業保険も厚生年金もこの福祉局が一括して担当すべきであろう。健康局は患者の立場から良質な医療サービスが廉価に受けられるように病院や医師、メーカーなどに適用する法律や制度を整備してゆくのが主任務である。医師の適格性については五年ごとに再試験をするとか、病院経営を自由化するなどのドラスチックな施策が望まれる局である。また環境衛生に関する責任もここにあるが、その任務はあくまで政策局として全国レベルでの基準・規範づくりである。実作業については道州レベルにおける医療公団が公共病院や保健所の運営に当たる。

外交局は、すでに何度も述べたように、今の外務省である。世界一六〇ヵ国やOECD、国連などに大使を送り、大使館の運営に当たる。また日本にある外国の公館とのリエゾン業務も行なう。ODAのワク組みや方針については、地域ごとに上の外務省のほうで決めてしまうが、外交局がその担い手となって現地ニーズを反映した運用をしてゆく。情報収集だけでなく、日本の考え方を広くわかってもらうための情報伝達の機能を大幅に強化する必要がある。また、国際理解を深めるための人材の交流、学術・文化の交流などの対外窓口となる。

国家機関の統廃合と道州レベル

以上で国家レベルの機関は終わりである。建設省や宮内庁はなくなっている。建設省については日本の国家レベルでの建設が終わり、大半はその地方のニーズにもとづいて行なえばよいので、これを開発庁として道州レベルで位置づけた。建設基準法なども、地震のない北九州や対馬と地震多発の関東とを同列に論じることはできない。木造家屋、ビル、日照権などのニーズも地方によって異なるので、これを国のレベルでは定めないほうがよいと思う。寒い北海道から暖かな沖縄までを統一ルールでやるほうがむしろ問題だと思う。資材などについての品質や性能基準はＪＩＳマーク（科学技術局）で行なえばよい。道路などの建設基準で全国的に統一する必要のあるものは高速道路だけだと思われるので、これは高速網公団の技術部門で定めたらよいだろう。

国土地理院は国民サービス機関である情報ベース庁に移管する。今の建設省は都市局、河川局、砂防部、道路局、住宅局、地方建設局など、幸いなことにいずれも道州レベルで行なったほうがはるかによいものばかりである。だから、このように道州に移すことによって住民に対するサービスレベルが大幅に向上すると思われる。また今のように国税を地方交付するという仕組みがなくなって、コミュニティや道州でカネを取ってしまえば、いずれにしても中央省庁としての建設省は実質的に権限も仕事もなくなってしまう。おカネの流れから言っても、この省は地方レベルの開発庁になったほうがよいのである。

宮内庁については、私は正直言ってわからない。昭和天皇に関する報道や中国の季鵬首相訪日の際の宮内庁のコメント、「(天皇の戦争遺憾発言は) 言ったとも言わなかったとも申し上げられない」などというところを見ると、国民をバカにしているとしか考えられない。公人の公式訪問で単純明快な発言があったことを、なぜそのまま公開できないのか。昭和天皇についても多くのことを公開しないで、体温や脈拍、さては下血に至るまでプライベートなことは平気で公開するその基準と神経が私にはまったくわからない。少なくとも宮内庁は内閣の中には入れないほうがよい。内閣は国民のための行政機関であり、総理大臣がその長である。その総理さえも言葉を選ばなくてはならないような、ノドにつかえた骨のような組織は、開かれた政府、国民受益者のための平成新政府にはふさわしくない。日本人は二〇〇〇年以上にわたって天皇を統合の象徴として仰いできたわけで、これを憲法や政府機関の中に入れるということ自体が不自然なのだ。だから少なくとも組織としての宮内庁は天皇家の内的執行機関として位置づけ、むしろ自由な行動をとってもらったほうがいいのではないかと思われる。

道州レベルの機関は今の県をもとにした行政機関を地方別に集約し、また国の地方局などがここに集まってくるので、大幅な自治が可能となる。税金も消費税と法人税をこの道州が自ら集めて使うことができる。国税がわずか五%（租税負担率二五%中の五分の一）となるので、中央と地方間の税のやりとりはほとんどなくなる。したがって地方がどのくらいカネを使えるかは、その地方がどのくらい栄えるかにかかっている。今のように中央から交付税を持ってくればいくらでも空港や港湾が建つ、ということはなくなる。

地方レベルの主要機関としては**財務庁**、**開発庁**、**企業庁**、**教育庁**、**警察庁**、**徴税庁**、**職安庁**などがあり、人材の育成、および雇用創出がその主任務となる。大学も国立大学はなくなり、すべて道州立大学となる。しかしパイロットや船員などのような特殊技能を養成する、日本に一つだけあれば間にあうようなものについては、中央に**専門職養成公団**を設けて、今の航空大学や海洋大学を運営する。

これらの他に住宅や道路、ユーティリティ、医療、福祉、リゾートなどは、すべて地方ごとの公団としてサービスの提供に当たる。今の電力、ガスなどは公団に吸収されるが、地方によっては今のまま民営としておいてもよい。それは当該地方の選択の問題である。だが、今のように地域独占で民間企業というのは本来おかしい。むしろ地域公団としてしまうか、民営として競争を導入するか、どちらかの選択をすべきであろう。水道、下水も同じことである。

このようにして新しい内閣の組織図を描いてみることは、決して無駄なことではない。また夢物語でもない。日本の省庁は明治以来何も基本的に変わっていない。それは独占企業として独善的であり、途上国型である。決して国民の立場に立つことなく、傘下の業界や団体の立場に立つようになってしまっている。また定年が五五歳と若いため、自分たちのための天下り先の確保や権益、省益の確保に夢中になり、先進国の中では珍しく腐敗したものになっている。行政指導という違法行為を平気でやる一方、国会議員の手先となってパーティ券の購入先を斡旋したりするおべんちゃらもいとわない。そして自分たちの勢力を国会にまで伸ばすために、省をあげてOBを議員に仕立て上げる。課あって局なし、局あって省なし、という内ゲバを続けるくせに、外に対しては省あって国なしの権益争いが絶えない。外国に対して国を売ることなども平気で行なう。そのくせ、外国で日本について誤った理解をしている人々に対して教宣活動をしなくてはならない省庁も、こと日本がどう見られているか、それにどう対処したらいいか、ということになるとまるで丸腰である。カネをバラまいて笑顔を買うだけの芸しかない。日本の省庁では世界に通じる人材は育たない。世界観を持った人物は育ちようがない。井の中の蛙、というよりは東京湾のハゼ。ドロ海でひとり快適に泳ぎ、昔よりは住みやすくなった、と慢心している――そんな形容が日本の官僚にはピッタリなのだ。

私は本書の中で、なぜゼロベースの改革なのか、全体、個々、そして再び全体、という形で考えてみた。「行政改革」と国をあげて大騒ぎしても、省の統廃合などのドラスチックなものは何も出てこず、せめて二、三の局が統合される程度であった。日本の政府の組織の無駄はそんななまやさしいものではない。情報と言えば通産や郵政、知的所有権といえば文部と通産、リゾートと言えばほとんどすべての省庁が手を上げる、という具合に皆で縄張りを争うくせに、ライト・センター間に落球している問題が山のようにある。海外にいる三〇万人を超える日本人や日本企業の安全保障、エネルギーだけでなく、食糧や資材を安定的に調達する仕組み、外人労働者の日本への正式な取り込み、楽しめるコミュニティーづくり、シルバータウンづくりなどがそれである。省庁や地方自治体の権限が重複していてうまくできないことと、誰も面倒をみていず、やられていないことが、すべて重要事項として二一世紀に残されてしまっている。私の提案は二一世紀までにやらなくてはならないことを前提として、重複なく、むしろその重要作業を主任務とした省、庁、局、地方というものをつくることによって、仕事そのものに精を出してもらおう、というものである。会社の機構改革では当たり前のように用いられるゼロベースの手法を用いて、一例を示したにすぎない。もちろん内閣には局、部、課などの細かいところがたくさんあるので、本稿だけで十分ではない。本稿のような考え方を参考にして、新しいビジョンをぜひ各界の識者につくってもらいたい。行政府に任せていたのでは何も変わらない。変えるのは立法府である。その立法府が少なくとも政策論争ができる程度には、こうした考え方をいくつか重ねなくてはならない。

現在は、省庁の存在そのものが自己目的化してしまっている。大きな予算が大きな勢力になる。これでは役所が自己増殖してしまう。ということは、このまま放っておいて、自然に、あるいは何かの拍子によくなるということはあり得ないということだ。自らの省や庁の存在そのもの、あるいはその存在拡大のために政治をするということは、人々のための政治を遂行してくれるようになることはまずないと思っていい、ということだ。このまま放置すれば、ますます膠固くなり、改革が困難になる。つまりがまんして待てばよいというものでは決してない。われわれはリクルート問題で政治や行政の一断面を鮮やかに見たが、リクルートはその一例でしかない。このくらいではしゃいだり、検察の全カードを使ってしまってはいけない。同じような例がほとんどすべての省庁にあり、要は程度の問題だけなのだ。業者と行政の癒着、便宜の供与は日本の政治機構の体質そのものになってしまっている。為政者にとっては、業者を守ることが直接反応を見ることのできる最もやりがいのあることなのだ。その先につながっている民衆がそれによってどうなろうと、あまり世論を刺激するような反発を招かない限り、実はどうでもよいのだ。

リクルート事件では今のところ、この辺の解明が不十分であるように思われる。たとえばNTTの管理職がなぜ身銭を切ってまで政治資金を工面しなくてはならなかったのか、ということが十分に掘り下げられていない。贈る人があれば受ける人があり、贈る理由があるはずだ。また贈らざるを得なくなった原因があるはずだ。表面的な金の流れを解明しても、なぜそこに流れが発生するのかという、より根本的な原因はわからないかもしれない。それは形だけ民営化していろいろと口をはさむ役所に対する眠り薬だったのかもしれない。またその眠り薬は役所に対する牽制役を期待して議員に届けられたのかもしれない。何億という軍資金は、天下り先を増やすことを狙ってNTT分割論を持ち出す役所に対する口止め料だったのかもしれないし、役所の魂胆がわからずにアメリカあたりのATT分割をハイカラなものとして、「日本もすべし」とバカ騒ぎする永田町の先生に対する鎮静剤だったのかもしれない。要するにその原因が究明されていないのだ。またこれは検察の仕事ではない。おそらく行政監査や国裁（先述）の仕事なのだろう。しかし今の日本にはそんな仕組みはない。企業が政府からいじめられたときに駆け込む寺はないのだ。

政治を斜陽化させる共通目的の欠落

役所が自己目的の達成に走る原因は、政治や政府が斜陽産業となったからだ。つまりこれからは自己増殖でもしない限り政治に成長性がない。頭のよい人間を大量に囲ってしまった組織自体に発展的な目標がなければ、内ゲバを始める。同じ省の中でも局同士がいがみ合い、そのくせ他の省庁のことになると一致団結する。これは共通のより大きな目的が見出せないからだ。戦後の二〇年ほどの間、日本の役所が大いに力を発揮したのは日本再建という大きな目的があったからだろう。今の役所の仕事は、東大のトップが先を争って入りたくなるほど刺激的ではない。むしろメーカーや金融機関に入って、世界を股にかけて活躍した方が夢がある。日本のフロンティアが世界に拡がったからだ。今の役所の仕事は大きくても四面を海に囲われたこの国の中の仕事であり、それを幾重にも切りきざんだ、がっちりとした囲いの中で行なわれる再生工事にすぎない。これからは、できる男は役所には行かなくなるだろう。それでも行くという輩は、その役所の持つ権力とか予算の大きさなどに惹かれて行くのだろう。つまり腐敗の構造の中にその存在意義を見出したい人にとっては、依然として役所は魅力のあるところなのかもしれない。しかし大多数のできる人間が行かなくなれば、役所はますます保守的で保身的なつまらぬ人間の集団となるだけだ。ちょうど斜陽産業によい人材が集まらずに、衰退への坂道を加速してゆくように。

政治の世界でもそうだ。あのつまらぬ国会で興奮できるのはきわめて特殊な体質を持った人だ。国会にいなければ地元に帰ってあいさつ回り、人前では頭を下げている先生ばかりである。バッジをつけていてもバッタみたいな生活である。それでもカネが入ってくるのは、どこか人に見えないところで威張ったり脅したりしているからだろうか。また議員というのは公職であるから、最近は人の目がやたらにうるさい。会社の社長ならフォーカス程度ですむが、議員ともなると三大新聞の三面でいつその私生活をたたかれるかわからない。リスクの割りには報酬の少ない職業だ。しかも四年に一度は勤務評定される。中小企業の社長なら一生涯その職に居坐っていても評価点をつけられるなんてことはない。何がおもしろくて議員なんて商売をやっているのだろう、と私は不思議に思う。大変名誉な地位でも与えられるなら話は別だが、全国で衆・参合わせて八〇〇人も同類がいるということは、それほど難しい職種とも思えない。私はあまり長距離が得意ではないので、マラソンのできる人は尊敬するが、それでもたとえば〝青梅マラソンで八〇〇位〟なんて大して自慢にもならないのではなかろうか。政治が国の方針を決め国全体を動かす力を持っていた頃には、これが大いなるロマンの湧く職業だったのだろう。今のように地方交付税の運び屋兼ロビイスト兼もめ事処理兼口きき屋みたいな雑用係になると、それほどロマンがある職業とも思えない。

こうして考えてくると、日本の政治がなぜ腐敗するのか明らかである。つまり外に向かった目的が失われ、大きな改革は望むべくもなく、個々の役人や議員は無力感にさいなまれながらも、その通りすぎる道すじには国家予算という大量のカネが流れている。退屈して立ち止まってみればこの流れがたちどころによどむ。そのよどみにはまた格別の快感があるのだろう。外からみるとあまり面白いとも思えない職業につくために、寒風に顔をさらしながらも人々に頭を下げて票を入れてもらう、というだけの快感が。

このようにして快感に浸っている人々に対して政治改革を呼びかけても始まらない。ましてや流れの中にいる本人たちが政治改革の念仏を唱えても信用できない。酔っ払いが禁酒、禁酒、と繰り返すようなものだ。ヘビースモーカーが三日に一度は「オレは禁煙するぞ」と言うに等しい。流れの外にいる人が、流れそのものを変えてやらなくてはならない。だから私は、門外漢ながらこの平成の改革にこだわるのである。

流れを変えるために

さて、その流れの変え方であるが、いくつかのルートが考えられる。

議員立法による方法

今のところ、本書で提案したような改革の駆動力は霞が関からは出てこないので、一番よいのは議員立法による改革である。そのためには国会が企画立案機能を持たなくてはならないので、まずこの作業が必要となる。すなわち第一ステップは国会に中立的な企画部門を設置し、政党がそれに指示して青写真をつくらせる。どのくらいすぐれた青写真（立法原案）が出てくるかは、政党の作業指示の能力にかかっている。もう一つのやり方は最近はやりの総合研究所のようなところに競作させることである。三菱や野村の研究所はそれぞれかなりのスタッフをかかえており、その気になれば立派な原案を持って応募してくるだろう。本書をたたき台にしていただいてもよいし、もっとすぐれた視野でゼロベースから構築してもよい。国民に問える形で提案することが大切である。そして原案がいくつか出てきて争点がはっきりしたら、その是非をめぐって衆議院を解散し、政治家一人一人、あるいは政党がどの案に賛成なのかを旗幟鮮明にし、その上で国民投票を行なうのである。一番最初に取り上げられるべき法案は議員定数の是正、すなわち本書で提案した「一人一票同じ重み」というものであろう。これが通ればあとは本当に国民の賛否のみを問えばよい。今のままでは民意が議席に反映されていないので、議論がどうしても歪み、「最大多数の最大幸福」が保証されない。

新政党樹立による方法

現代のマジョリティはサラリーマンであるが、この層は社会党右派から自民党左派くらいまでに拡がっている。労働組合に入っていても心情的には自民支持という層が拡がっている。したがってここを狙ってそのものズバリの新党がこの二一世紀のビジョンと具体案をもって旗揚げすることが効果的である。新自由クラブのようなものがせっかくできても、そのビジョンが不明確で自民党とどこが違うのかも十分に説明できないというのでは、国民はこれをたんなるサル山の分裂騒ぎと解してしまう。そうではなく、本書、あるいは本書よりもさらによい具体的な国家運営の理念と体制の提案を持って旗揚げすれば、成功の可能性は一段と高くなる。千葉県知事選で共産党の新人が善戦するくらい、今の自民党に対する国民の不信は強くなっている。しかし日本には自民危うし、となると大いに自民に回帰する癖（というより、その他の選択が実質的にないという悲しさ）がある。これに断を加え、しかも本当に望んでいるもの、そのものズバリの政党をつくれば、今の情勢では七〇パーセントの票がこれによって捕捉され、これが第一党となること間違いなしである。

自民党を二分する方法

自民党は商工者、漁民、農民、都市勤労者、主婦などを幅広く捕えようとするために逆にその旗幟がぼやけてしまい、今では農民など将来に不安を持つ層を逃してしまっている。開かれた市場を言いはじめると、受益者であるはずの主婦やサラリーマンからの支持が得られる前に農村の組織票がガタンと落ちてしまうという悪循環に陥りやすい。しかし本当に農民が逃げてしまう可能性があるなら、思いきって「一人一票同じ重み」法案を通してしまうという強硬手段に出れば、農民の議席に対する影響力のウエイトは、今の三〇%から一挙に人口比率に近い六%に落ちてしまう。今のままでは、農民の議席に占めるウエイトは投票率、組織率、かたよった議席配分が重なって、人口比率七〇%の都市型サラリーマンおよびその家族と同じくらいになっているからである。

もう一つのやり方は、このようにして一つの旗のもとに日本の総人口の利害をすべて収容しようということの難しさと矛盾を解決するために、自民党を体制維持派と自民改革派に分裂させることである。前者は閉鎖経済、保護主義色が強く、後者は開放経済、自由主義色の強い政党となる。組合は本書でもみたとおり、政党支持をやめて政策支持の立場をとれば、大半は改革派に投票すると思うが、外国からの競争にさらされて困っている業界の組合は体制派に傾くこともあるだろう。このような分裂をすれば、今の民社党や公明党はどちらかに吸い込まれてしまうだろうし、社会党も現勢力の大半を改革派によって取り込まれてしまうであろう。そうなると、結局自民が割れて、日本にも二大政党が出現することになる。今の社会党はビジョンもないし人材もいないので、それを核にして二大政党をつくるのは難しい。むしろ自民党の中が割れてこそ二大政党として政治に再び活気が戻ってくるのではないか。また本当の意味で聞きごたえ、手ごたえのある政策論争が起こるのではなかろうか。

マッカーサーを呼び戻す方法

明治維新は血気盛んな若手政治家や、理念家など少数のリーダーのもとに行なわれた。終戦の維新はマッカーサー元帥の鉄拳のもとで行なわれた。「平成維新」はどうだろうか。政治の世界をみるとリーダーがほとんどいなくなっていることに気づく。特にリクルート献金をもらった人間はダメということがはっきりすれば、少なくとも五代の首相とその候補（竹下、安倍、渡辺、加藤、小沢）がこれに汚染されてしまっているという惨状である。もしも、親戚や秘書がというケースまで含めて、リクルート事件に関与した人々はダメだ、などということになれば、優に紀元二〇〇〇年を超えるタイム・スパンで、日本のリーダーシップを握ると目されていた人々がこれによって消えてゆくことになる。江副さんの鑑識眼の確かさを見る思いがする。だからリクルートをどう決着させるのかということが、日本の将来にとってはきわめて大切になってくる。「リクルート・エイズ論」というのを唱える人に会ったことがある。触れただけでアウトという今のマスコミによる魔女狩りをさしたものだ。だが、われわれも面白がって新聞の捕物帳を読んでいるわけにはいかない。ことは日本の将来のリーダーシップが一〇年以上にわたって欠けてしまう、という面ももっているのだから。また財界においても老人が残り、若手有望株と目されていた人々が被弾している。ただでさえ老害が指摘されている財界に若返りの希望が断たれたような感じもする。政・財界とも四〇代、あるいは三〇代に飛ばないといけないのかもしれない。そこで明治維新のように若手数人が台頭し、この改革を引っ張ってゆくというシナリオが、可能になってくるのかもしれない。また戦後の改革の遠因は、レッドパージによって大幅な若返りが強制的に行なわれたことにあると言われているが、意外に「塞翁が馬」で、リーダーを失ったことがより若いリーダーの出現を可能にするのかもしれない。しかし実際には当面そういう人が見当たらないのが事実で、財界も政界もドングリの背くらべになってしまっている。マッカーサーのように短期にどんどん改革を進められる人をアメリカから借りてくるのも一案だが、その当のアメリカでさえブッシュとデュカキスの一騎討ちは〝人材の底の浅さを露呈した〟と陰口をたたかれていたくらいである。だからアメリカにも、いやヨーロッパにも、サッチャー首相を除けばリーダーはいない、というのがいつわらざる実情なのである。だから、この第四のルートは理論的には存在しても、具体性に乏しいし、またかりに誰かをリーダーに仕立てたところで、素行が悪くて暴走する危険性もある。前の三つのルートの着工を真剣に検討すべきだろう。本書の結論をいえば、次の二つに要約される。

A　中央集権、国税の分配、官僚の自己目的化、腐敗、外部団体、陳情、免税店、無責任、ゴネ得、地価高騰などが、昭和憲法と自民党独裁四〇年の招いた今日的結果である。

B　自己責任、自己管理、自主、地方自治、自由経済、世界との双方向開放経済、平等などが、「平成維新」による新しい国づくりの方向であり、今より楽しく豊かな生活がそこに待っている。

二つの間には基本的なものの考え方の違いがある。よい点だけ取り入れて徐々に移行というわけにはいかない。運営の基本理念を大幅に書き替えることなく、自然にAからBへとは移行しない。血液型のAとBのように混ざり合うことはない。その意味では、天動説と地動説のようなパラダイム変換を「平成維新」は要求しているのである。いたずらにこの案の欠点のみをほじくる前に、そこで問いかけている基本的な問題点、その背景にある「世界の中の日本」という現実、またその大いなる可能性、これらをじっくりと考えていただきたい。選択権はわれわれ一人一人の手にあるのだから。

あとがき

この本は、拙書『世界が見える、日本が見える』『新・国富論』の続編である。前者ではグローバルなものの見方の必要性を、後者では主として内政上の矛盾と解決の方向を探った。これらの本に対しては、「現状認識はそのとおりだが、解決の具体策がない」という批判があった。本書はそれに応えたものである。

問題解決のやり方には対症療法と根治療法（抜本策）とがある。本書は、部分修正では政府も政治もよくならないとの認識にもとづき、抜本策のほうを提案している。あまりにも抜本的すぎて実施のしようがない、という反論が予想される。もう少しのみやすくしてくれないか、という注文も聞こえてくる。ビフテキを食べたいと思っていたら牛一頭連れてきた、と文句を言われるかもしれない。しかし私は、どんなに不完全であっても、牛一頭を描きたかったのである。

今の日本の政治は、部分修正で直るようななまやさしいものではない。構造的な汚染と目的からの逸脱、省庁の自己目的化が進行し、変革の唯一の仕組みとしての国会は形骸化している。問題が山積みしているのに解決のための議論はなにひとつなされていない。

内閣がダメだと言って解散しても、何を争点に、誰に投票したらいいかわからない。誰が何を考えて立候補しているのかさえわからない。争点が明確になっていない状態で人々に信を問うことが繰り返されても、社会改革は行なわれない。本書において私は、政治の世界に明確な〝争点(イッシュー)〟を導入することを試みたのである。

「この私に清き一票を！」とか、「自民党を信頼し、ご支援を！」などというのは、まったくナンセンスだ。そのようにしてやってきて今日の抜き差しならぬテイタラクを招いたのだから。こうなった以上は、候補者に争点ごとの態度を明確にしてもらい、その上で国民の選択をあおぐしか方法はない。その選択の前提は、次のような争点についてイエスかノーかをはっきりさせることである。

・一人一票同じ重み（イエス／ノー）
・新国家運営理念導入の必要性（イエス／ノー）
・省庁のゼロベースでの見直し（イエス／ノー）
・連邦化（道州移行）による地方自治（イエス／ノー）
・ボトムアップの徴税制度（イエス／ノー）
・原則開放経済への移行（イエス／ノー）

・基本的人権だけでなく義務や自己責任を憲法に明文化すること（イエス／ノー）
・国家間の相互依存による安全保障の向上（イエス／ノー）
・軍備よりも情報武装の強化（イエス／ノー）
・提供者側論理（途上国型中央集権政府）から受益者側論理（先進国型）の政府への転換（イエス／ノー）

これらの設問には一部オーバーラップしている点もあるが、本書における私の主張はいずれの設問に対してもイエスに○をつけることである。皆さんはどうであったろうか？　今の日本の政府、憲法、政策はすべての設問に〝ノー〟をつけている。最近では、政府なども世の中の移り変わりをかぎとって、何となくイエスのような印象を与えるよう努力しているが、本質はノーであることに変わりはない。こうした多くの争点をめぐる対立が厳としてあるとき、ほうっておいたら、いつの間にか一方の側が他方の側に――つまり〝ノー〟から〝イエス〟に自然に移ってきていた、などということはあり得ない。古いアバラ屋を部分的に修繕しても近代建築にはなり得ない。こわれた床にタイルを敷けばその重みで土台までゆがんでしまう、といったところが関の山である。このような家は一回壊してしまい、景色がすっきりと見えてきたときに、もう一度はじめから新しいものを造るほうがよほど効率的だし、よいものができる。あちこちの不具合を気にしていては壁紙ひとつ新調できない。

破壊を恐れる人がいるが、我が国の今日の繁栄は、戦後、アンシャン・レジームの徹底否定と破壊があったからこそ築くことができた。われわれがはっきりとした目的意識をもって壊すのなら、再創造はそれほど困難なことではない。新しい英知とエネルギーが湧いてくるに違いない。

本書に対する批判は大いに結構だが、予想される官僚からの反発、「一部認識に誤りがある」とか、「とても現実的ではない」「現行法体系では無理がある」などというものをあまんじて受けるわけにはゆかない。私は政治学の専門家ではないし、各論はそれぞれ私の専門分野をはみ出している。またこれを最終案、すなわち実行計画として提言しているわけではない。現状認識からスタートすると、本書くらいの抜本策が実行されなければこの日本では何も改善しない、という考えのもと、いわば政治改革へのたたき台を書き出してみたものである。大山鳴動した「政治改革」からネズミ一匹しか出てこない、という愚を封じるために本書を書いた。本書に対しては、大いに反論すればいい。しかし反論するだけでは不十分で、「自分ならこうする」「もっとよいアイデアがある」という提案をしてもらわなくては意味がない。

一億総評論家になった日本人ではあるが、こと政治についてはこの期に及んで評論しているだけではダメである。すべての人が「こうすべきだ」という議論をして、はじめて争点が明確になり、政治改革に生命が吹き込まれるのだ。自民党のリーダーたちも真剣に政治改革を考えはじめているが、その前提に古い選挙民、古い民衆を置いていては思いきった案が出てこない。国民の側からも、自分たちも変わったのだという明確な信号を出さない限り、改革にハズミがつかない。

中央集権国家の終焉は、世界の大きな流れである。情報化社会では人々が直接に世界のことを知り得るので、政府が情報をコントロールできなくなっている。単一価値観で大きな国を動かすことはできない。ソ連や中国の苦悩はその表れであり、ブラジルやインドの国づくりが前進しないのもそのためである。外からは一見繁栄している日本が、実は内なるものの大いなる葛藤によって急に大きな壁にぶつかったようになってしまったのも、実は同じ原因なのだ。

世界は地域化し、国家という概念が急速に陳腐化していくのである。これを無視すれば不安定さは大いに増すだろう。アメリカや日本の国益などというものはほとんど意味を失い、ロスアンゼルスと日本が共栄する、九州と東アジアが栄える、という地域の時代になってきているのである。この潮流は、情報化による人々の価値観の多様化と、交通網の発達、投資の流れなどからくる経済のグローバル化の必然の帰結である。古い概念にこだわれば、この流れとの葛藤が大きくなるだけである。

「平成維新」はこのような大きな流れの中にあって、さらに時代を先取りする進んだものでなければならない。どんなに成功した制度や組織でも、その有効寿命があるものである。リクルート事件などをめぐるわれわれの心境には、はじめて〝われわれ自身の問題〟という認識が芽ばえている。そのとおりなのだ。これはわれわれ自身の体から出ているウミなのだ。他人事の捕物帳ではすまないのだ。政府や国会にその処理を任すことができないほど、病状は深刻なのである。

本書でカバーされていない点も多々あり、掘り下げの足りない部分も数多い。しかし、改革すべき方向については、〝イエス〟と私が信ずるものを、はっきりと提案したつもりである。これをたたき台、踏み台にして、皆で総力をあげ、我が日本の二一世紀のビジョンを可及的にすみやかに構築しようではないか。われわれにはわずかな時間しか残されていないのだから。

平成維新

1989年 6 月12日　第 1 刷発行
1989年 6 月28日　第 2 刷発行
定　価　1600円（本体 1553円）
著　者　大前研一
発行者　加藤勝久
発行所　株式会社講談社
東京都文京区音羽二丁目 12-21 郵便番号 112-01
電　話　東京(03)945-1111(大代表)
印刷所　豊国印刷株式会社
製本所　大口製本印刷株式会社

落丁本・乱丁本は，小社書籍製作部あてにお送りください。送料小社負担にてお取り替えいたします。なお，この本についてのお問い合わせは学芸図書第三出版部あてにお願いいたします。

ISBN4-06-204475-7　(学三)